CAITEC 丛书·国际经济贸易知识系列

跨太平洋伙伴关系协定

TPP百问

Q&A on Trans-Pacific Partnership Agreement

顾学明　李光辉 / 主编

中国商务出版社
CHINA COMMERCE AND TRADE PRESS

图书在版编目（CIP）数据

TPP 百问／顾学明，李光辉主编 . —北京：中国商
务出版社，2016.3

（国际经济贸易知识系列）

ISBN 978-7-5103-1476-6

Ⅰ. ①T… Ⅱ. ①顾… ②李… Ⅲ. ①国际贸易—自由
贸易—贸易协定—问题解答 Ⅳ. ①F744 - 44

中国版本图书馆 CIP 数据核字（2016）第 043724 号

TPP 百问
TPP BAIWEN

顾学明　李光辉　主编

出　　版：中国商务出版社

发　　行：北京中商图出版物发行有限责任公司

社　　址：北京市东城区安定门外大街东后巷 28 号

邮　　编：100710

电　　话：010—64245686（编辑二室）

　　　　　010—64266119（发行部）

　　　　　010—64263201（零售、邮购）

网　　址：http://www.cctpress.com

网　　店：http://cctpress.taobao.com

邮　　箱：cctpress1980@163.com

照　　排：北京宝蕾元科技发展有限责任公司

印　　刷：北京密兴印刷有限公司

开　　本：787 毫米×1092 毫米　1/16

印　　张：18　字　数：245 千字

版　　次：2016 年 2 月第 1 版　2016 年 2 月第 1 次印刷

书　　号：ISBN 978-7-5103-1476-6

定　　价：48.00 元

编写说明

  2015 年 10 月 6 日，历时 6 年的《跨太平洋伙伴关系协定》（TPP）谈判在美国亚特兰大结束，在亚太区域乃至全球范围引起了极大的关注。TPP 协定覆盖了美国、日本、加拿大、澳大利亚等亚太区域 12 个国家，其突破传统的自由贸易协定模式，涵盖了众多"边境后"规则领域的议题，是全球范围内具有重大影响力的新一代高标准自由贸易协定。TPP 协定在中国也引起了政府官员、研究学者和企业界人士的高度关注，并对此展开了热烈的讨论。为此，商务部国际贸易经济合作研究院组织相关领域的研究人员撰写了《TPP 百问》一书，从 TPP 协定文本入手，按照协定 30 个章节的脉络，结合 TPP 文本特点和各界关注点提出了一百多个问题，并进行具体解答，以增进社会各界对 TPP 协定的认识与理解。本书既可供对相关领域感兴趣的研究人员使用，也可供从事国际经贸业务的企业界人士参考。

Contents 目录

协定总体

李光辉

 TPP 协定是什么?

《跨太平洋伙伴关系协定》(Trans-Pacific Partnership Agreement,TPP)前身是 2005 年新西兰、智利、新加坡、文莱四国签订的《跨太平洋战略经济伙伴协定》(Trans-Pacific Strategic Economic Partnership Agreement,P4)。2009 年,美国正式加入 TPP 并主导谈判,随后澳大利亚、秘鲁、马来西亚、越南相继加入,2011 年 11 月墨西哥和加拿大同时加入,2013 年 7 月日本正式加入,TPP 谈判成员扩充为 12 个。经过 5 年的艰难谈判,12 个成员于 2015 年 10 月 6 日成功达成协定并于 2016 年 2 月 4 日正式签署协定。TPP 突破传统的自由贸易协定模式,是全球自由化水平最高、涵盖领域最广、具有重大影响力的新一代高标准自由贸易协定。协定各方实质取消几乎所有工业品和农产品关税,全面开放服务业部门和投资市场,还包括劳工、环境、国有企业、知识产权、政府采购、电子商务、监管一致性等规则领域条款。2014 年,TPP 成员人口达到 8 亿,GDP 总量达到 28.1 万亿美元,占世界 GDP 的 36.3%,贸易额占世界贸易总额的 25.5%。

 TPP 协定产生的背景是什么?

美国大力推动 TPP 谈判,有其独特的背景和深刻的战略考量。奥巴马自

上任以来，十分重视美国与亚太地区的关系，甚至自诩为美国首位"太平洋总统"，主张美国更多地参与亚洲事务。奥巴马曾公开表示，"作为太平洋国家，美国将在这一非常重要的地区加强并维持领导力。美国将全面参与创造和发展打造这一地区未来的组织。"美国将 TPP 作为其亚太战略乃至全球战略的重要组成部分，希望通过 TPP 获得更大利益。

其一，TPP 是美国"重返亚洲"战略的重要一环。近年来，亚太地区特别是亚洲区域经济一体化建设快速发展，东盟与中国、韩国、日本、澳大利亚、新西兰和印度均建立了自由贸易区，而以中、日、韩、印为核心的自由贸易区网络也正迅速扩大。然而，以东亚为核心的区域经济合作未将美国纳入其中，美国担心，一旦被排除在亚洲一体化进程之外，将对其在亚洲的政治、经济和安全利益造成重大威胁。因此，为了重新获得对亚洲的控制权，美国高调宣布"重返亚洲"，力图通过主导 TPP 扩容谈判，将亚太国家纳入其中，重新掌握亚洲经济一体化进程的主导权，进而实现其全球战略。

其二，TPP 对美国的经济发展具有重要的现实意义。美国次贷危机引发的全球金融危机对美国经济造成重大冲击，虽然全球经济正在复苏，但主要动力是以中国为主的发展中国家，美国经济增长较慢，面临严峻的失业问题。奥巴马政府 2010 年 3 月提出"国家出口计划"，要在未来 5 年使美国出口增长一倍，创造 200 万个就业机会。而亚太地区经济发展较为迅速，且拥有广阔的市场空间，在美国对外贸易中占据重要地位。美国认为，如果被排除在亚洲区域经济一体化进程之外，其经济将受到严重影响，出口与就业目标也无法实现。据美国著名智库彼得森国际经济研究所估计，一个没有美国参与的东亚自由贸易区可能使美国公司的年出口至少损失 250 亿美元，或者约 20 万个高薪岗位。因此，美国希望通过介入并主导 TPP 扩容谈判，与亚太国家建立更紧密的联系，分享亚洲经济发展红利，拓展出口市场，创造更多经济机会。

其三，TPP 是重构国际经贸规则的重要平台。美国选择 TPP 作为其"重返亚洲"战略的切入点，很重要的一个原因是原 P4 协定几乎包含了美国希望的所有条款，如知识产权、服务贸易、投资、竞争政策、政府采购、贸易便利化以及环保和劳工两个附件。在美国介入并主导 TPP 谈判后，力图强化和增加其需要的条款与标准，并将这些标准推而广之。由于美国推动的 TPP 不仅仅局限于现有成员，而是要"形成一个拥有广泛成员的区域贸易协定"，因此，美国将 TPP 视为亚太区域经济一体化的主渠道以及未来亚太自由贸易区的基石，希望通过 TPP 谈判及扩员达到重构全球经贸规则的目的，并从中获得更大的利益。

 ## TPP 的谈判历程是怎样的？

美国将推动 TPP 谈判视为政府对外政策的战略重点之一，并将 TPP 定位为"高标准、全面的自由贸易协定"，努力将其打造成"21 世纪的 FTA 样板"。从 2010 年 3 月 TPP 开始进行扩员谈判至 2015 年 10 月，共举行了 19 轮谈判以及十多次首脑会议、部长级会议或首席谈判代表会议。就谈判成员来看，P4 成员新西兰、新加坡、智利、文莱，与美国、澳大利亚、秘鲁参与了全部谈判；越南作为观察员也从 2010 年第一轮谈判开始介入，在第四轮谈判时成为正式成员；马来西亚从第三轮谈判开始作为正式成员加入；自 2012 年 12 月第十五轮谈判起，墨西哥和加拿大正式加入；而自 2013 年 7 月第十八轮谈判起，日本正式加入。2015 年 10 月，TPP 各方达成协定，正式结束了长达 5 年谈判进程。2016 年 2 月 4 日，12 个成员国在新西兰奥克兰市正式签署了 TPP 协定。

表 1　TPP 谈判进展

	时间	地点	主要内容
第一轮	2010 年 3 月 15 – 19 日	澳大利亚墨尔本	讨论了 APEC 成员参加 TPP 的问题，主要涉及建立互信、推动自由贸易、消除非关税贸易壁垒、促进电子商务和服务业发展以及保护知识产权等议题。
第二轮	2010 年 6 月 14 – 18 日	美国旧金山	主要讨论了市场准入谈判的程序、各成员已缔结的 FTA 与 TPP 的调和方式以及中小企业优先、规则一致性、竞争力、供应链、发展与区域整合等问题。

（续表）

	时间	地点	主要内容
第三轮	2010 年 10 月 4－9 日	文莱	马来西亚正式加入谈判。 24 个谈判小组分别就工业品、农产品、纺织品以及标准、服务投资、金融服务、知识产权、政府采购、竞争、劳工和环境进行了讨论，各方还就如何促进对接、发展地区管理统一性、促使中小企业更好利用协定等进行了讨论。
第四轮	2010 年 12 月 6－10 日	新西兰奥克兰	越南由观察员转为正式成员。 24 个谈判小组分别讨论了削减关税、非关税壁垒的市场准入问题以及知识产权、通关手续、商务活动、劳动、贸易的技术壁垒、政府采购、竞争政策、投资、卫生植物检疫措施、原产地规则、服务贸易、环境、电子商务等议题，并开始协商部分草案。
第五轮	2011 年 2 月 14－18 日	智利圣地亚哥	各方就货物贸易出价展开讨论，同意 3 月份交换服务贸易、投资和政府采购出价；谈判小组开始考虑如何更好地制定原产地规则，并就促进竞争和商业便利化、推动中小企业参与国际贸易、深化 TPP 成员间的供应链、促进贸易便利化等问题进行磋商。
第六轮	2011 年 3 月 27 日－4 月 1 日	新加坡	货物贸易谈判涵盖了所有部门市场准入的最初出价，在产品特定原产地规则方面取得进展；就服务、投资和政府采购出价进行讨论；对协定法律框架和争端解决机制进行实质性讨论；成立针对水平议题（如提高竞争力、提高供应链无缝化等）的谈判小组；电子商务、知识产权和环境工作小组也进行了富有成果的讨论。
第七轮	2011 年 6 月 20－24 日	越南胡志明市	就通讯、海关合作、环境、商品贸易、服务贸易、投资、政府采购、竞争政策等领域进行了讨论并提出一些新倡议；在扶持中小企业发展、提高成员国经济发展能力、缩小成员国发展差距等方面达成共识。
第八轮	2011 年 9 月 6－15 日	美国芝加哥	各方继续就将于 11 月在檀香山举行的 APEC 会议上达成的总体框架问题进行了讨论；对服务、金融服务、投资、海关、电信、知识产权、政府采购、卫生和植物检疫措施和环境保护进行了讨论；部分谈判小组也同步进行双边会议。

（续表）

	时间	地点	主要内容
第九轮	2011 年 10 月 22－29 日	秘鲁利马	协议文本的部分章节取得重要进展，包括卫生和植物检疫问题、技术性贸易壁垒和原产地规则；在国有企业章节提出一些新的倡议，并在竞争政策工作组进行了讨论；货物、服务、投资、政府采购的市场准入谈判稳步推进；各方积极讨论知识产权和透明度等敏感议题，但并未取得实质进展。
TPP 首脑 会议	2011 年 11 月 12 日	美国夏威夷	九国领导人共同声明 TPP 总体框架已经完成，今后将更加努力达成 TPP 协定。
第十轮	2011 年 12 月 5－9 日	马来西亚吉隆坡	少数谈判小组在马来西亚会面，并对原产地规则、服务、投资和知识产权议题进行了讨论；对工业产品、农产品和纺织品的市场准入进行了会谈；减少了议题分歧，在有关市场准入的法律文本和协商安排上取得重要进展。
第十一轮	2012 年 3 月 1－9 日	澳大利亚墨尔本	本轮谈判是在 2011 年 11 月 APEC 会议后，谈判小组举行的第一次集体谈判。九国进一步明确了吸纳新成员的标准，除须对 TPP 合作目标有共识之外，新成员还必须接受九国已达成的协定，并不能对将要达成协议的部分提出异议；在监管一致性、透明度、竞争、商务促进、中小企业利益和发展等议题上取得显著进展。
第十二轮	2012 年 5 月 8－18 日	美国达拉斯	谈判小组对协定文本中二十多章的内容有清晰的解决路径，一些尚不能解决的敏感议题将列入后续解决的特定工作计划中。在货物、服务、投资、电信、电子商务、政府采购、海关、知识产权、劳工和竞争议题取得一定进展，并结束了中小企业这一章节；对市场准入议题进行了讨论但未取得实质性进展；规划时间表等问题也未得到解决。
第十三轮	2012 年 7 月 2－10 日	智利圣地亚哥	在海关、跨境贸易服务、电信、政府采购、竞争政策、合作和能力建设议题上取得重大进展；对原产地规则、投资、金融服务和临时条目等议题进行了讨论；谈判代表还对工业品、农产品和纺织品的市场准入以及促进服务市场自由化，利用区域内供应链进行了讨论并达成共识。

（续表）

	时间	地点	主要内容
TPP 部长级会议	2012 年 9 月 6 日	俄罗斯符拉迪沃斯托克（海参崴）	各国贸易部长向领导人提供了一份报告，列出了 TPP 谈判以来取得的实质性进展。TPP 领导人确认了他们的承诺，将尽快达成全面的 TPP 协定，并欢迎新成员加拿大和墨西哥加入谈判小组。
第十四轮	2012 年 9 月 6 - 15 日	美国里斯堡	谈判小组就环境、卫生和植物检疫问题，纺织品和原产地规则和海关、市场准入、劳动力、金融服务和非相容的措施、电信、法律问题等议题进行了探讨。
第十五轮	2012 年 12 月 3 - 12 日	新西兰奥克兰	墨西哥和加拿大正式加入谈判。各方对减少政治干预，缩小地区差异达成共识，并就乳制品、服装、鞋类、糖等市场准入问题进行探讨；环境、知识产权等议题也进行了深入讨论但未取得实质进展。
第十六轮	2013 年 3 月 4 - 13 日	新加坡	谈判在监管一致性、电信、关税和开发等议题已经取得了较好进展；对服务、电子商务、动植物卫生检疫措施、技术性贸易壁垒和政府采购进行了讨论；知识产权、环境、竞争和劳工等"更具挑战性"的领域进行了深入探讨。
第十七轮	2013 年 5 月 15 - 24 日	秘鲁利马	各方讨论了卫生和植物检疫措施、贸易救济措施、劳工、政府采购、跨境服务贸易和法律和制度问题等章节，并取得重大进展；推进其他章节的协定文本进程，包括技术贸易壁垒，电子商务、原产地规则、投资、金融服务、透明度和其他问题；讨论了部分突出议题并就下一步将在知识产权、环境和竞争上减少分歧达成共识。
第十八轮	2013 年 7 月 15 - 25 日	马来西亚哥打基纳巴卢	日本正式加入谈判。谈判解决了协定各章节中更多的技术性议题；谈判已经进入另一个阶段，需要解决更加困难和更敏感的议题，谈判代表继续探讨知识产权、环境和国有企业等敏感议题，努力减少分歧，在这些领域达成共识。
第十九轮	2013 年 8 月 24 - 30 日	文莱斯里巴加湾市	促进协定文本部分章节的技术性问题的解决，包括市场准入、原产地规则、投资、金融服务、知识产权、竞争和环境等；为相互进入市场提供便利，包括货物、服务、投资、金融服务、临时入境和政府采购的市场准入；继续就劳工等突出问题进行讨论。

（续表）

	时间	地点	主要内容
TPP 首脑会议	2013 年 10 月 8 日	印度尼西亚巴厘岛	十二国领导人发表联合声明，称有望今年达成高质量的 TPP 协定，并将继续解决悬而未决的问题，在发展水平多样性的基础上实现各国利益共享。
TPP 会议	2013 年 11 月 19－24 日	美国犹他州盐湖城	十二成员国解决了大量悬而未决的问题，包括关于知识产权、跨境服务贸易、临时入境、环境、市场准入、国有企业投资、金融服务、卫生和植物检疫、政府采购、劳工、电子商务、法律机制、技术贸易壁垒和原产地规则。
TPP 部长级会议	2013 年 12 月 7－10 日	新加坡	十二国部长会面，对 TPP 协定的完成取得实质性进展；对文本中多数关键的突出议题划定潜在"着陆区"，继续灵活处理市场准入等敏感议题。
TPP 部长级会议	2014 年 2 月 22－25 日	新加坡	TPP 协定达成取得重要进展，通过广泛的双边会谈，在市场准入方面取得进展。
TPP 部长级会议	2014 年 3 月 19－20 日	越南胡志明市	进一步讨论市场准入问题，推进敏感议题的规则制定，就尽快达成 TPP 协定形成共识。
TPP 谈判	2014 年 7 月 3－12 日	加拿大渥太华	首席谈判代表和行者人员对敏感议题进行进一步讨论，包括劳工、国有企业、知识产权和市场准入。
TPP 谈判	2014 年 9 月 1－10 日	越南河内	为进一步实现达成协定的目标，成员国首席谈判代表进行了为期 10 天的集体会议。稳步推进国有企业、知识产权、投资、原产地规则、透明度和反腐败、劳工权利和环境保护等议题的条款进程。继续推动货物、服务、投资、金融服务、政府采购优先进入成员国市场，并承诺促进商务人员流动便利化。
TPP 部长级会议	2014 年 10 月 25－27 日	澳大利亚悉尼	就市场准入和规则制定进行进一步磋商，在知识产权、国有企业和环境等方面取得进展，并讨论了投资规则和政府采购。
TPP 贸易部长和首脑会议	2014 年 11 月 8－10 日	中国北京	通过了《TPP 贸易部长对领导人的报告》，发布了《TPP 领导人声明》。各国领导人指示贸易部长要将达成协定作为优先目标，TPP 谈判已"进入最后的焦点阶段"。

（续表）

	时间	地点	主要内容
TPP 谈判	2014 年 12 月	美国华盛顿	推进解决国有企业、环境保护、原产地规则和纺织品等议题；市场准入和法律问题也在本次谈判中进行了进一步探讨。
TPP 会议	2015 年 1 月末 - 2 月初	美国纽约	继续推进市场准入议题的讨论，并取得重大进展；协定草案的文本取得显著进展，TPP 谈判接近尾声。
TPP 谈判	2015 年 3 月 9 - 15 日	美国夏威夷	就市场准入谈判取得进展，缩小了在国有企业纪律、知识产权、原产地规则上的差异。
TPP 首席谈判官会议	2015 年 4 月 23 - 26 日	美国马里兰	在解决市场准入分歧、贸易规则、投资、知识产权等领域取得进展。
TPP 首席谈判官会议	2015 年 5 月 15 - 28 日	美国关岛	在解决市场准入分歧、贸易规则等领域取得进展，还讨论了货物和服务的市场准入、纺织品、原产地、投资和知识产权等问题。
TPP 部长会议和首席谈判官会议	2015 年 7 月 24 - 31	美国夏威夷	没有就汽车原产地分歧达成一致。
TPP 部长会议和首席谈判官会议	2015 年 9 月 26 日 - 10 月 5 日	美国亚特兰大	发表联合声明和 TPP 概要，正式结束 TPP 谈判。

资料来源：作者根据网站资料整理。

 TPP 协定包含哪些内容？

TPP 协定由 30 个章节的协定正文、100 多个附件和近百份相关文件组成，不仅涵盖传统的贸易投资领域，还涉及众多规则领域。具体而言，协定正文部分包括：初始条款和一般定义、货物的国民待遇和市场准入、原产地规则和原产地程度、纺织品和服装、海关管理与贸易便利化、贸易救济、卫生和植物卫生措施、技术性贸易壁垒、投资、跨境服务贸易、金融服务、商务人员临时入境、电信、电子商务、政府采购、竞争政策、国有企业和指定垄断、知识产权、劳工、环境、合作和能力建设、竞争力和商务便利化、发展、中小企业、监管一致性、透明度和反腐败、管理和机制条款、争端解决、例外和总则，以及最终条款，共 30 个章节。附件部分包括各国的关税减让承诺、各国对投资和跨境服务贸易的负面清单、金融服务的负面清单、国有企业和指定垄断的负面清单等相关内容。此外，还有一些两国之间单独达成的双边文件，涉及货物贸易、投资、服务、电子商务、政府采购、知识产权、环境、透明度和反腐败、假日工作等内容。

 与传统自由贸易协定（FTA）相比，TPP 协定有哪些不同？

与传统自由贸易协定相比，TPP 不仅在货物、服务、投资等传统领域继续保持高水平开放，同时还涵盖了众多 21 世纪新议题，将协定内容由"边界措施"延伸至"边界内措施"。具体有以下几点不同：

（1）传统领域要求高水平开放。如全面取消货物贸易所有产品的关税和非关税壁垒，原则上不设置例外产品；在服务和投资领域要求以负面清单方式对外开放。

（2）纳入许多"21 世纪新议题"。TPP 共包含 30 个章节，比过去的自贸协定多了一倍，除传统议题外，还涵盖了监管一致性、劳工标准、环境与气候变化、互联网自由、竞争政策、反腐败等新议题。这些议题原本属于一个国家的内部事务，现在则成为国际协定约束的内容。具体来讲，在竞争政策方面，要求国有企业成为真正的市场主体，承担更多的信息披露义务，包括公布管理层人员官方身份、接受财政资助、贷款信贷及担保等详细信息，规范国有企业参与政府采购、获得补贴和贷款等行为，不能享受过度保护；在环境方面，要求参加方实施高标准的环境保护法规，承诺采用公平透明的司

法、准司法或行政程序，制裁违法行为；在劳工标准方面，要求遵守国际劳工组织的结社自由、集体谈判、反对强迫劳动等核心标准，禁止凭借较低的劳工标准谋求不公平的竞争优势；在互联网自由方面，要求实现跨境数据的自由流动，确保用户能自由接入互联网；在监管一致性方面，明确要求标准统一和兼容，提高透明度，取消过多的检测和认证等，就食品安全、药品监管、新兴技术产业标准等特定领域进行合作，实现成员之间市场"无缝""高效"对接。

（3）规则的约束力更强。与传统自贸区显著不同的是。TPP 的很多新议题不再是原则性表述，而是增加了强制执行力。如国有企业、劳工、环境等很多规则是"有牙齿"的规则，适用于 TPP 协定的争端解决机制。一旦其成员有违反行为，将面临惩罚措施。

 TPP 协定的高标准体现在哪些方面？

（1）**市场准入规则**：除少量敏感产品外趋向全面开放。TPP 以完全的货物贸易自由化为目标，要求原则上全面取消关税和配额，除日本外，各国零关税产品比例均达到或接近 100%。除关税减免外，还要求限制非关税措施的使用，如关税配额、进口许可、出口限制等，不允许使用出口补贴，并要求提高非关税措施的透明度。

（2）**原产地规则**：趋向严格化、排他化和便利化，要求共同原产地规则，促进区域供应链的发展。原产地是产品的"经济国籍"，决定产品是否能享受自由贸易区规定的优惠税率。TPP 对纺织品原产地规则采用"从纱认定"原则，纺织品从原料到加工制作都必须在 TPP 成员国内进行，否则将无法享受关税优惠；同时，致力于达成单一的原产地规则，促进区域供应链的发展。

（3）**海关程序和便利化规则**：要求更高的透明度和便利化。海关程序和便利化是影响货物贸易的重要因素，也是世界各国普遍关注的重点议题。为了进一步促进区域内产品自由流动，TPP 海关程序也越来越趋于便利化，主要包括：以透明、高效和可预测为基本原则；简化海关程序，保证货物快速通关放行，在税费未定时允许通过交纳保证金验放，为快运提供加急海关程序；加强海关估价和其他领域的预裁定；以电子方式处理海关文件，实现无纸贸易；以风险管理为基础进行检验检疫；加强海关应急处理能力；加强海关合作，共同努力防范走私、非法转运、偷逃关税和遵守贸易法律规章。

（4）卫生与植物卫生措施及技术性贸易壁垒规则：标准不断提高、更加重视透明度与非歧视性。当前，发达国家凭借科技、管理、环保等方面的优势，不断提高食品安全、卫生检疫、节能降耗、绿色环保等 SPS 和 TBT 措施的技术标准和要求，并强调程序的透明度和非歧视性。TPP 协定针对化妆品、医疗器械、药品、信息与通讯技术产品、红酒和精馏酒精、预包装食品和食品添加剂配方、有机农产品等特定产品的规制拟定了专门的附件，要求在这些产品的贸易管理中采取共同做法以推动区域内立法路径的一致性；在程序上也要求确保公众的决策权，允许公众就拟议的技术法规、标准和合格评定程序发表意见，促进合格评定结果互认、标准一致化等机制化措施，加强信息交换和政府间磋商。

（5）贸易救济规则：要求提高透明度和程序正当性。世贸组织已形成以《反倾销协定》《补贴和反补贴协定》《保障措施协定》为主的一套较为完整的贸易救济规则体系，对于各类措施的实施条件、实施程序、监督机制等均有较为明确的规定，既能够使受到进口影响的一方合法使用贸易救济措施保护国内产业，也能使受到贸易救济调查的出口方保护出口权利。贸易救济措施是在合理的情况下对国内产业进行的保护手段，金融危机以来，由于贸易保护主义有抬头倾向，贸易救济措施的过度使用问题受到广泛关注。TPP 要求提高贸易救济程序的透明度和程序正当性；允许在特定时段内，针对因 TPP 实施关税削减引发进口激增导致对国内产业的严重损害，实施过渡性保障措施，最多两年并可延长一年；保障措施的实施方提供各方均同意的补偿；不可同一时间就同一产品实施超过一项 TPP 规定的保障措施；不可对关税配额产品进口实施保障措施。

（6）服务贸易：要求以负面清单模式进行实质开放。在开放模式上，TPP 要求采取负面清单方式来对服务贸易部门进行开放。在开放领域上，TPP 要求增强对金融、保险、电信等实质性领域的开放。在金融领域，TPP 要求缔约方金融服务提供商无须在另一缔约方设立运营机构即可向其境内提供服务，除非出于适当管理和监督的需要，该服务提供商须在另一缔约方注册或者得到授权。只要一缔约方的国内企业被允许提供某项新服务，其他 TPP 缔约方的服务提供商可以向该缔约方境内提供该服务。在电信领域，要求鼓励市场充分竞争，降低企业交易成本；规范电信主管部门的监管行为，确保其依照合理、公平和透明的原则对市场进行监管。在自然人移动领域，同意确保公众可获知商务人员临时入境的要求等信息，包括及时发布或在条件允许时在网上公布有关信息，并提供解释性材料。

（7）投资领域：采用"负面清单"开放、引入投资者—国家争端解决（Investor-State Dispute Settlement，ISDS）机制。同美国等发达国家对外签署的自由贸易协定一样，TPP 投资章节采用了准入前国民待遇加负面清单的外资管理模式，进一步推进投资自由化。同时，TPP 协定在给予投资者国民待遇、最惠国待遇、符合习惯国际法原则的最低待遇标准的基础上，还引入了 ISDS 机制，以加强对投资者的保护。

（8）电子商务领域：要求确保数据自由流动。随着信息技术的广泛应用，跨境电子商务已成为国际贸易的重要内容。发达国家将电子商务纳入自贸区范畴，并提出更高要求，主要包括：承诺对数字产品不予征收关税；对电子传输的数字产品提供非歧视待遇；反对强迫企业在每个寻求运营的市场都必须建立计算机基础设施的本地化要求的规则；要求成员支持单一的全球互联网，包括确保跨境数据流动，但需符合政府以隐私保护为目的进行管制的合法利益；相互认可对方电子认证和电子签名的效力；采取透明和有效的措施使消费者在电子商务中免受商业欺诈行为的侵害。

（9）政府采购：更低的政府采购门槛价和更严格的程序要求。TPP 的政府采购门槛较世贸组织《政府采购协定》（GPA 2012）更低，将涵盖更多的政府采购范围，对一国的影响和约束范围将更大。同时，各缔约方就国民待遇和非歧视两大核心原则做出承诺，较 GPA 2012 更加严格，在程序上也更加强调要保证采购过程的公正性、提高透明度。

（10）竞争政策和国有企业：要求公平竞争，并对国有企业单独制定规则。在竞争政策方面，TPP 要求各缔约方建立相应的法律制度，禁止损害消费者利益的限制竞争行为和商业欺诈行为，并且同意在程序正当性、程序公正性方面承担义务，允许针对违反一方竞争法导致的损害采取私人行动。在国有企业方面，TPP 首次建立了规则框架，要求各方同意各自法院对外国国有企业在本国领土内实施商业活动享有管辖权，并确保行政部门以公正的方式管理国有企业和私营公司；要求各方同意，不通过对本国国有企业提供非商业援助给国利益带来不利影响，不通过向在别国领土内生产、销售产品的国有企业提供非商业援助损害另一缔约方国内产业；要求各方同意与他国分享本国国有企业名单，并应要求提供关于国有企业中政府所有或控制的内容，以及向国有企业提供的非商业援助方面的信息。

（11）知识产权：提高知识产权保护标准、增强刑事执法力度。TPP 将专利宽限期提高到 12 个月，将农业化学品数据保护期提高为 10 年，同时增加了对于地理标识、生物制品、互联网领域的保护要求。对于执法程序，TPP 也提出更加严格的要求，要求成员方增强对知识产权违反行为的刑事执法力度。

（12）环境：要求环境事宜适用 TPP 争端解决机制。TPP 制订了严格、详细的环境法实施原则与程序，要求提高环境政策决策、实施和执行的透明度；要求提升公众参与度，为公众参与实施提供机会，包括公众意见书和环境委员会的公开环节。同时，还要求可在磋商、斡旋、调和、调解不成之后适用于 TPP 的争端解决程序。此外，还引入了野生动物贩卖、非法砍伐、非法捕捞等问题的规定，要求打击非法捕捞、禁止渔业补贴。

（13）劳工：允许劳工事宜适用 TPP 的争端解决机制。TPP 协定对劳工条款提出了严格的标准，要求按照国际劳工组织公约的规定，确保缔约方保障

劳工结社自由、保障集体谈判薪酬权利、废除强制劳动、禁止童工、取消就业歧视，规定不得以减损或降低这些劳工标准来影响贸易和投资，并允许劳工争议适用 TPP 的争端解决机制。

（14）监管一致性条款：推行良好监管实践。监管一致性条款的目的是在推动缔约方建立有效的跨部门磋商和协作机制以促进监管一致性，从而确保 TPP 市场上的商业主体享有开放、公平、可预期的监管环境。主要包括：设立专门委员会，鼓励缔约方推行广泛采纳的良好监管实践，例如针对正在制订的监管措施的影响进行评估，就监管方案选择依据及监管性质进行沟通等。

（15）透明度和反腐败条款：提高透明度、加强反腐败执法。透明度原则是世贸组织的重要原则之一，也是自贸协定的重要条款。TPP 将透明度与反腐败捆绑在一起，不仅对透明度提出更高标准，同时也要求有效执行反腐败法律法规，以加强良好治理，应对贿赂和腐败对经济体造成的腐蚀性影响。一方面要求承诺在规章和其他政府决定制订中提供更大的透明度，尽早公布普遍适用的法律、法规和行政裁定，以及影响贸易和投资的其他程序；另一方面，要求更广的参与和更强的责任担当，在措施采取和确定之前为利益攸关者提供评议的机会；此外，还要求承诺抑制腐败并制订提倡政府官员高尚道德标准的行为准则。

第 1 章　初始条款和一般定义

田伊霖

 TPP 协定与其他协定的关系是怎样的?

TPP 协定第 1 章第 1.2 条具体阐述了 TPP 协定与其他现存国际协定的一般关系，即明确规定"TPP 协定的各缔约方确认本协定与其现存的其他国际协定并存"，并具体阐释了如某一缔约方认为 TPP 协定的某项条款与其或其他缔约方另一协定的某条款存在不一致之处，应请求与另一协定的相关缔约方进行磋商，并共同努力达成各方满意的结果。TPP 协定明确了它既包含确认 WTO 以及其他国际协定的权利和义务，并强调本条款不影响各缔约方在 TPP 协定第 28 章"争端解决"下的权利和义务，即规定"每一缔约方确认，（a）对于包括《WTO 协定》在内的所有缔约方均为参加方的现存国际协定而言，其与其他各缔约方相互之间的权利和义务；以及（b）对于该缔约方与至少其他一个缔约方为缔约方的现存国际协定而言，其与其他缔约方相互之间的权利和义务，视具体情况而定。"同时，一些 TPP 成员方还以双边换文的方式进一步明确了 TPP 协定与原 P4、东盟—澳新 FTA 等协定的关系问题，可见 TPP 协定在制定之时，不仅强调与其他现行国际协定的并存关系，还力图弥合分歧，与其他协定达到和谐共存的状态。

 TPP 协定在一般定义的规定方面与传统自贸协定有何区别?

TPP 协定第 1 章第 1.3 条一般定义部分涵盖如《反倾销协定》、关税、企业、GATS、GATT 1994、《海关估价协定》等 40 个 TPP 协定中名词的定义。在一般定义的规定方面与传统自贸协定有一定区别：首先，在一般定义的数量上，TPP 协定较其他传统自贸协定的定义数量更多，包含 40 个名词的定义，而《美韩自贸协定》仅对 31 个名词进行了定义，中澳 FTA 第 1 章定义部分也仅仅包含 11 个名词；其次，由于 TPP 协定的涉及面广泛、内容较为全面，因而其基本定义涵盖的范围也较广，除一般 FTA 中普遍包含的定义外，还包括亚太经合组织、中央一级政府、地方一级政府、政府采购、涵盖投资、回收材料、再制造的货物、中小企业、纺织品和服装货物等。

第 2 章　货物的国民待遇和市场准入

王　蕊

 TPP 实现了完全的货物贸易自由化吗?

TPP 以完全的货物贸易自由化为目标,原则上要求取消全部产品关税。虽然由于日本等少数成员国存在一些超敏感产品,最终达成的 TPP 协定并未完全取消全部产品关税,但仍然达到相当高的自由化水平。其中,新西兰、新加坡和文莱取消全部产品关税,其他成员国货物贸易零关税比例接近100%,仅日本保留了较多的超敏感产品,自由化率为 95% 左右。

表 2 – 1　TPP 货物贸易自由化水平

成员	零关税税目占比	零关税贸易额占比	成员	零关税税目占比	零关税贸易额占比
日本	95%	95%	墨西哥	99%	99%
美国	100%	100%	智利	100%	100%
加拿大	99%	100%	秘鲁	99%	100%
澳大利亚	100%	100%	马来西亚	100%	100%
新西兰	100%	100%	越南	100%	100%
新加坡	100%	100%	文莱	100%	100%

资料来源:日本内閣官房 TPP 政府对策本部「TPP における関税交渉の结果」,2015 年 10 月 20 日。

农产品是 TPP 谈判的焦点和难点,也是成员国的主要争议点。除澳大利

亚、新西兰、新加坡和文莱外，其他成员国均保留了一些不予取消关税的农产品。其中，保留最多的是日本，443 个税目未实现零关税，占农产品税目的 19%，日本最重视的大米、小麦、糖类、乳制品以及牛肉和猪肉五类产品共保留税目 412 个；其次是加拿大，5.9% 的农产品未实现零关税；再次是秘鲁和墨西哥，对 3%～4% 的农产品做出保留；最后是美国、越南、智利和马来西亚，仅保留极少量农产品关税。

表 2-2　TPP 成员农产品自由化水平

（各国对日本的情况）

成员	税目数	立即取消关税	2～11 年取消关税	12 年后取消关税	不取消关税（关税配额与关税削减等）
美国	2058	55.5%	37.8%	5.5%	1.2%
加拿大	1566	86.2%	7.9%	0	5.9%
澳大利亚	941	99.5%	0.5%	0	0
墨西哥	1387	74.1%	17.2%	5.1%	3.6%
马来西亚	3324	96.7%	1.2%	1.7%	0.4%
新加坡	1400	100%	0	0	0
智利	1634	96.3%	3.2%	0	0.5%
秘鲁	1155	82.1%	11.9%	2.0%	4.0%
新西兰	1287	97.7%	2.3%	0	0
越南	1431	42.6%	52.3%	4.5%	0.6%
文莱	1400	98.6%	1.4%	0	0
11 国平均		84.5%	12.3%	1.7%	1.5%
日本	2328	51.3%	27.5%	2.2%	19.0%

资料来源：日本内阁官房 TPP 政府对策本部「TPP における関税交渉の結果」，2015 年 10 月 20 日。

从工业制成品来看，TPP 成员的自由化水平较高。除秘鲁、马来西亚、墨西哥和越南外，其他成员立即取消关税的税目占比均超过 90%；而除马来西亚、越南、加拿大和美国外，其他成员立即取消关税产品的贸易额占比均超过 90%。而且从最终自由化水平来看，除澳大利亚和墨西哥个别税目未实现零关税外，其他 10 个成员的工业制成品最终均全部取消关税，实现完全的自由化。

表 2 - 3　TPP 成员工业制成品自由化水平

成员	立即取消关税		最终取消关税	
	零关税 税目占比	零关税 贸易额占比	零关税 税目占比	零关税 贸易额占比
美国	90.9%	67.4%	100%	100%
日本	95.3%	99.1%	100%	100%
加拿大	96.9%	68.4%	100%	100%
新西兰	93.9%	98.0%	100%	100%
澳大利亚	91.8%	94.2%	99.8%	99.8%
文莱	90.6%	96.4%	100%	100%
智利	94.7%	98.9%	100%	100%
马来西亚	78.8%	77.3%	100%	100%
墨西哥	77.0%	94.6%	99.6%	99.4%
秘鲁	80.2%	98.2%	100%	100%
新加坡	100%	100%	100%	100%
越南	70.2%	72.1%	100%	100%

资料来源：日本内阁官房 TPP 政府对策本部「TPP における関税交渉の結果」，2015 年 10 月 20 日。

 TPP 成员国在降税期方面做了怎样的安排？

TPP 有关货物贸易的降税安排能够达成并实现高水平的自由化，关键是采用了较为灵活的处理方式，通过精准分类、对超敏感产品适用超长过渡期，以及差别关税等安排，较好地化解了成员国之间尤其是美国和日本之间的争议。

（1）产品分类

TPP 成员国对各自降税产品进行了非常细致和精准的分类，通过对不同

产品采取不同的降税安排，实现在扩大开放的同时保护国内产业。产品类别数量最多的是日本，共 63 类，除关税配额外，还有 27 类产品最终并未实现零关税；美国和越南的产品类别也相对较多，分别为 38 类和 37 类，但绝大部分类别最终取消关税；墨西哥和智利的产品分类分别为 23 类和 22 类；其他成员的产品分类均在 10 类以内。

（2）过渡期

TPP 降税安排在保证高水平自由化的前提下，允许各成员根据自身情况采取不同的降税期间，体现了较强的灵活性。总体而言，TPP 降税安排绝大部分在 21 年以内，仅美国存在一些产品 30 年才完全取消关税。具体而言，新加坡在协定生效之日立即取消全部产品关税；澳大利亚、新西兰和智利过渡期在 10 年以内，分别为 4 年、7 年和 8 年；文莱和加拿大过渡期分别为 11 年和 12 年；马来西亚、墨西哥、秘鲁过渡期均为 16 年；日本和越南过渡期均为 21 年；美国过渡期为 30 年。

（3）差别关税

为了打破成员间货物贸易尤其是农产品领域的谈判僵局，尽快达成协议，TPP 引入了较为灵活的差别关税方式，允许部分成员国就少数产品对其他成员实施差别关税待遇。TPP 规定，当进口缔约方根据减让表对相同原产货物实施不同优惠关税时，根据原产货物最后一道生产工序所在缔约方来确定适用的税率。日本、美国、加拿大、墨西哥和智利均包含一定数量的差别关税，而其他成员国则实施统一的关税减让安排。

 TPP 货物的国民待遇有何特点？

国民待遇原则是世界贸易组织（WTO）的基本原则之一。为了保障进口货物与国内同类货物获得相同的竞争条件，《1994 年关税与贸易总协定》第 3 条"国内税与国内规章的国民待遇"规定，各成员对来自其他成员的进口货物直接或间接征收的国内税或其他国内收费不得高于国内同类货物；进口货物在混合、加工或使用方面的国内数量限制条例，以及从入境到最终被消费期间在法令、条例和规章方面所享受的待遇，不得低于国内同类货物。

TPP 也要求缔约方相互给予对方的货物国民待遇，并直接将《1994 年关税与贸易总协定》第 3 条及其解释性注释纳入到协定之中，作为协定的一部分。同时，TPP 进一步对国民待遇提出更高要求，除中央政府外，还要求缔约方的地方政府也对其他缔约方货物给予国民待遇，即不低于对本国任何相似、直接竞争或可替代货物的最优惠待遇，这也是 TPP 国民待遇条款的一大突出特点。而我国自由贸易协定（FTA）中有关货物的国民待遇条款较为简单，一般是直接采用《1994 年关税与贸易总协定》第 3 条及其解释性注释，而没有对地方政府提出明确的国民待遇要求。

此外，TPP 还通过附件列举了各缔约方对于国民待遇的例外，如加拿大支持艺术表现类货物生产、出版、展览或销售的措施不适用国民待遇，美国和加拿大所有树种原木出口管制以及秘鲁的旧服装和鞋类、旧车辆、旧轮胎等也不适用国民待遇。

 TPP 对基于实绩要求的关税免除是如何规定的？

TPP 中的实绩要求包含以下几方面内容：一是要求一定水平或比例的货物或服务用于出口；二是要求给予关税免除或进口许可证的国内货物或服务替代进口货物；三是要求关税免除或进口许可证的受益人，采购给予免除关税或进口许可证的缔约方境内的其他货物或服务，或对该缔约方国内生产货物给予优惠；四是要求关税免除或进口许可证的受益人，在给予关税免除或进口许可证的缔约方境内，以一定水平或比例的当地含量生产货物或提供服务；五是要求进口数量或价值以任何方式与出口数量或价值，或外汇流入数量挂钩。但实绩要求不包括要求进口货物随后出口或用做生产其他随后出口货物的材料，以及被随后出口的相同或相似货物替代，或被与生产其他随后出口货物的材料相同或相似的货物替代。

对于直接或间接以满足实绩要求为条件的关税免除，TPP虽未要求取消现行规定，但明确要求任何缔约方不得采取新的关税免除，不得将现行关税免除对现有获益者扩大适用，也不得将关税免除的适用扩展到新的获益者；同时，还要求任何缔约方不得以直接或间接满足实绩要求为条件延续现行关税免除。我国FTA中较少提及实绩要求，中韩FTA关于实绩要求的定义与TPP基本相同，但在关税减免相关条款中并未明确规定禁止实绩要求，而仅在进口与出口限制条款中要求禁止以实绩要求为条件的进口许可。

 TPP对修理或改变后再入境货物有何规定？

TPP对修理或改变后再入境货物的规定较为宽松，要求任何缔约方均不得对临时出口到另一缔约方进行修理或改变后重新入境的货物征收关税。而且，无论货物原产地在哪里，无论这种修理或改变是否可以在该出口方进行，或是否货物已经增值，均应享受上述免税待遇。但这种修理或改变不包括将半制成品转变为制成品，也不包括消灭货物的基本特性或生成一个新的或商业上不同的货物。加拿大对此条款提出保留意见，上述免税待遇不适用于已经修理或改变的部分船舶。同时，TPP还要求任何缔约方均不得对自另一缔约方临时准许入境进行修理或改变的货物征收关税，无论其原产地在哪里。上述要求使得货物在出口至TPP任何一方进行修理或改变以及重新入境的过程中均享受免关税待遇，为相关企业和个人提供了更多实惠，也有利于区域内产业链的融合。

我国FTA中并无修理或改变后货物重新入境免关税或为修理或改变临时入境货物免关税的条款。但根据2014年的《海关进出口货物征税管理办法》，对于进境修理货物，只要在规定期限内复运出境，即可免征关税，但须提供维修合同或者含有保修条款的原出口合同，并提供进口税款担保或按照保税货物管理；如超出海关允许期限复运出境，则需缴纳关税，按照一般进出口货物的征税管理规定将货物进境时的税款担保转为税款。而对于出境修理货物复运进境，则需按规定缴纳关税。《进出口关税条例》规定，运往境外修理的货物，出境时已向海关报明并在规定期限内复运进境，以境外修理费和料件费审查确定完税价格；《海关进出口货物征税管理办法》则要求提供货物的原出口报关单和维修合同以及维修发票等，并根据完税价格计征进口税款。与我国规定相比，TPP对修理或改变后重新入境货物以及入境修理或改变的货物均免征关税，且不要求时间限制和提供担保，条件较为宽松。

 ## 14 TPP对货物临时入境有何规定？

TPP对于货物临时免税入境提供了较为宽松的条件，一方面允许有资格临时入境人员的专业设备免税入境，包括新闻媒体或电视设备、软件和广播及电影设备等；另一方面，对用于展览或演示的货物、商业样品、广告影片和录音，以及为体育目的准许入境货物提供免税临时入境待遇。此外，TPP还允许用于或将被用于装运国际运输商品或货物的集装箱和托盘临时免税入境，无论其原产地在哪里。

TPP允许延长临时入境时限，并要求不得对上述货物的免税入境设定条件，但同时也规定了一些例外。例如：允许要求货物仅由临时入境人员使用或在其个人监督之下；货物在该缔约方境内不得出售或租赁；要求缴纳保证金并在货物出口时返还；要求货物在进口或出口时可识别；要求在临时入境人员离境时，或其他合理期限，或1年内出口；不得以超过与其预定用途相符的合理数量入境等。如果上述条件未得到满足，缔约方可征收关税和其他正常情况下应收取的费用，以及法律规定的罚款。

在临时入境货物的放行方面，TPP要求各缔约方采用快速放行程序，在可能的情况下，货物随临时入境人员一同放行。在临时入境货物出境方面，TPP允许货物经由其入境海关口岸以外的其他海关口岸出境。同时，如果能够提供足够证据证明货物在规定的临时入境期限或合法延期期限内损毁，则临时入境货物无需出口。此外，TPP给予入境车辆更多灵活度，允许用于国

际运输的车辆或集装箱通过经济、快速的合理途径离开，允许车辆或集装箱的进口海关口岸和出口海关口岸不同而无须缴纳保证金或其他费用，允许装载集装箱入境和出境使用不同车辆或车架，且要求不得将车辆或集装箱经由特定海关口岸离境作为返还保证金等义务的条件。

我国在一些 FTA 中也包含货物临时免税入境条款，中韩 FTA 的相关规定与 TPP 大体一致，存在的主要差异在于：第一，对于准许临时免税入境的专业设备，中韩 FTA 还包括用于科学研究、教学或医疗活动的专业设备，而 TPP 并未明确提及；第二，对于暂准进口的一般期限，中韩 FTA 规定为 6 个月内或其他合理期限，而 TPP 规定为 1 年内或其他合理期限；第三，中韩 FTA 并未提及 TPP 给予车辆和集装箱的灵活待遇。

 TPP 在非关税措施方面有哪些规定？

为了进一步促进区域内贸易的自由化和便利化，除关税措施外，TPP 还规定了非关税措施，主要是以 WTO 相关规定为基础，对进出口限制、进口许可、出口许可程序透明度以及管理费用和手续做出更加具体和明确的要求。

（1）进出口限制

《1994 年关税与贸易总协定》第 11 条"数量限制的一般取消"规定，各成员除关税或其他费用外，不得通过配额、进出口许可证或其他措施限制或禁止成员间的货物进出口。但同时也规定了例外条款，如允许为粮食安全进行的出口禁止或限制，允许为实施国际贸易上商品分类、分级和销售标准及条例而必须实施的进出口禁止或出口限制，还允许在一定情况下对农渔产品进行必要的进口限制。

TPP 也要求任何缔约方不得对缔约方之间的货物进口或出口采取禁止或限制措施，并直接将《1994 年关税与贸易总协定》第 11 条及其解释性注释纳入协定之中。TPP 还明确提出，禁止出口和进口价格要求（实施反补贴和反倾销令以及价格承诺时除外）；禁止以满足实绩要求为条件的进口许可；禁止与《补贴与反补贴措施协定》第 18 条和《反倾销协定》第 8.1 条所实施的《1994 年关税与贸易总协定》第 6 条不符的自愿出口限制；且不得要求其他缔约方人员与境内分销商建立合同或其他关系作为进口条件。同时，TPP 并不禁止缔约方与非缔约方之间的进出口限制措施，但为了避免对其他缔约方造成干扰，可应请求进行磋商。

另外，TPP 还提出商业密码产品的概念，即向公众销售或提供、而非专门为政府用途而设计或改造的、任何采用或包含密码的货物，并明确要求禁止进出口限制的规定适用于商业密码产品的进口。

此外，TPP 也通过附件列出各国对进出口限制条款的例外，例如美国和加拿大的原木出口，智利的旧车进口，墨西哥的汽油和柴油进口，秘鲁的旧服装和鞋类、旧车辆、旧轮胎，越南的机动车、旧物、木材等。

（2）进口许可

TPP 对进口许可的规定基本采用《进口许可协定》的相关内容，要求各缔约方不得采取与《进口许可协定》不符的措施。TPP 对进口许可的规定主要是透明度和程序方面的要求。

在透明度方面，TPP 要求缔约方在协定生效后立即将现行进口许可程序（如有）通知其他各缔约方或进口许可委员会，主要包括：受许可程序管理的产品清单、有关资格信息的联络点、申请书提交的一个或多个行政机关、公布许可程序的日期和出版物名称、自动进口许可程序的管理目的、非自动进口许可程序的措施、许可程序的预计期限等；还包括获得进口许可证的资格、进口许可证是否对最终用户有限制以及适用的所有产品和资格条件说明。对于任何新的或修订的进口许可程序，TPP 要求缔约方向进口许可委员会通报并在官方互联网网站上公布。如不符合上述透明度要求，则不可采用进口许可程序。

在程序方面，TPP 要求缔约方应在不晚于新的进口许可程序或对现行程序修订生效前 60 天通知其他缔约方，且在任何情况下，不得晚于公告后 60 天做出通知。同时，TPP 还要求缔约方应在 60 天内对其他缔约方就许可规则

和进口许可证申请程序所提出的合理询问做出回应，包括人员、企业和机构提出申请的资格、联系的管理机关以及有许可要求的产品清单。如果一缔约方驳回了另一缔约方的进口许可申请，应在收到要求的合理期限内，提供书面解释。

（3）出口许可程序的透明度

TPP 对于出口许可程序提出了较为明确的透明度要求。在通知方面，TPP 要求协定生效后的 30 天内，各缔约方书面通知其他缔约方登载其出口许可程序的出版物（如有），包括相关政府网站的地址。对于新的出口许可程序或对现行程序的修订，最迟不晚于生效后 30 天在所通知的出版物和网站上公布。同时，还要求上述通知的出版物中包含：出口许可程序的文本，包括修订；所有许可程序管理的货物；申请许可证的程序及条件；一个或多个联络点；管理机关；对有关出版物的说明或援引；出口许可程序的有效期限；配额总量、配额价值、配额的开放和截止日期；出口许可证的豁免或例外。

在提供信息方面，TPP 要求缔约方应有实质贸易利益的另一缔约方请求，在可能的情况下，就其采取的特定出口许可程序提供信息，包括：近期一时段所发放的许可证累计数量，以及与许可程序一起采取的限制措施，但特定人员专有商业利益或其他保密信息除外。此外，TPP 要求出口许可程序透明度条款不得解释为要求一缔约方发放出口许可证或阻止一缔约方履行联合国安理会决议和多边不扩散机制下的义务和承诺。

（4）管理费用和手续

TPP 对于管理费用和手续的要求以《1994 年关税与贸易总协定》第 8 条第 1 款及其解释性注释为基础，要求各缔约方确保所征收的与进出口相关的费用，无论其性质，均限于所提供服务的大体成本，不成为对国内货物的间接保护或为财政目的进行进出口征税，但出口税、关税、等同于国内税的规费或其他符合《1994 年关税与贸易总协定》第 3 条第 2 款的国内规费以及反倾销和反补贴税除外。同时，TPP 进一步要求各缔约方应通过互联网公布有关进出口费用的现行清单，且不得从价征收相关费用，并定期审议，以减少费用的数量和种类。此外，还要求缔约方不得做出涉及其他缔约方任何货物进口的领事事务要求，包括要求相关的费用。

 TPP 对再制造货物有何规定？

再制造货物不是对旧产品进行简单的维修，而是将其恢复到"像新产品一样"的状态。TPP 明确要求取消对再制造货物进口的禁止和限制措施，尤其是当一缔约方禁止或限制旧货物进口时，不得将此类措施适用于再制造货物，但也允许缔约方要求再制造货物在其境内分销或销售时标为再制造货物，并满足同类新货物的所有适用技术要求。

对于再制造货物条款，TPP 给予越南一定特殊待遇。一方面，设定过渡期，允许越南在协定生效后 3 年内采取禁止或限制进口再制造货物的措施；另一方面，列出例外产品，允许越南在协定生效 3 年后，对例外产品采取禁止或限制进口再制造货物的措施，而其他产品不得采取上述措施。在提供特殊待遇的同时，TPP 也要求越南不得对再制造货物进口采取比同一旧货物进口更加严格的禁止或限制措施，不得在解除一再制造货物进口禁止或限制之后，再次实施禁止或限制。

 TPP 对于出口关税和费用有何规定？

TPP 要求缔约方原则上取消出口货物的关税、税收或其他规费，除非对供国内消费的该货物也征收上述税费。但同时，TPP 对马来西亚和越南给予特殊待遇：一方面，允许马来西亚保留清单中所列货物的出口关税、税收或其他费用，但不得高于清单中列明的税率；另一方面，允许越南在 6~16 年内分阶段取消清单中大部分货物的出口关税、税收或其他费用，部分保留出口关税的货物，其税率不得高于清单中所列的基础税率。

 TPP 对于农业贸易有哪些规定?

农业贸易是 TPP 谈判时争议较大的焦点问题,因而 TPP 在货物的国民待遇和市场准入章节中将农业作为专门一节,对各缔约方采取的与农产品贸易有关的措施进行约束和管理,主要包括:农业出口补贴,出口信贷、出口信贷担保或保险,农业出口国营贸易企业,出口限制——粮食安全,农业保障措施等内容。

(1)农业出口补贴

WTO《农业协定》将出口补贴定义为根据出口实绩而给予的补贴,要求各成员承诺削减出口补贴,主要包括:政府提供直接补贴(包括实物支付)、政府以低于国内市场的价格出口非商业性农产品库存、依靠政府资金支持农产品出口、为减少出口农产品营销成本而提供的补贴、政府提供优惠的国内运费等。TPP 遵循 WTO 的基本规定,要求各缔约方之间不得采取任何农产品出口补贴,并将共同目标确定为在多边取消对农产品的出口补贴,同心协力在 WTO 框架下达成协定,取消农产品出口补贴并防止其以任何方式重新使用。

(2)出口信贷、出口信贷担保或保险

由于 WTO《农业协定》要求削减农业出口补贴,因而出口信贷、出口信贷担保或保险成为各国支持农产品出口的手段之一。WTO 将出口竞争作为多边谈判的关键优先事项,要求各成员制定管理出口信贷、出口信贷担保或保险的国际纪律。TPP 要求遵循 WTO 规则,在 WTO 中共同制定多边纪律对提供出口信贷、出口信贷担保和保险进行管理,包括关于透明度、自我融资和还款条件等事项的纪律。

(3)农业出口国营贸易企业

TPP 对农业出口国营贸易企业的规定也以 WTO 为基础,要求各缔约方共同达成多边协定,取消农产品出口授权方面的扭曲贸易的限制,取消 WTO 成员直接或间接给予国营贸易企业的任何特别融资，并就出口国营贸易企业的运作和维持实现更大的透明度。我国目前对关系国计民生的部分货物实行国营贸易管理，《货物进出口管理条例》对国营贸易和指定经营规定了具体制度。在中韩 FTA 中也包含有关国营贸易企业的条款，主要强调在 WTO 框架内保持和提高透明度。

（4）出口限制——粮食安全

TPP 虽然规定要取消出口限制，但也遵循《1994 年关税与贸易总协定》第 11.2 条的规定，允许缔约方为防止或缓解严重粮食短缺而对粮食临时实施出口禁止或限制。为了更好地管理和约束粮食出口限制措施，TPP 也提出了一些条件和要求：

第一，需要满足《农业协定》第 12.1 条规定的条件。一是设立出口禁止或限制的成员应适当考虑其措施对进口成员粮食安全的影响；二是设立出口禁止或限制前，应尽可能提前书面通知农业委员会，与进口商进行磋商，并向具有实质利益的成员提供必要信息。

第二，需要通知其他缔约方。如果为了防止或缓解严重食品短缺而采取禁止或限制粮食出口措施，应在措施生效前通知其他缔约方，而且，除非造成严重短缺的事件有不可抗力因素，否则应在措施生效前至少 30 天通知其他缔约方；如果协定生效时缔约方有这种限制措施，也应在 30 天内通知其他缔约方。

第三，需要与其他缔约方进行沟通与磋商。需做出通知的缔约方，应要求，应与具有实质利益的粮食进口方进行磋商，向其提供相关经济指标以确定严重短缺是否存在，并在收到其他缔约方提出问题的 14 天内做出书面答复。

第四，需要在规定时限内终止措施。缔约方通常应在禁止或限制措施实施后 6 个月内终止；如果要延长到 6 个月以上，则应在措施实施起 5 个月内通知其他缔约方，并说明理由；除非与禁止或限制措施所涉及粮食的所有净进口缔约方进行磋商，否则该措施不得超过 12 个月；严重短缺或其威胁不复存

在时，应立即终止该措施。

第五，例外情况。粮食出口禁止或限制措施不适用于为非商业的人道主义目的而采购的粮食。

（5）农业保障措施

为了放宽市场准入幅度，促进缔约方之间的农业贸易，TPP 对原产农产品给予了更加宽松的待遇，要求 WTO《农业协定》采取的任何特殊保障措施项下的关税，不适用于缔约方的原产农产品。我国在 FTA 中并无类似规定，而且中澳 FTA 的农产品特殊保障措施条款还特别规定，允许中方对超过数量的原产农产品（牛肉和奶粉）实施特殊保障措施。

 TPP 对于信息技术产品贸易和现代生物技术产品贸易有何规定？

除货物贸易的总体和一般性规定之外，TPP 还专门提及信息技术产品贸易和现代生物技术产品贸易，反映了缔约方在这些产品领域的利益诉求和发展趋势。

对于信息技术产品贸易，TPP 主要是原则性规定。要求缔约方加入 WTO《关于扩大信息技术产品贸易的部长宣言》（《信息技术协定》或 ITA），并依照其规定进行关税减让表的修订和核准程序。同时，TPP 还给予文莱 1 年的过渡期，并要求智利和墨西哥努力加入《信息技术协定》。

对于现代生物技术产品贸易，TPP 做出了较为细致的规定，主要涉及透明度、合作与信息交换。在透明度方面，要求在符合法律、法规和政策的情况下，公开提供以下文件：一是现代生物技术产品的批准文件；二是现代生物技术产品获得批准的风险或安全评估摘要；三是境内已批准的现代生物技术产品清单。在合作与信息交换方面，要求各缔约方确定联络点，共享与低水平混杂发生有关的信息。在此，TPP 对低水平混杂的发生做出了较为细致的规定：一方面，为处理低水平混杂的发生并防止今后再次出现，出口方应提供已进行的、与现代生物技术特定植物产品批准相关的风险或安全评估摘要，以及境内已有现代生物技术植物产品获批的机构的联系方式，并鼓励该机构与进口方共享信息；另一方面，如发生低水平混杂，进口方应将低水平混杂的发生及要求提供的额外信息通知进口商或其代理，并向出口方提供已开展的与低水平混杂相关的风险或安全评估摘要，还应确保采用恰当的处理措施。此外，TPP 还特别设立农业贸易委员会下属的现代生物技术产品工作组，就相关事项开展合作，包括交换与现代生物技术产品有关的信息，以及加强有共同利益的缔约方之间的合作。

 TPP 是如何管理关税配额的?

为了更好地规范和管理货物贸易关税配额，TPP 专门设置了关税配额管理一节，依照《1994 年关税与贸易总协定》第 13 条及其解释性说明、《进口许可程序协定》以及 TPP 的进口许可条款对减让表中的关税配额进行管理，具体规定了配额的管理和资质、分配机制、返还和重新分配等内容，并突出强调关税配额管理程序的透明度。

（1）管理和资质

TPP 要求各缔约方给予进口商充分使用关税配额数量的机会，且关税配额条件不得超出减让表。具体要求包括：

第一，寻求使用新的或附加的条件、限制或资格的缔约方，应在措施生效前 45 天通知其他缔约方；

第二，具有商业利益的供货方，可书面提出磋商请求；

第三，被请求缔约方应按程序与请求方尽快进行磋商；

第四，如已进行上述磋商，且请求磋商一方不反对，则可使用新的或附加的条件、限制或资格要求；

第五，新的或附加的条件、限制或资格要求应在实施前向各缔约方散发。

（2）分配机制

TPP 对于关税配额的分配提出了较为具体的要求：

在资格要求方面，允许缔约方的任何人员只要满足资格要求，即可申请关税配额并在分配时被考虑；同时，除非另有约定，不将配额分配给生产商集团，不以购买国内产品为分配条件，或仅对加工企业给予配额。

在配额数量方面，要求分配额应达到商业可行的装运数量，并尽可能达到进口商申请的数量；当申请人申请的关税配额数量累计超过配额规模时，应采用公允和透明的方法进行分配；TPP项下的关税配额数量不计入WTO关税减让表或其他协定中的关税配额数量。

在适用性和有效期方面，配额内进口的分配应适用关税配额涉及的所有税目；配额全部数量在配额年度第1天生效，且当年全年有效。

在分配程序方面，应给予申请人至少4周时间提交申请；在不晚于配额期开始前4周进行分配；如分配基于紧邻配额期的前12个月，则应在不晚于配额期开始前4周对全部配额数量进行临时性分配，配额开始时做出最终决定并告知申请人。

此外，TPP还要求不得将再出口作为申请或使用配额的条件，并要求在协定生效后的第一个配额年度，按剩余的月份比例分配配额。

（3）配额的返还和重新分配

TPP还要求缔约方设立及时与透明的未使用配额返还和重新分配的机制，为关税配额的全部使用提供最大机会。其中最重要的是信息公开，包括：定期在指定的、公众可登录的网站上公布与已分配数量、已返还数量及配额使用率有关的所有信息；在同一网站上公布可用于再分配的数量及申请截止日期，且公布时间不晚于开始接受重新分配申请前的2周。

（4）透明度

TPP十分重视信息公开和程序透明度，在关税配额管理一节中多次提及透明度，要求各缔约方保证关税配额管理程序的公开、公正、公允，不造成不必要的行政负担，能够反应市场条件且管理及时。

在联络点方面，应确定负责管理关税配额的机构，指定至少一个联络点，并向其他缔约方提供联络点的详细信息，还应对上述信息的任何变化做出通知，以促进缔约方之间的沟通。

在信息公开方面，一是要求缔约方在发放关税配额 90 天前在指定公开网站公布相关信息，包括配额规模及资格要求、申请程序、申请截止日期、分配和再分配方法和程序等；二是要求在指定公开网站上公布分配机构名称和地址；三是在先到先得基础上，应在整个一年中及时、持续地在指定公开网站上公布每一关税配额的使用率及剩余可用数量，且当配额用满时，在 10 天内发布这一情况；四是在分配机制管理下，当配额用满时，尽早发布这一情况。

在磋商方面，应一个或一个以上出口缔约方的书面要求，关税配额管理方应就配额管理与出口缔约方磋商。

TPP 在货物贸易管理机制方面有何特点？

为了更有效地促进各缔约方之间的货物贸易发展，TPP 建立了多个相关管理机制，主要包括专门讨论制度、货物贸易委员会和农业贸易委员会，其中，专门讨论制度和农业贸易委员会在我国现有 FTA 中并未涉及，这也体现了 TPP 对货物贸易尤其是农业贸易的重视。

（1）专门讨论制度

TPP 要求各缔约方指定一货物贸易联络点，以便利各方就货物贸易事项进行沟通，并进行与货物贸易有关的信息请求或信息传递。TPP 要求专门讨论应保密，且不损害各方权利，包括在争端解决程序中的权利。专门讨论制度的具体程序主要包括以下几方面：

第一，提交书面请求。请求方通过货物贸易联络点向被请求方提交书面请求，请求就其认为可能对其货物贸易利益产生负面影响的事项（包括特定的非关税措施）进行专门讨论，书面请求应列明理由，包括对其关注的说明，并指明与其关注相关的条款。请求方可向所有其他缔约方提供该请求的副本。

第二，判断是否属于其他专属磋商机制。被请求方如果认为请求所涉及

的议题属于应由其他专属磋商机制解决的事项，应尽快通知请求方的货物贸易联络点，说明理由，并将请求及通知递交各缔约方的联络点，以便采取适当行动。

第三，请求的回复以及请求事项的讨论。被请求方应在接到请求 30 天内向请求方提供书面回复。在请求方收到回复 30 天内，讨论双方应会面或通过电子方式讨论请求中所指事项。如果讨论双方选择会面，会面应在被请求方境内进行，除非讨论双方另有决定。另外，如果事项紧急，任一缔约方可请求在短于上述时限内进行紧急专门讨论。

第四，其他缔约方参与讨论。任一缔约方可向讨论双方提交参与专门讨论的书面要求。如果在接到此类请求之前讨论事项尚未解决且讨论双方同意，则该缔约方可以按照讨论双方决定的条件加入专门讨论。

（2）货物贸易委员会

TPP 设立由各缔约方代表组成的货物贸易委员会，就共同决定的事项召开会议，在协定生效的最初 5 年，每年至少召开一次会议。货物贸易委员会的职能主要包括以下几方面：

第一，贸易促进。促进缔约方之间的货物贸易，就关税的加速取消和其他合适问题进行磋商。

第二，处理贸易壁垒。处理缔约方之间的货物贸易壁垒，特别是与非关税措施相当的壁垒，如适当，将此类事项提交 TPP 委员会考虑。

第三，审议协调制度（HS）。审议协调制度未来的修正，确保每一缔约方的义务不发生改变，包括必要时就各方关税减让表的转换确定指南，以及磋商解决减让表与协调制度修正和国别关税税则之间的冲突。

第四，解决分歧。磋商并努力解决缔约方之间就协调制度与关税减让表下货物归类相关事项可能产生的分歧。

第五，承担 TPP 委员会可能委派的其他工作。

TPP 要求货物贸易委员会在处理与其他委员会有关的事项时，应酌情与其他委员会进行磋商；还要求货物贸易委员会在协定生效后 2 年内，向 TPP

委员会提交关于贸易促进和处理贸易壁垒的初步报告，并要求酌情与农业贸易委员会和纺织品与服装贸易事务委员会就相关承诺在报告中的篇幅进行磋商。

（3）农业贸易委员会

为了更好地处理农业贸易领域存在的问题，TPP 专门设立了由各缔约方代表组成的农业贸易委员会，在协定生效后的最初 5 年，每年至少召开一次会议。农业贸易委员会的职能主要包括以下几方面：

第一，贸易促进。促进缔约方之间的农产品贸易，以及其他适当的事项。

第二，加强合作。在监督和促进农业贸易相关条款实施方面加强合作，包括出口限制——粮食安全条款规定的农产品出口限制的通知，以及农业出口补贴条款，出口信贷、出口信贷担保和保险条款，农业出口国营贸易企业条款中确定的合作事项。

第三，协调与磋商。与其他专门委员会、小组委员会、工作组或其他机构协调，并在缔约方之间就有关事项进行磋商。

第四，承担 TPP 委员会和货物贸易委员会可能委派的其他工作。

第3章 原产地规则和原产地程序

肖新艳

 TPP 协定对产品原产地的认定标准是如何规定的?

国际贸易中的原产地是指货物的产生地、生产地、制造或产生实质改变的加工地。一般来讲，国际贸易中货物的原产地具有唯一性，即某一货物不论经过了多少加工工序，多少国家（地区），其原产地只能属于一个国家（地区），否则会对贸易统计及贸易政策的实施带来困扰。确定原产地的意义主要在于根据货物原产地不同而给予不同的待遇，比如差异化的税收政策和贸易措施等。准确界定货物的原产地资格是顺利实现区域贸易协定预期利益的重要前提和保证。

原产地规则（Rules of Origin，ROO）是在国家、政府或者单独关税区以法律、法规、行政决定或者国际协定等方式制定的确定货物生产或制造地所依据的规则和标准。随着经济全球化和区域经济一体化的蓬勃发展，各国及区域贸易协定对原产地规则的关注也日益增强，但原产地规则的设定本质上取决于一国或某地区的经济发展水平和贸易政策目标，因此，目前国际上尚无统一的原产地规则。

原产地的认定标准也就是依据哪些标准来确定商品的原产地，这也是原产地规则的核心。目前，世界范围内采用的原产地标准按照货物生产的形式主要分为两大类："完全获得"标准和"实质性改变"标准。TPP 中的原产地规则也基本采用了上述两大标准。

TPP 中规定的"完全获得"标准是指货物在一个或一个以上缔约方领土完全获得或生产，或者全部使用原产材料并完全在一个或一个以上缔约方领土生产。"完全获得"标准主要强调的是生产要素投入或生产过程自始至终都在 TPP 缔约方领土内完成。根据 TPP 协定，适用于这类标准的产品主要有：在一个或一个以上缔约方领土内种植、培育、收获、采摘或收集的植物及植物产品，在上述领土内繁殖并饲养的动物、狩猎、诱捕、捕捞、收集或捕捉获得的动物、水产养殖获得的货物，提取或得到的矿物质和其他天然物质，在上述领土内生产过程的废碎料以及完全用上述产品在一个或一个以上缔约方领土内生产加工形成的产品等。这部分货物的原产地判定相对比较简单。

TPP 中的"实质性改变"标准是指货物全部或者部分使用非原产材料，在一个或一个以上缔约方领土经过充分加工制造后获得了新的基本特征。满足上述条件，即可认为货物发生了实质性改变，此时应以使商品发生最终实质性改变的地点为货物的原产地。随着经济全球化的日益深入和全球价值链的不断拓展，完全使用某一国家（地区）原材料进行生产的情形越来越少，某一货物上使用多国（地区）材料，聚集多国（地区）资源和加工制造环节的情况成为大势所趋，因此，"实质性改变"标准是原产地判定标准中更为重要的准则。

TPP 协定在附件中有关"实质性改变"的标准主要包括"税则分类改变标准""生产工序标准"和"区域价值成分标准"。

（1）税则分类改变标准，是指当某一货物经过加工后，其加工前后的相应税目发生了改变，当改变达到一定标准后即认为发生了实质性改变，此时加工国（地区）获得原产地资格。

（2）生产工序标准，是指某一货品在生产过程中，必须经过特定的能够赋予其基本特征的制造或加工工序，才能取得原产地资格。

（3）区域价值成分标准，是指一国（地区）对非原产材料进行制造或加工后，所得产品增值达到一定比例要求后，即认定货物发生了实质性改变。区域价值成分标准有时也被称为"增值百分比标准"。TPP 规定了四类计算区

域价值成分的方法：（a）价格中心法：以指定的非原产材料的价格为基础；（b）缩减法：依据非原产材料的价格为基础；（c）累加法：依据原产材料的价格为基础；（d）净成本法：仅限于汽车产品。

很多情况下，上述三种标准并非完全独立适用，而是采取综合评判的方法来确定货物的原产地。

 23 TPP 协定中原产地规则的其他制度性安排有哪些?

当前国际上通行的区域贸易协定会通过一般性的制度规定来放松或加强产品特定原产地规则限制程度，TPP 也做了类似规定，主要体现了如下原则：

（1）吸收原则。即允许已经满足相关原产地规则而获得原产资格的进口原材料可以作为原产材料进行再加工，这一原则主要是针对区域价值成分标准的放宽。协定规定如果非原产材料经过进一步加工进而符合原产地规则的相关规定，则在决定其随后生产的货物的原产地时，应当将该材料视为原产材料，无论该材料是否由该货物生产商生产。

（2）累积原则。即允许区域内部生产商使用区内其他缔约方的进口原材料，而不影响最终产品的原产地身份。协定关于累积原则的主要内容包括如下几个方面：（a）如果货物由一个或一个以上的生产商在一个或一个以上的缔约方领土内生产，且符合原产地规则的相关其他要求，该货物是原产货物；（b）一个或一个以上缔约方的原产货物或原产材料用于在另一缔约方生产另一个货物时，该货物或材料应当视为原产于该另一缔约方；（c）一个或一个以上生产商在一个或一个以上缔约方领土内从非原产材料开始生产货物，为决定该货物的原产地，每一缔约方应当规定，这种生产可以贡献该货物的原产成分，无论该生产是否足以赋予该材料本身原产地地位。

（3）微量原则。即允许使用一定比例的非原材料而不影响最终产品的原产地。此原则是对税则分类改变原则的适当放宽，使含有非原产材料的产品较容易获得原产地资格。协定规定，尽管一货物包含的非原产材料未满足原产地规则中有关税则分类改变标准的规定，但如果所有此类材料的价格未超过货物价格的 10%，且符合其他相应规定，则该货物仍为原产货物。微量原则主要是为了照顾自然资源禀赋较弱的缔约方制造商的利益，使他们尽可能享受到区域贸易安排的优惠待遇。

（4）微小加工原则。即产品为运输需要或贮存需要而进行的技术处理（如为运输或装运需要而进行的包装，为销售产品而做的包装与展示性处理），无论是单独还是组合完成的，均属微小加工处理，不改变货物的原产地。

 根据 TPP 协定，原产地规则的具体实施程序有哪些?

TPP 关于原产地规则实施程序的规定又称为"程序规则"，主要包括了原产地的诉请、原产地核查、保密与处罚等内容。

（1）原产地的申请和适用。进口商可以在出口商、生产商或进口商完成的原产地证明的基础上申明享受优惠关税待遇。原产地证明不需要按照指定的格式提供，可以以书面形式提供，包括电子格式。原产地证明可以适用于一次性运抵一缔约方领土的货物或者在原产地证明指定的不超过 12 个月的期间内多次运输的相同货物。原产地证明自其签发之日起一年内或按进口缔约方法律、法规规定的更长期限内有效。允许进口商以英文提交原产地证明。如果原产地证明不是英文，进口缔约方可以要求进口商提交进口缔约方语言的翻译。

（2）原产地证明的基础。如果生产商证明货物的原产地，则原产地证明应当依据生产商所持有的该货物是原产货物的信息填写。如果出口商不是该货物的生产商，原产地证明可以由出口商依据以下信息填写：（a）出口商所持有的该货物是原产货物的信息；（b）可合理信赖的生产商的该货物是原产货物的信息。原产地证明也可由进口商依据以下信息填写：（a）进口商所有的关于该货物是原产货物的文件材料；（b）由出口商或生产商提供的可合理信赖的关于货物是原产货物的支持文件。

（3）原产地证明的免除。下列情况，任何缔约方均不得要求原产地证明，

（a）进口货物的完税价格不超过 1000 美元或等额的进口缔约方货币，或者进口缔约方规定的更高的金额；（b）进口缔约方已经免除或不要求进口商出示原产地证明的货物，只要该进口不构成因规避进口缔约方在该协定下对申明优惠关税待遇进行管理的法律而实施的或计划实施的一系列进口的一部分。

（4）进出口义务。进口商应持有有效的原产地证明就该货物具备原产货物资格进行申报，如果缔约方要求，向进口缔约方提供原产地证明的副本以及相关的文件诸如运输、仓储和海关文件。出口商应当根据其要求向出口缔约方提交一份原产地证明副本。

（5）文件保存要求。对进入缔约方领土的货物申明优惠关税待遇的进口商应当从货物进口之日起将与进口有关的文件保存至少五年。可以选择以电子、光学、磁性或者书面形式等任何允许迅速检索媒体介质保存。

（6）原产地核查。可以对书面信息、经营场所等进行核查。如果一进口利害关系方已经启动核查，其应当告知进口商该核查的启动。进口缔约方应当在发布决定前告知进口商以及向进口缔约方直接提供信息的出口商和生产商核查的结果，应告知其进口缔约方是否打算拒绝优惠关税待遇，并向其提供不少于 30 天的期间以提交与货物原产地有关的补充信息。核查期间，进口缔约方应当允许货物在依法征税或提供担保的情况下放行。如果一缔约方对相同货物的核查表明，进口商、出口商或生产商的行为模式虚假或者不支持其关于进入领土内的进口货物符合原产货物的资格的申明，该缔约方可以拒绝该人进口、出口或生产的相同进口货物的优惠关税待遇直到其证明该相同货物获得原产货物资格。

TPP 协定还对保密及原产地程序委员会做了相关规定。

 TPP 协定在原产地规则方面与我国签署的区域贸易协定有哪些显著不同？

（1）对原产地标准的设定，TPP 协定规定的基本原则与大多数区域贸易协定基本保持了一致。我国早期签订的区域贸易协定基本规定两大类的原产货物，即"完全在该成员国或者地区获得或者生产"以及"非完全在该成员国或者地区获得或者生产但符合产品特定原产地规则和其他适用的规定"，而未规定"在一方或双方领土内全部使用原产材料生产的货物属于原产货物"。之后我国对外签署的 FTA 增加了这一条款。现在，从文字表述来看，我国签署的区域贸易协定与 TPP 在原产地标准设定上没有本质区别。但 TPP 给予回收材料和再制造货物与其他材料和货物相同的待遇值得关注。

（2）在区域价值成分的计算方法上看，TPP 允许采用价格中心法、缩减法、累加法和净成本法计算区域价值成分，并对区域价值成分计算中的各种价格做出了较为细致的规定，包括非原产材料加工的原产地成分、用于生产的材料价格，以及对价格的进一步调整，还包括汽车产品净成本的详细规定。我国 FTA 中对区域价值成分计算的说明较为简单，仅对非原产材料价值做出简要规定。

（3）对累积规则的规定较为完整和细致。TPP 进一步明确和深化了累积规则的范围，无论在一方还是多方境内，无论由一个还是多个厂商生产，只要满足原产货物定义，均视为原产货物，而且还允许将非原产材料在一方或多方的生产过程计入原产成分，规定更加完整和细致。

（4）对微量原则的规定更为严格。TPP 规定除纺织品和服装不适用微小含量规则外，还包含乳制品、果蔬汁等一系列例外产品。我国签署的 FTA 关于微小含量的规定较为宽松，基本上非原产材料价值不超过 FOB 价格的 10% 均被视为原产货物。

（5）TPP 对成套货物的要求更加严格。中国与智利、秘鲁、哥斯达黎加、韩国 FTA 以及海峡两岸 ECFA 均包含成套货物条款。其中，与智利、秘鲁、哥斯达黎加、韩国 FTA 中，要求成套货物中的非原产货物价值不超过成套货物价值的 15%，海峡两岸 ECFA 要求非原产材料价格要求在 10% 以内才被视为原产货物。而 TPP 的规定更加细致和严格，要求规则 3（a）（b）定义的成

套货物适用产品特定原产地规则，仅3（c）定义的允许10%以内的非原产货物或材料。

（6）原产地程序有较大差别。总体来看，我国FTA的要求较为严格，而TPP的要求相对宽松。（a）从原产地证书的签发来看，我国FTA均要求由出口商授权机构签发原产地证书，中澳、中新（西兰）FTA承认预裁定下由出口商或生产商出具的原产地声明，中瑞、中冰FTA承认经核准出口商出具的原产地声明；而TPP的规定十分宽泛，进口商、出口商、生产商均可出具原产地证明。但TPP考虑到各成员间的差异，为文莱、马来西亚、墨西哥、秘鲁、越南接受进口商出具的原产地证明提供了5年的过渡期（可延长不超过5年，提前60日告知），过渡期间出口方可要求采用主管机构或经核准的出口商出具的原产地证书。（b）从原产地证书的格式来看，我国FTA要求的原产地证书或原产地声明有固定格式，以英文填制，一般为打印版；而TPP的原产地证明不规定具体格式，可以是书面或电子形式，普遍接受英文的原产地证明，也允许以其他语言提交，但需要翻译成进口方语言。（c）从原产地证书的使用来看，我国FTA的一份原产地证书或声明只能用于一次货物运输，而TPP允许原产地证明用于相同货物12个月内多次运输。（d）从文件保存要求来看，我国对外签署的FTA在原产地文件保存方面的时间要求为至少3年，TPP的要求为至少5年，这方面规定相对严格，而且允许在任何介质上保存文件，但要求能够快速检索。（e）从核查方式来看，我国FTA中，进口方海关除要求进口商提供信息外，主要是与出口方海关进行联系和沟通，要求出口方海关核查货物原产地资格或提出对出口商或生产商的核查访问；而TPP中，进口方直接向进口商、出口商或生产商提出资料要求或核查访问。从程序和时间要求来看，中韩FTA列明了相对具体的程序要求，并规定了关键程序的时间限制，采用出口方海关核查程序的时限为6个月内反馈结果，3个月内做出决定，共为9个月时间，采用核查访问程序时限为6个月以内；而TPP对核查程序也做出了详细规定，要求整个核查过程一般不超过365天，特殊情况下可延长365天。

第4章　纺织品和服装

刘建颖

 TPP 协定对纺织品和服装的原产地规则和有关事项是如何规定的?

在纺织品和服装的原产地规则方面，TPP 协议沿用了 1994 年生效的北美自由贸易协议（NAFTA）采取的"从纱认定"原产地规则，即纺织品从原料到加工制作都必须在 TPP 成员国内进行，否则将无法享受税收优惠。但考虑到实际情况，设置了 5 年的过渡期，在过渡期内允许使用来自非 TPP 成员的列入短缺产品清单中的原材料。

在 TPP 协议附件4-A（纺织品和服装特定原产地规则）中，原产货物是指在一个或一个以上缔约方领土内，由一个或一个以上生产商使用非原产材料完全生产的货物，并且：（1）货物生产中使用的每项非原产材料均符合生产工艺要求、税则归类要求，或该附录中规定的其他要求；且（2）该货物符合第 4 章（纺织品和服装）或第 3 章（原产地规则和原产地程序）中的所有其他适用要求。

例如，第十一类（纺织原料和纺织制品）第 61 章（针织或钩编的服装及衣着附件）指出，为确定针织或钩编的服装及衣着附件是否为原产货物，适用于该货物的规则应仅适用于该货物税则归类的组成部分，这样的部件必须符合针对该货物规则所列明的税则归类改变的要求。当该章项下含有品目 60.02 或子目 5806.20 项下面料织物的货物，仅当这样的织物是以在

一个或多个缔约方领土内形成并制成的纱线为原料，并在上述缔约方领土内成型并制成时，则该货物方可视为原产货物。仅当该章项下含有品目52.04、54.01或55.08项下的缝纫线以及用作缝纫线的品目54.02项下的纱线是在一个或多个缔约方领土内成形并制成时，含有此缝纫线的货物方可视为原产货物。

WTO以及我国签署的FTA，都没有就纺织品和服装设定单独的原产地规则，而是根据不同商品分别提出税目改变或区域价值成分的具体要求。

 TPP协定中纺织品和服装享有的"成套货物的待遇""短缺清单的待遇"及"特定手工或民间货物的待遇"，具体包括哪些内容？

TPP协定中纺织品和服装享有的成套货物的待遇是指，根据《协调制度归类总规则》规则3，被归为零售用成套货品的纺织品和服装不得被视为原产货物。但也有两种例外情况：第一，若套内每一货物均为原产货物，则该成套货品的纺织品和服装应被视为原产货物；第二，若套内非原产货物的总价值不超过整套货物价值的10%，则该成套货品的纺织品和服装应被视为原产货物。

TPP协定中纺织品和服装享有的短缺清单的待遇是指，每一缔约方应规定，为确定一货物是否属TPP协定第3章（原产地规则和原产地程序）第2条（c）项下的原产货物，附件A（纺织品和服装——特定原产地规则）中附录1（短缺清单）所列一材料属原产货物，条件是该材料满足附件A（纺织品和服装——特定原产地规则）中附录1（短缺清单）所详细列明的所有要求，包括任何最终用途要求。若主张货物属于原产货物是基于货物中使用附件A（纺织品和服装——特定原产地规则）的附录1（短缺清单）所列材料，则进口缔约方可要求在进口文件中包含附件A（纺织品和服装——特定原产地规则）的附录1（短缺清单）所列材料的原产地证书、编号或描述。附件A（纺织品和服装——特定原产地规则）的附录1（短缺

清单）中标为暂定的非原产材料，在自本协定生效起 5 年内，可根据第 7
款视为原产材料。

TPP 协定中纺织品和服装享有的特定手工或民间货物的待遇是指，对于
出口缔约方一特定纺织品或服务，如果一进口缔约方与出口缔约方同意属下
列类别，且满足进口缔约方和出口缔约方议定的任何要求，则该进口缔约方
可将该特定纺织品或服装确定为适用免除关税或优惠关税待遇。这四种类别
分别包括：（1）家庭手工业制作的手工织物；（2）使用蜡染技术绘制图案的
手工印染织物； （3）以手工织物或手工印染织物制成的家庭手工业产品；
（4）传统民间手工纺织品。

 根据 TPP 协定，何种情况下能对纺织品和服装采取紧急措施?

根据 TPP 协定，在下述情况下可对纺织品和服装采取紧急措施。若因
根据 TPP 协定规定的关税削减或取消，正在进口至一缔约方领土的自本协
定项下优惠关税待遇获益的一纺织品或服装的数量与国内市场相比绝对或
相对增长，且对生产同类或直接竞争产品的国内产业造成严重损害或严重
损害威胁，则进口缔约方可在防止或补救严重损害并便利调整所必需的限
制和期限内采取紧急措施。可采取的紧急措施包括将出口缔约方该产品的
关税税率提高至下列水平中的较低水平：（a）采取措施时适用的最惠国实
施税率；及（b）本协定对该缔约方生效之日前一日适用的最惠国实施
税率。

进口缔约方需要遵循其认定严重损害标准的公开程序，并在其主管机关
展开调查后，方可采取紧急措施。这些公开程序包括，审查来自相关出口缔
约方的自本协定项下优惠关税待遇获益的一纺织品或服装的进口增加对特定
产业状况的影响。此种影响可以反映在以下有关经济变量的变化中，如产量、
生产率、开工率、库存、市场份额、出口、工资、就业、国内价格、利润和
投资。不得将进口缔约方的技术或消费者偏好的变化视为支持认定严重损害

或严重损害威胁的因素。

进口缔约方应向一个或多个出口缔约方立即递交启动调查的书面通知，以及其采取紧急措施的意向。应一个或多个出口缔约方请求，进口缔约方应与出口缔约方就该事项进行磋商。进口缔约方应向出口缔约方提供将要采取的紧急措施的全部细节。有关缔约方应立即开展磋商。磋商完成后，进口缔约方应将所作任何决定通知出口缔约方。若其决定采取保障措施，则通知应包含措施的具体细节，包括措施生效时间。

以下情况不得实行紧急措施。一缔约方不得对受制于或即将受制于如下措施的纺织品或服装采取或维持紧急措施：第6章（贸易救济）下的过渡性保障措施或一缔约方根据《1994年关税与贸易总协定》第19条或WTO《保障措施协定》采取的保障措施。

 TPP协定中纺织品和服装方面的合作包括哪些内容？

TPP协定中关于纺织品和服装方面的合作内容包括：为了执行或支持执行各缔约方有关纺织品或服装贸易违反海关法律行为的措施，包括保证根据本协定提出的获得优惠关税待遇的诉请的准确性，各缔约方应遵照法律和法规与其他缔约方进行合作。为了执行有关违反海关法律行为的法律、法规和程序，以及在防止违反海关法律行为的法律、法规和程序的执行方面与进口缔约方开展合作，各缔约方应采取包括立法、行政、司法或其他行动的适当措施。这些"适当措施"指缔约方依照其法律、法规或程序采取的措施，如：（1）向其政府官员授予法定职权以履行本章下的义务；（2）使其执法官员能够确定和处理违反海关法律的行为；（3）规定或维持旨在威慑违反海关法律行为的刑事、民事或行政处罚；（4）根据另一缔约方提出的包含相关事实的请求，如其认为在被请求缔约方领土内包括在被请求缔约方的自由贸易区内已经发生或正在发生涉及纺织品或服装的违反海关法律的行为，则采取适当执法措施；以及（5）应请求，与另一缔约方合作，明确关于在被请求的缔约方领土内包括在被请求的缔约方的自由贸易区内已经发生或正在发生涉及纺织品或服装的违反海关法律的行为的事实。

若一缔约方掌握历史证据等相关事实，表明违反海关法律的行为正在发生或有可能发生，则可要求另一缔约方以书面形式、电子或其他任何可确认收讫的方式提出请求，且应包含一份简要说明，列出所涉事项、所请求的合作内容、表明存在违反海关法律行为的相关事实以及可使被请求缔约方依照其法律和法规进行答复的充分信息。为了增强缔约方之间的合作努力，防止和处理违反海关法律的行为，收到请求的缔约方，在遵守其法律、法规和程序的前提下，应在收到请求后，向提出请求的缔约方提供关于存在进口商、出口商或生产商、进口商、出口商或生产商的货物或与本章有关事项的可获得信息。信息可包括任何可获得的通信、报告、提单、发票、订货合同或其他涉及与该请求相关的法律或法规执行相关的信息。一缔约方可以纸质或电子方式提供被请求提供的信息。每一缔约方应为纺织品和服装合作建立或设立联络点，并在本协定生效时将其联络点通知其他缔约方，且应将任何变更情况及时通知其他缔约方。

 纺织品和服务贸易问题委员会的职责包括哪些?

纺织品和服装贸易问题委员会（专门委员会）由各缔约方代表组成，在TPP 协定生效后 1 年内至少召开一次会议，并在此后依各缔约方决定和应自贸协定委员会要求召开会议。纺织品和服装贸易问题委员会（专门委员会）应在各缔约方决定的地点和时间举行会议。会议可以是面对面形式，或通过缔约方决定的其他任何方式召开。纺织品和服装贸易问题委员会（专门委员会）可审议 TPP 协定第四章（纺织品和服装）中提及的任何事项，其职能将包括审查该章具体内容的实施、对该章下可能产生的技术性或解释性难点进行磋商，并应就改善合作有效性的途径开展讨论。

除了在纺织品和服装贸易问题委员会（专门委员会）内进行讨论外，若

一缔约方认为在实施 TPP 协定第四章（纺织品和服装）中出现困难，则该缔约方可请求与任意其他一个或多个缔约方就涉及缔约方的事项进行讨论，以期解决相关问题。除非请求参与讨论的相关缔约方另有议定，否则相关缔约方应在收到一缔约方提出书面请求后 30 天内举行磋商，并力争在收到书面请求后 90 天内结束磋商。具体磋商内容应予保密，且不损害任何缔约方在进一步行动中的权利。

第 5 章　海关管理与贸易便利化

白光裕

 TPP 在成员国企业履行海关程序方面做了哪些便利安排?

在 TPP 协定中，海关管理和贸易便利化章节主要包括海关程序公开透明、加强海关合作、提高自动化水平、强化风险管理制度、简化海关程序等内容。具体而言，TPP 协定通过以下几方面条款为成员国企业履行海关程序提供便利：

（1）提供预裁决相关信息：TPP 协定规定，每一缔约方应在另一缔约方货物进口至其领土前，在收到书面申请后 150 天之内，以书面形式就税则归类、海关估价、所适用的原产地规则等作出预裁决。这一条款有助于进出口商或生产商提前知晓关于货物通关的相关信息，便于按要求准备相关通关材料，提高通关效率。

（2）及时答复相关建议或信息请求：TPP 协定要求缔约方应迅速向提出请求的进、出口商或生产商提供有关关税配额、所适用的减免税措施、对货物的资格要求、原产地标记等的建议或信息。这一条款有助于相关企业及时获得所需的建议和信息，从而更快捷地履行通关程序。

（3）提高通关自动化水平：TPP 协定通过自动化条款要求缔约方努力使用国际标准，并提供相关设施使进、出口商能够以电子方式在单一接入点完成标准化的进出口要求。规定在货物抵达前可通过电子方式提交通关信息并进行处理，以便在货物抵达后加快海关监管放行。这一条款有助于企业提高

通关效率，特别是对那些对时间有较高要求的货物来说，快速通关能够使其及时进入市场，获得更大的竞争优势。

（4）为快递货物采用或维持快速的海关程序：TPP协定规定在货物抵达前放行一快运货物所需提交和处理的信息、允许一次性提交信息、尽可能规定对特定货物提交最少量单证、规定快件在提交必要的海关单证后的6小时内放行等。这一条款为企业的快递货物开辟了更快捷的通关通道。

（5）缩短货物放行时间：TPP协定规定货物放行时间不得超过保证遵守海关法所需的时间，并尽可能在货物抵达后48小时内放行。这一条款针对货物放行时间提出了具体的时间要求和建议，使企业的通关效率在一定程度上得到保障。

（6）允许符合条件的货物就地和提前放行：TPP协定允许货物在抵达地点放行，而无须临时转移仓库或其他设施。在进口缔约方提供担保或争议付款后，符合条件的货物可以在关税最终确定前予以放行。这一条款针对货物通关时遇到的具体问题给予解释，通关程序更加人性化。

（7）向企业公开海关相关信息，并接受咨询：TPP协定要求每一缔约方通过包括在线在内的方式，使其海关法律、法规和一般性行政程序和指南可公开获得，并尽可能使用英语。设立咨询点接受有关海关事项的咨询。这一条款为企业获得海关相关信息提供便利，使海关信息公开透明，并为企业信息咨询打通了渠道。

 TPP海关管理与贸易便利化章节对成员国政府间合作提出了怎样的要求？

TPP协定主要在海关合作条款中对成员国政府间合作进行了相关的规范和约束，特别是从信息共享、技术协助等领域提出了高水平的要求。具体来看主要包括以下几方面内容：

（1）鼓励政府间开展海关合作：TPP协定鼓励缔约国政府间就影响缔约

方间货物贸易的重要海关事务开展合作。

（2）重要事项变更应提供预先通知：TPP 协定要求当某一缔约方变更或修改相关进出口法律法规或与其法律法规相关的类似措施时，需努力向其他缔约方提供预先通知。这一条款旨在通过政府间的信息交换，保障海关相关法律法规的公开性和透明性。

（3）提高缔约国相关法律法规的一致性：TPP 协定规定缔约国政府间应通过信息共享和其他适当行动与其他缔约方开展合作，以实现各自相关法律法规保持一致，具体包括有关进出口规定的实施和运用、海关估价协定的实施和运用、进出口禁止或限制、违反海关法律行为的调查和预防等缔约方可能决定的其他海关事务。该条款通过促进政府间合作，提高区域内相关法律法规的一致性。

（4）构建信息共享机制：TPP 协定要求缔约方政府在遵守其法律及相关国际协定的情况下，应另一缔约方请求提供通常收集的与货物进口相关的特定保密信息。该条款对成员国政府间信息共享提出了较高水平的要求，在实际操作过程中可能会涉及相关敏感领域信息。

（5）提供技术性建议和协助：为便利缔约方间的贸易，TPP 协定规定收到请求的缔约方应尽可能向提出请求的缔约方提供技术性建议和协助，旨在实施优化的方案和风险管理技术、便利国际供应链标准的实施、提高通关效率等。这一条款通过政府间合作旨在提高部分成员经济体的海关智能化水平。

（6）建立联系渠道：TPP 协定鼓励各缔约方努力建立或设立海关合作的联系渠道，包括建立联络点，使信息交换更加快捷、安全，同时也要加强重要问题的合作。这一条款为政府间合作，特别是为政府间沟通建立了机制化平台。

 与 WTO 及我国签署的主要自贸协定相比，TPP 关于海关管理与贸易便利化的条款有哪些突破？

与 WTO 及我国签署的主要自贸协定相比，TPP 协定在海关管理与贸易便

利化的条款存在不同程度的突破，特别是对于缔约国政府间合作与提高通关效率和贸易便利化水平提出了更高的要求。

（1）海关合作：目前，我国已签署的 FTA 中有关海关合作的条款规定大多较为宽泛，较少提及具体的合作内容，仅中哥 FTA 的海关合作内容相对丰富。而 TPP 协定将海关合作作为贸易便利化章节的重要内容，其规定较为细致，除了要求相关信息共享，还包括提供特定保密信息、政策调整通知、技术建议与合作、执法交流、设立联系渠道等。其中，提供特定保密信息属于较高要求。

表 5.1　TPP 协定海关合作条款比较

	海关合作
TPP	1. 为便利本协定的有效运用，每一缔约方应： （a）鼓励与其他缔约方就影响缔约方间货物贸易的重要海关事务开展合作；及 （b）在对本协定运用可能产生实质影响的进出口法律法规或与其法律法规相关的类似措施发生任何重要行政变更和修改时，努力向每一缔约方提供预先通知。 2. 每一缔约方应依照其法律通过信息共享和其他适当行动与其他缔约方开展合作，以实现与其涉及下列事项的法律法规相一致： （a）本协定中有关进出口规定的实施和运用，包括优惠关税待遇的诉请、提出优惠关税待遇诉请的程序以及查验程序； （b）海关估价协定的实施、适用和运用； （c）进出口禁止或限制； （d）包括逃税与走私在内的违反海关法律行为的调查和预防；以及 （3）缔约方可能决定的其他海关事务。 3. 如一缔约方对涉及进口法律法规的违法活动存在合理怀疑，该缔约可请求另一缔约方提供通常收集的与货物进口相关的特定保密信息。 4. 如一缔约方根据第 3 款提出请求，该请求应： （a）以书面形式提出； （b）说明寻求信息的目的；以及 （c）明确被请求信息的详细特征，使另一缔约方可找到并提供。 5. 根据第 3 款被请求提供信息的一缔约方，应在遵守其法律及其为缔约方的相关国际协定情况下，提供包含被请求信息的书面答复。 6. 就第 3 款而言，"对违法活动的合理怀疑"指根据从公共或私人来源获得的包含下列一项或多项内容的相关事实信息所产生的怀疑：

（续表）

海关合作	
	（a）一进口商或出口商不遵守进口法律法规的历史证据； （b）货物从一缔约方领土内向另一缔约方领土内移动过程所涉及的制造商、生产商或其他人不遵守进口法律法规的历史证据； （c）一特定产品部门中的货物从一缔约方领土内向另一缔约方领土内移动过程所涉及的部分或全部人员不遵守进口法律法规的历史证据；或 （d）提出请求的缔约方与被请求提供信息缔约方认为对于某一特定请求而言足够的其他信息。 7. 每一缔约方应努力向另一缔约方提供可有助于其确定自该缔约方进口或向其出口的货物是否符合接收缔约方的进口法律法规的任何其他信息，特别是与包括走私及类似违法行为在内的非法活动相关的信息。 8. 为便利缔约方之间的贸易，收到请求的一缔约方应尽可能向提出请求的缔约方提供技术性建议和协助，以便： （a）形成和实施经改善的最佳做法和风险管理技术； （b）便利国际供应链标准的实施； （c）简化和加强海关以及时和高效方式通关的程序； （d）提高海关人员的业务技能；以及 （e）加强和改善被请求缔约方进口法律法规执行情况的技术应用。 9. 各缔约方应努力建立或设立海关合作的联系渠道，包括建立联络点，从而便利快速和安全的交换信息并加强就重要问题的合作。
中韩 FTA	一、缔约双方确认其承诺，将便利双方合法的货物移动，并交流提高海关技术与程序及自动化系统应用的专业技术。 二、在各自国内法律允许范围内，各方海关当局应在以下方面相互协助： （一）本章的实施与操作；及 （二）双方同意的其他事项。
中澳 FTA	一、在其法律法规允许的范围内，双方海关当局应致力于在以下方面相互协助： （一）本章的实施与操作；以及 （二）双方共同决定的其他事宜。 二、各方对于可能对本协定实施产生实质影响的海关法或海关程序的重大修改应尽可能及时通知另一方。
中瑞 FTA	一、缔约双方之间为了便利贸易采取的进一步适当的措施，可以由缔约双方确认并提交联合委员会考虑。 二、缔约双方应在相关多边论坛的场合加强贸易便利化的国际合作。缔约双方应评估相关贸易便利化的国际倡议，以便进一步确认联合行动对双方共同目标有帮助的领域，并提交联合委员会考虑。

	海关合作
中哥FTA	一、为便利本协定的有效执行，双方应尽力提前通知对方，包括任何关于行政政策的重大修改，以及可能对本协定执行产生实质影响的进出口法律法规的类似进展变动情况。 二、双方通过其海关当局，应就保证遵守各自与进出口相关的法律法规进行合作，包括： （一）本协定的实施和执行，包括其第四章（原产地规则和相关操作程序）； （二）海关估价协定的实施和执行； （三）各类进出口限制和禁止的规定；以及 （四）双方同意的其他海关事务。 三、根据国内法，双方应当通过其海关当局尽力为另一方提供有关信息，这些信息将可以协助该方决定进出口是否符合另一方关于进口的法律法规，特别是那些与防止任何形式的财政瞒骗有关的法律法规。 四、为了更加便利双方之间的贸易往来，双方应当尽力为另一方提供技术经验和支持，目的在于改进风险评估技术，简化、加快海关通关手续，提高人员技术水平，以及加强使用技术的能力，以提高遵守与进口有关的法律法规的水平。 五、双方海关当局应在自贸区协定生效后3个月内谈判海关行政互助协定。该海关行政互助协定应符合双方各自国内法的相关规定。

资料来源：各协定文本。

（2）预裁决：TPP 协定文本中关于预裁决的范围包括税则归类、海关估价和原产地等事项，而我国 FTA 一般仅明确列出税则归类和原产地，仅中瑞 FTA 增加了成交价格。此外，TPP 允许对预裁决使用行政复议，而我国 FTA 对此并未明确规定。

表5.2　TPP 协定预裁决条款比较

	预裁决
TPP	1. 每一缔约方应在另一缔约方货物进口至其领土前，应其领土内一进口商、或另一缔约方领土内的出口商或生产商①书面申请，以书面形式就下列事项②做出预裁决： （a）税则归类； （b）海关估价标准依照《海关估价协定》对一个案的适用； （c）一货物依照第3章（原产地规则与原产地程序）是否属原产；以及

（续表）

预裁决	
	（d）缔约方可能决定的其他事项。 2. 每一缔约方应尽快且应在任何情况下不迟于收到请求后 150 天做出预裁决，条件是请求人已提交接收缔约方做出预裁决所要求的全部信息。如接受缔约方要求，其中可包括申请人寻找的预裁决所针对货物的样品。在做出预裁决时，缔约方应考虑请求人提供的事实和情况。为进一步明确，始构成预裁决基础的事实和情况是行政复议或司法审查对象时，一缔约方可拒绝做出预裁决。拒绝做出预裁决的缔约方应迅速以书面形式通知请求人，列明相关事实和情况及拒绝做出预裁决的依据。 3. 每一缔约方应规定，其预裁决应自做出之日起或裁决明确的另一日期起生效，并持续有效至少 3 年，条件是裁决所依据的法律、事实和情况未发生改变。如一缔约方的法律规定预裁决在一固定时限后失效，则该缔约方应努力规定允许申请人在裁决所依据的法律、事实、情况未发生改变的情况下，在裁决失效前迅速予以续展。 4. 预裁决做出后，如裁决所依据的法律、事实和情况出现变化，裁决依据不准确或错误信息做出，或裁决存在错误，则缔约方可修改或撤销预裁决。 5. 一缔约方在提供关于修改或撤销及理由的通知后，可依照第 4 款进行修改或撤销。 6. 任何缔约方不得以损害请求人的方式追溯性实施撤销或修改，除非裁定依据请求人提供的不准确或错误信息做出。 7. 每一缔约方应保证请求人可就预裁决申请行政复议。 8. 在遵守其法律中关于保密要求的情况下，每一缔约方应努力通过包括在线方式使预裁决可公开获得。
中韩 FTA	一、各缔约方海关当局应当在货物进境之前，根据该方境内的进口商、出口商或任何其他申请人的书面申请，基于申请人提供的事实和情况，包括提出预裁定所要求信息的详细描述，做出书面预裁定。预裁定可就下列事项做出： （一）税则归类； （二）根据本协议货物的原产地；及 （三）缔约双方可能同意的其他事项。 二、在申请人已提交了国内法律、法规和规章要求的全部信息情况下，海关当局应当在申请提交后 90 天内做出预裁定。做出预裁定所依据的事实或情形没有发生变化的，预裁定应当自发布之日起生效。 三、有下列情形的，已生效的预裁定可以被废止、修改或撤销： （一）事实和情形证明预裁定所依据的信息是虚假或不准确的。在此情况下，海关当局可以根据其国内法对申请人采取适当措施，包括民事、刑事及行政措施、罚款或其他制裁；

预裁决
（二）由于海关当局存在明显错误海关当局认为对原裁定的相同事实和情形采取不同标准是适当的。在此情形下，修改或撤销应当自变更之日起适用；或者 （三）作为依据的法律、法规和规章发生改变对行政决定产生影响的。在此情形下，预裁定应当自改变公布之日起自动失效。 在第三款第（三）项所述情形下，海关当局应当在修订生效前足够时间内将审议的信息向利益相关人公开，以便其进行考虑，除非不可能提前公开。 四、在遵守其法律法规规章的任何保密要求的前提下，缔约各方应当公布其预裁定。 五、如果预裁定所依据的事实和情形正在进行复议或诉讼，一缔约方可以拒绝做出预裁定。

| 中澳 FTA | 一、各方应以书面形式向本条第二款（一）项中描述的申请人就税则归类、货物是否根据本协定属于原产以及双方同意的其他事宜做出预裁定。

二、各方在做出书面预裁定时应采用或维持以下程序：

（一）应规定出口商、进口商或有正当理由的人员或其代表可申请预裁定。一方可以要求申请人在其领土内有法定代表或进行注册；

（二）应详细说明申请预裁定需要提交的信息；

（三）应允许其海关当局在审查预裁定申请过程中可以随时要求申请人提供审查预裁定申请必需的补充信息；

（四）应确保预裁定系根据申请人提供的事实和情形以及决定者所掌握的其他相关信息做出；以及

（五）应规定在收到所需全部信息后，在 60 日内以签发海关当局的官方语言向申请人迅速签发裁定。

三、一方拒绝做出预裁定的，应立即书面通知申请人，并说明决定拒绝做出预裁定的理由。

四、申请人未在指定期限内提交本条第二款（三）项所要求的补充信息的，一方可以拒绝该预裁定请求。

五、在考虑机密信息保护需要的情况下，各方应尽力公布对其他贸易商可能有重大利益影响的预裁定信息。

六、除本条第七款规定情形外，各方应自预裁定做出之日起或裁定指定的其他日期起 3 年内或在该方决定的更长时间内，对通过任何口岸进口至其领土内的货物适用预裁定。该方应确保在有效期限内，在各方面事实与情形都完全相同的情况下，对预裁定涉及货物的所有进口给予同样待遇，不论涉及的进口商、出口商是否相同。 |

（续表）

	预裁决
	七、在符合本协定的情况下，对于有下列情形，一方可以修改或撤销做出的预裁定： （一）法律法规发生变化； （二）提供信息不真实或相关信息被隐瞒； （三）基本事实发生了改变；或者 （四）据以做出裁定的情况发生变化。
中瑞 FTA	一、缔约一方应在合理的时间限制内，向提出包含所有必要信息的书面请求的进出口商、生产商 3 做出有约束力的书面的预裁定 4，这些预裁定是关于： （一）一项商品的税则归类； （二）基于一系列特定事实，成交价格方法是否适用一项商品； （三）一项商品适用的原产地规则；以及 （四）缔约双方可同意的其他类似事项。 二、缔约一方如拒绝做出预裁定应及时书面通知申请人，并阐明拒绝做出预裁定决定的依据。 三、每一缔约方应规定，在做出的裁定基于的事实或条件保持不变的情况下，预裁定自公布之日起生效，或自裁定中指定的日期起生效。 四、缔约双方可以根据各自国内法规定限定预裁定的有效期。 五、每一缔约方应尽力使做出的预裁定中对其他贸易商有重要利益的信息公开，同时需保护涉密信息。

资料来源：各协定文本。

①为进一步明确，进口商、出口商或生产商可通过全权委托的代表提出预裁决请求。

②为进一步明确，如一方并维持预裁决所涉及类型的措施，则无须提供预裁决。

（3）自动化：TPP 协定文本中有关自动化的规定相对比较细致，尤其是要求根据世界海关组织的标准、模型，开发通用数据，便利政府间数据交换，并允许进出口商以电子方式完成进出口程序。而我国中韩、中澳、中秘 FTA 中关于自动化的条款多为原则性或方向性表述，内容较为简单。

（4）快运货物：我国签署的 FTA 中，中韩、中哥、中秘、中新（西兰）FTA 包含快件条款，其中，中韩 FTA 内容与 TPP 协定较为接近，但具体要求有所降低。TPP 协定关于快运程序的规定中有三项并未包含在中韩 FTA 之内：一是规定在货物抵达前放行一快运货物所需提交和处理的信息；二是规定在正

表 5.3　TPP 协定自动化条款比较

	自动化
TPP	1. 每一缔约方应： （a）努力使用与货物放行程序相关的国际标准； （b）使通关用户可使用电子系统； （c）使用电子化或自动化系统进行风险分析和定向； （d）努力依照世界海关组织（WCO）标准数据元对进出口数据实行共同标准和数据项； （e）酌情考虑由 WCO 或 APEC 开发的 WCO 标准、建议书、范例及方法；以及 （f）努力开发一套以 WCO 标准数据元、有关 WCO 建议书及指南为基础的共同数据项，以便为贸易状况分析开展政府与政府间的电子数据共享。 2. 每一缔约方应努力提供相关设施，使进口商和出口商能够以电子方式在一单一接入点完成标准化的进出口要求。
中韩 FTA	各海关当局应当应用低成本、高效率的信息技术，以支持海关操作，特别是在无纸贸易环境下，重视世界海关组织在此领域的发展。
中澳 FTA	一、各方应在海关作业中应用低成本、高效率的信息技术，特别是在无纸贸易环境下，并考虑包括世界海关组织在内的相关国际组织在该领域的发展。 二、各方海关当局应努力尽快建立海关和其他贸易有关的相关部门要求的以电子方式进行信息交换的渠道，以便利货物和运输工具的国际移动。 三、在引入和加强信息技术时，应尽可能征求有关方面的意见，包括受到直接影响的商界的意见。
中秘 FTA	一、缔约双方海关当局应当在海关操作中，应用低成本、高效率的信息技术，特别应当在无纸贸易环境下，重视 WCO 在此领域的发展。 二、缔约双方海关当局应尽力使用信息技术加快货物放行程序，包括信息数据在货物到港前的提交和处理，以及用于风险分析和布控电子或自动化系统。

资料来源：各协定文本。

常情况下，如果快运已经抵达，在提交必要的海关单证后，快运货物在 6 小时内清关；三是规定在正常情况下，对于一定价值或以下的快运货物不征收关税。

表 5.4　TPP 协定快运货物条款比较

快运货物	
TPP	1. 每一缔约方应在保持适当海关监管和选择的同时为快递货物采用或维持快速的海关程序,此类程序应: (a) 规定在货物抵达前放行一快运货物所需提交和处理的信息; (b) 允许一次性提交信息涵盖一批快运货物中的所有货物,如货单,可能的情况下,可通过电子方式①提交; (c) 在可能情况下,规定对特定货物提交最少量单证; (d) 在正常情况下,规定快件在提交必要的海关单证后在 6 个小时内放行,条件是货物已抵达; (e) 适用于任何重量或价值的货物,同时认识到一缔约方可能根据货物的重量或价值要求正式入境手续作为货物放行的条件,包括申报和证明单证及缴纳关税;以及 (f) 规定在正常情况下,对等于或低于根据缔约方法律所设定的一固定数额时不计征关税②。每一缔约方应定期审议该数额,同时考虑可认为相关的因素,如通货膨胀率、贸易便利化效果、对风险管理的影响、与所征税款相比较的征税的行政成本、跨境贸易交易成本、对中小企业的影响以或与征收关税相关其他因素。 2. 如一缔约方对所有货物均不提供第 1 款(a)项至(f)项的待遇,该缔约方应提供一单独③和快速对快运货物规定上述待遇的海关程序。
中韩 FTA	一、各缔约方应当在保持适当的海关监管与选择的情况下,为快件采用或沿用单独和快速的海关程序。 二、这些程序应当: (一) 允许提交的一份单独舱单中包含一票快件中所有货物,并尽可能通过电子形式; (二) 在可能的情况下,允许特定货物以最少文件通关;及 (三) 适用时不考虑快件的重量或海关价值,除非其国内法律、法规和规章另有规定。
中澳 FTA	各方应努力建立或维持有关制度,在货物有紧急通关需要时可以获得海关快速通关服务。

（续表）

	快运货物
中秘 FTA	各海关当局在保持海关适当的监管和选择权的同时，应当采用或沿用对于快件的单独和快速的海关程序。在所有必需的海关文件提交后，快件货物应在通常情况下采用前述程序办理清关，而且这种程序不应对重量或海关价格做出限制。

资料来源：各协定文本。

①为进一步明确，可要求提供额外单证作为放行条件。

②尽管有本条规定，但是一缔约方对限制或监管货物可计征关税或要求正式入境单证，如受进口许可程序或类似要求管辖的货物。

③为进一步明确，"单独"不意味特定设施或通道。

（5）处罚：TPP 协定对海关处罚的规定较为详细，除要求仅对违法行为人实施处罚、根据违法程度和严重性实施处罚以及提供书面说明外，还规定了处罚范围、要求避免利益冲突、自愿披露违法情况时减轻处罚、要求海关机构在一定时限内实施处罚以及在时限外可采取司法程序。而我国 FTA 对处罚的规定较为简要，仅规定了处罚范围。在我国《海关行政处罚实施条例》中，对违反海关法律法规行为有明确的处罚措施，但未规定自愿披露违法行为减轻处罚以及海关在规定时间内实施处罚。

表 5.5　TPP 协定处罚条款比较

	处罚
TPP	1. 每一缔约方应采用或维持措施，允许一缔约方海关对违反海关法律、法规或程序要求行为进行处罚，包括管辖税则归类、海关估价、原产地、享受本协定下优惠待遇诉求的法律、法规则或程序要求。 2. 每一缔约方应保证海关对违反海关法律、法规或程序要求行为的处罚仅针对对违法行为负有法律责任的人。 3. 每一缔约方应保证海关进行的处罚根据案件的事实和情况①做出，且与违法的情节和严重程度相当。 4. 每一缔约方应保证维持措施以避免在计征和收缴罚金和关税时出现利益冲突。不得将政府官员的酬劳作为固定份额或比例计入计征或收缴的任何罚金或关税。

（续表）

处罚
5. 每一缔约方应保证，如海关对违反海关法律、法规或程序要求的行为进行处罚，向受罚人提出书面说明，说明违法的性质和确定罚金额所使用的法律、法规或程序。 6. 如在一缔约方海关发现违法行为前，一人自愿向海关揭露违反海关法律、法规或程序要求的情况，则该缔约方海关应适当考虑这一事实，在对该人确定罚金时作为潜在的减轻处罚的因素。 7. 每一缔约方应在其法律、法规或程序中规定或实施一固定期限，其间其海关可针对违反海关法律、法规或程序要求的行为启动处罚程序②。 8. 尽管有第 7 款的规定，但是在以此替代司法或行政法庭程序的情况下，海关可在固定期限外进行处罚。
中韩 FTA　　各缔约方应当采用或沿用措施，允许对违反海关法律法规的行为，包括在税则归类、海关估价、原产地、享受本协定规定的优惠关税待遇等方面的违法行为，进行行政处罚，必要时追究刑事责任。
中哥 FTA　　各方应采用或沿用有关措施，以对违反包括有关税则归类、海关估价、原产地，以及本协定项下优惠待遇的核查的海关法律法规的行为给予行政处罚，必要时给予刑事处罚。
《中华人民共和国海关行政处罚实施条例》（2004）　　第五十四条 海关对当事人违反海关法的行为依法给予行政处罚的，应当制作行政处罚决定书。 第五十五条 行政处罚决定书应当依照有关法律规定送达当事人。

资料来源：各协定文本。

①事实和情况应根据缔约方法律进行客观认定。

②为进一步明确，"程序"指由海关采取的行政措施，不包括司法程序。

（6）货物放行：我国 FTA 中的海关程序与贸易便利化章节大多包含了货物放行或相关内容，其中，中韩 FTA 关于货物放行的规定与 TPP 较为接近，均在简化手续、放行时间、电子报关、担保放行等方面做出规定。细微差别之处在于，一是在允许货物直接放行的规定中，中韩 FTA 做出了更严格的限定，排除了禁止、限制和管制货物的直接放行；二是 TPP 在担保放行中进一步明确要求担保数量不超过应履行的义务、履行义务后尽快解

除担保并允许利用非现金金融工具提供担保，而中韩 FTA 并未明确提出上述要求。

表 5.6　TPP 协定货物放行条款比较

	货物放行
TPP	1. 每一缔约方应为快速放行货物而采用或维持简化的海关程序，以便利缔约方间的贸易。本款不要求一缔约方放行一项尚未满足放行要求的货物。 2. 根据第 1 款，每一缔约方应采用或维持下列程序： （a）规定货物放行时间不得超过保证遵守海关法所需的时间，并尽可能在货物抵达后 48 小时内放行； （b）规定在货物抵达前可通过电子方式提交通关信息并进行处理，以便在货物抵达后加快海关监管放行； （c）允许货物在抵达地点放行，而无须临时转移仓库或其他设施；以及 （d）如关税、国内税和费用无法在货物抵达前或抵达时确定，则允许在关税最终确定前予以放行，条件是货物符合放行条件，且进口缔约方所要求的担保已经提供，或根据一方要求已支付争议付款。争议付款指对金额存在争议的关税、国内税和费用，并有解决争议的程序。 3. 如一缔约方允许货物凭担保放行，则该缔约方应采用或维持下列程序： （a）保证担保金额不超过保证履行货物进口所产生的义务所要求的金额； （b）保证在海关认为已履行货物进口所产生的义务后，尽快解除担保；以及 （c）允许进口商使用非现金金融工具提供担保，包括在一进口商经常性进口货物的适当情况下，允许工具涵盖多次进口。
中韩 FTA	一、各缔约方应当采用或应用简化的海关程序，高效放行货物以便利双方贸易。确切而言，本款不得要求一缔约方在未能满足货物放行要求时放行货物。 二、根据第一款，各方应采用或沿用以下程序： （一）规定在满足特定条件或要求的情况下，在货物实际到达前可预先以电子形式提交信息并进行处理，以使得货物到达后尽快放行； （二）如进口商提交了足额和有效担保，且货物已被决定无须进一步审核、查验或提交任何其他材料，可允许进口商在符合所有进口要求之前获得货物放行； （三）规定货物放行的期限不超过执行海关法及其他贸易相关法律及手续所必需的时间，并且尽可能在货物到达后 48 小时内放行；及 （四）允许除禁止、限制、或管制以外的货物在海关监管地点予以放行自由流转，无需临时转入仓库或其他设施。

（续表）

	货物放行
中澳 FTA	一、各方应建立或沿用简化的海关程序提高货物放行效率，以便利双方间贸易。本款不得要求一方对未满足放行要求的货物予以放行。 二、根据本条第一款，各方应建立或维持下列程序： （一）规定在所有其他监管要求都已满足的情况下，货物到达后尽快予以放行；以及 （二）在适当情况下，规定在货物实际到达前可以提前以电子方式提交信息并进行处理，以加快货物放行。 三、各方应努力建立或维持有关制度，在货物有紧急通关需要时可以获得海关快速通关服务。

资料来源：各协定文本。

 TPP 海关管理和贸易便利化条款与 WTO《贸易便利化协定》相比有哪些异同？

WTO《贸易便利化协定》作为一个专门促进贸易便利化的多边协定，与 TPP 协定中海关管理和贸易便利化条款相比更加全面细致，在部分条款的设计上较 TPP 更为开放灵活，尽量照顾不同成员经济体的能力和水平，具体来看主要表现为以下几个方面：

（1）海关合作：与 TPP 协定相比，WTO《贸易便利化协定》第 12 条海关合作条款的主要内容也是信息共享，但规定更加全面和具体。例如，第 6 款规定被请求成员经济体应迅速通过纸质或电子形式给予书面答复，尽可能提供进、出口申报所列具体信息，包括商业发票、装箱清单、原产地证明和提货单，并要求保密，在可能的情况下，要求 90 天内提供信息或做出答复。然而，我国目前对《贸易便利化协定》的海关合作条款仍持有保留意见，未承诺协定生效后立即实施。

（2）预裁决：与 TPP 协定相比，WTO《贸易便利化协定》第 3 条关于预裁决的规定相对更具有灵活性。例如，第 6 款仅要求各成员经济体公布申请

预裁决的相关要求，包括应提供的信息和格式；做出预裁决的时限以及预裁决的有效期，但并没有提出具体统一的要求，而 TPP 则明确要求在收到申请后的 150 天之内做出预裁决，有效期至少为 3 年。再如，第 9 款规定预裁决的范围包括税则归类和原产地，对于确定完税价格的适当方法和标准、关税减免适用情况以及配合适用情况等仅作为鼓励事项。而 TPP 则明确要求对海关估价的适用标准作出预裁决。

（3）自动化：TPP 针对自动化条款有比较细致的规定，而 WTO《贸易便利化协定》并没有单独的条款对此作出相应约束。

（4）处罚：TPP 对海关处罚的规定较为详细，除 WTO《贸易便利化协定》中要求的仅对违法行为人实施处罚、根据违法程度和严重性实施处罚以及提供书面说明外，还规定了处罚范围、要求避免利益冲突、自愿披露违法情况时减轻处罚、要求海关机构在一定时限内实施处罚以及在时限外可采取司法程序。

（5）货物放行：与 TPP 相比，WTO《贸易便利化协定》第 7 条关于货物放行与清关的内容更加全面。例如，第 7 款要求各成员经济体为经授权的经营者提供与进、出口和过境相关的额外贸易便利化措施；第 9 款针对易腐烂品要求各成员经济体在正常情况下尽可能在最短时间内放行，并在适当的例外情况下允许在工作时间之外放行。不过，针对这部分内容，我国目前仍对确定和公布平均放行时间要求了过渡期，其他条款均承诺在协定生效后立即实施。

总体而言，在海关管理和贸易便利化条款上，WTO《贸易便利化协定》的条款相对比 TPP 协定更加全面细致，也更具灵活性，不仅对一些细节性问题有所关注，同时也能照顾到不同经济体的诉求。

 推进海关管理与贸易便利化有何意义？

第二次世界大战以后在 GATT WTO 为主导的多边贸易体系及其他区域经

贸合作推动下，全球关税壁垒已显著下降，而与海关程序相关的一系列阻碍贸易便利化的壁垒逐渐引起各国政府的广泛关注，推进海关管理与贸易便利化条款也成为双边、诸边和多边自贸协定的重要内容。

（1）有利于降低贸易成本。根据 ESCAP—世界银行的贸易成本数据库关于贸易成本来源的测算，仅有 0 ~ 10% 属于关税、10% ~ 30% 属于自然贸易成本（例如地理或文化因素），而其余 60% ~ 80% 则与非关税政策措施有关（例如繁杂的贸易手续带来的间接成本、海上互联互通、服务、营商环境、汇率波动等）。WTO 也有研究表明，发展中国家的贸易成本相当于 219% 的从价税。因此，推进海关管理与贸易便利化，在降低贸易成本方面收到的成效，可能会超过削减关税。

（2）有利于促进贸易和经济增长。WTO 最新发布的《2015 年世界贸易报告》中指出，全面和迅速地实施《贸易便利化协定》可以为其成员经济体节省平均 14% 的贸易成本，其中制成品贸易成本下降 18%、农产品贸易成本下降 10%，使平均进口通关时间缩短 47%，平均出口通关时间缩短 91%，并有可能每年增加 1 万亿美元的全球商品出口额，仅在发展中国家，每年的出口总额就会增长 7300 亿美元。以签署双边或诸边自贸协定的方式推进海关管理与贸易便利化同样有助于促进成员经济体贸易和经济增长。

（3）有利于中小企业参与国际贸易。一般而言，大企业特别是大型跨国公司在履行复杂的通关流程方面更具优势。研究显示，货物清关时间越长，国际贸易越容易被大企业主导。因此，推进海关管理与贸易便利化条款，简化通关手续，提高通关效率，有助于从整体上改善国际贸易通关环境，降低企业面临的贸易壁垒，营造更加公平的竞争环境，提高中小企业的外贸参与度。

（4）有利于提高对外资的吸引力。无论是一国还是一个贸易集团内部贸易便利化水平的提升，都能从整体上改善该国的营商环境，提高对外资的吸引力。世界银行自 2004 年起开始发布营商环境报告（Doing Business），而在

最新公布的《营商环境 2016》报告中首次纳入了跨境贸易这一指标，用以衡量进出口贸易成本。可见，贸易便利化已经成为影响各国营商环境的关键要素，提升贸易便利化水平对于提升其对外资的吸引力，融入全球分工体系具有日益重要的作用。

第 6 章　贸易救济

张　丹

 TPP 贸易救济章节对过渡期是如何规定的?

通常而言，所谓过渡期是指区域贸易协定内关税削减的时间，过渡期为成员保留使用关税、进口数量限制或关税配额、与出口实绩挂钩的出口促进措施、基于公平而采取的平衡贸易措施等贸易措施的时间。根据 TPP 协定中第 6 章第 6.1 条，"过渡期是指对某一特定产品而言，本协定生效之日起 3 年的时间，如某产品关税取消过程需更长的时间，则过渡期应为该产品关税逐步取消期间。"

相对于中国已签署的区域贸易协定对过渡期的规定而言，TPP 对过渡期的规定时限较短。目前，中国签署的区域贸易协定中对过渡期的规定大概可分为 3 年、5 年和 10 年三个时间。除《中韩自贸协定》提出 10 年过渡期外，多数协定提出 3 年或 5 年的过渡期。2015 年签署的《中澳自贸协定》也提出了与 TPP 一样的过渡期。

 TPP 协定贸易救济章节对全球保障措施是如何规定的?

整体来看，TPP 贸易救济章节中基本维持了 WTO 协定下全球保障措施部分权利和义务的相关条款。TPP 协定中第 6 章第 6.2 条，首先提出，"本协定不影响各缔约方在 GATT 1994 第 19 条和《保障措施协定》项下的权利和

义务"。

除了 WTO 协定保障措施部分的基本权利和义务外，TPP 协定从实施程序上提出了"提交通报的电子副本"的内容。根据 TPP 协定第 6 章第 6.2 条，"发动保障措施调查的一缔约方应向其他缔约方提供其根据《保障措施协定》第 12 条第 1 款（a）项向 WTO 保障措施委员会提交通报的电子副本"。

与 WTO 协定相比，TPP 在保障措施的实施频率上提出了更严格的限制。根据 TPP 协定第 6 章第 6.2 条，"各方不可同时针对同一产品实施或维持下列措施中的两项或两项以上：（a）本章规定的过渡性保障措施；（b）根据 GATT 1994 第 19 条和《保障措施协定》采取的保障措施；（c）附件 2-D（关税取消）关税减让表附件 B 中规定的保障措施；或（d）依据第 4 章（纺织品和服装）采取的紧急措施。"

最后，TPP 协定全球保障措施部分在一定程度上防止保障措施滥用的情况下，对成员间全球保障措施也提出了特殊安排，即，"各方不得对依据本协定实施关税配额的进口产品实施或维持本章所指的保障措施。一方依据 GATT 1994 第 19 条和《保障措施协定》采取一项保障措施时，可将本协定附件 2-D（关税取消）关税减让表附件 A 中所列采取关税配额的进口产品排除在外"，条件是"此类进口产品并非造成严重损害或严重损害威胁的原因"。

由于 WTO 体系下实施保障措施的原则是非歧视性，即，全球保障措施应是针对来自所有国家的产品。因此，除个别自贸协定，诸如《澳大利亚—新加坡自由贸易协定》和《新西兰—新加坡更紧密经济伙伴协定》等在协定中完全排除全球保障措施外，多数区域贸易协定维持了 WTO 保障措施规则，或在其基础上进行简单的修修补补，或增加某些约束条件。从这方面来看，TPP 协定全球保障措施与多数协定规定类似，尽管在实施程序和实施频次略有调整，但整体上仍属于"类 WTO"的范畴。

TPP协定贸易救济章节对实施过渡性保障措施是如何规定的?

TPP协定除保留WTO规定的全球保障措施外，还单独设置了成员之间的过渡性保障措施。

从实施条件来看，根据TPP协定中第6章第6.3条，如由于根据本协定削减或取消关税而造成下列后果："进口至一缔约方领土的另一缔约方的单个原产产品数量绝对增加或与国内产量相比相对增加，且对生产同类或直接竞争产品的国内产业造成严重损害或严重损害威胁；"或"进口至一缔约方领土的两个或两个以上其他缔约方的产品的数量合计绝对增加或与国内产量相比相对增加，且对生产同类或直接竞争产品的国内产业造成严重损害或严重损害威胁，且实施该过渡性保障措施的一缔约方需表明，本协定对所涉各方生效后，来自被采取措施的每一缔约方的进口产品数量均有绝对增加或与国内产量相比相对增加"，则"一缔约方可采取本条第2款所规定的过渡性保障措施"。

从实施方式来看，根据TPP协定中第6章第6.3条，如由于根据本协定削减或取消关税而造成上述后果，则实施措施的缔约方可在防止或补救严重损害并便利调整所必需的限度内：（a）中止按照本协定进一步削减此产品的关税税率；（b）提高此产品的关税税率。

相比较我国已签署的区域自由贸易协定而言，TPP协定对实施过渡性保障措施的规定突破不大，在《中国—韩国自贸协定》《中国—澳大利亚自贸协定》《中国—新加坡自贸协定》等中均能找到类似的表述。例如，《中韩自贸协定》第七章第一节第7.1条提出，如果由于按照协定规定削减或取消关税，"而导致原产于另一缔约方产品进口至缔约一方领土内的数量绝对增加或与国内生产相比相对增加，且对进口缔约方生产同类产品或直接竞争产品的国内产业造成严重损害或严重损害威胁，缔约方可以：（一）中止按本协定的规定进一步削减此产品关税；（二）提高此产品的关税税率……"

关于过渡性保障措施，在我国现行国内法律规律中也存在类似的规定。以《中华人民共和国对外贸易法》（2004 年修订版）为例，第八章第 40 条至第 50 条，对由于国外倾销、补贴等情况造成国内产业损害或损害威胁时实施贸易救济措施也做出类似规定。

 39 TPP 协定贸易救济章节对实施过渡性保障措施的标准是如何规定的?

根据 TPP 协定中第 6 章第 6.4 条，"过渡性保障措施应仅在防止或补救严重损害并便利调整所必要的期限内实施"，且"过渡性保障措施的实施期限不得超过 2 年。如进口缔约方的主管机关根据本协定第 6.5 条（调查程序与透明度要求）规定的程序认定，继续实施该措施对于防止或补救严重损害以及便利调整确有必要，则该措施的实施期限可延长不超过 1 年"。

换言之，相比较 WTO 协定，TPP 协定针对过渡性保障措施提出了更严格的实施期限。WTO《保障措施协定》第 7 条提出了"不得超过 4 年"，特殊情况下"不得超过 8 年的规定"。而 TPP 协定中过渡性保障措施"不得超过 2 年"，特殊情况下可再延长 1 年。因此，从过渡性保障措施的实施标准看，TPP 协定修改了 WTO 协定中的权利和义务，具有某种"超 WTO"的元素。

相比较我国已签订的区域自由贸易协定，TPP 协定对过渡性保障措施的实施标准比较严格。例如，《中国—澳大利亚自贸协定》针对双边保障措施，提出"不得超过 2 年"，特殊情况"可延长不超过 1 年"。《中国—韩国自贸协定》中针对缔约方采取保障措施，提出"不得超过 2 年"，"一项保障措施总的实施期限不得超过 4 年"的规定。《中国—新加坡自贸协定》提出"保障措施最初实施期限不应超过 3 年，最多可延长 1 年"的规定。因此，从保障措施的实施标准比较看，我国多数区域贸易协定中相关规定较 TPP 规定略有放松，《中澳自贸协定》与 TPP 规定一致。

TPP 协定贸易救济章节对补偿条款是如何规定的？

根据 TPP 协定中第 6 章第 6.4 条，实施过渡性保障措施的一缔约方应在与被采取措施的每一缔约方进行磋商后，向各缔约方提供双方同意的贸易自由化补偿。从补偿方式来看，TPP 协定提出，"补偿方式为与此过渡性保障措施预期导致的贸易影响实质相等或与额外关税额相等的减让"。根据 TPP 协定规定，提出补偿磋商的时间应在"不迟于开始实施措施后 30 日"，如果"在 30 日内无法就贸易自由化补偿达成协议，被采取过渡性保障措施的任何一方均可中止对实施措施的一缔约方适用实质相等的贸易减让"。

从 TPP 保障措施的补偿规定来看，TPP 协定与 WTO 协定规定基本一致。

 TPP 协定下反倾销、反补贴是如何规定的？

TPP 协定中反倾销和反补贴制度基本维持了 WTO 协定下的权利和义务。根据 TPP 协定中第 6 章第 6.8 条，"各缔约方保留其在 GATT 1994 年第 6 条、《反倾销协定》和《补贴和反补贴措施协定》项下的权利和义务。"

除了 WTO 协定反倾销和反补贴外，TPP 协定提出了"不得诉诸争端解决"的内容。根据 TPP 协定第 6 章第 6.8 条，"各缔约方不得将第 6 节和附件 6-A（与反倾销和反补贴调查相关的实践）引发的任何事项诉诸本协定第 28 章（争端解决）的争端解决"。

相比之下，WTO 反倾销和反补贴安排，包括中国已签署的区域贸易协定在内的全球区域贸易安排，除了个别排除适用反倾销（或反补贴）措施或通过设立区域协调机构等特殊情况外，多数区域贸易协定的反倾销、反补贴措施是在保留 WTO 规定的基础上做某些修改。换言之，TPP 这种维持或基本维持了 WTO 协定下的权利和义务的条款设置情况在区域贸易协定中比较常见，属于类 WTO 范畴。

第7章 卫生和植物卫生措施

庄 芮 李 丽[1]

 TPP 中 SPS 章节的目标和作用是什么?

目标：TPP 中的 SPS 章节，主要是基于 WTO《实施卫生与植物卫生措施协定》，通过加强缔约方之间的交流与合作，保护缔约方领土内人类、动物或植物的生命或健康。通过加强《实施卫生与植物卫生措施协定》的等效、透明度、进口检查和相关机制，减少其对贸易造成的不合理障碍，实现贸易自由化和便利化。该协定鼓励缔约方按照国际通用标准和建议，规范各国实施机制，加强科学与风险分析，遵循非歧视性，透明度等原则，以促进缔约方对该措施的落实。

作用：国际上对于 SPS 的措施制定还不完善，许多发展中国家并没有科学有效的 SPS 制度和检测体系，同时各国 SPS 措施的差异以及其不透明性，一方面会对其他国家人类和动植物健康问题造成威胁，另一方面限制了贸易自由化，阻碍国际贸易的顺利发展。

（1）该章节基于 WTO《实施卫生与植物卫生措施协定》以及相关国际标准和指导，建立卫生与植物卫生措施委员会。由于 TPP 范围内既包括发达国家，也包含发展中国家，各国关于卫生与植物卫生措施水平和规范程度存在差异，因此通过专门委员会的设立，以科学为依据，通过技术援助与合作，

---

① 林佳欣、孙占玮也参与了本章写作。

有利于缔约国建立完善的监管制度，确保食品安全，保护动植物健康。

（2）加强缔约方关于病虫害非疫区和病虫害流行度较低地区的认可进行合作，加强互信和交流，有利于减少评估时间和程序，尽快实施相应措施，减少贸易阻碍，实现国际贸易顺利发展的目标。

（3）通过等效、透明度等规定，缔约方应将卫生和植物卫生措施予以公布和通报，以使各国公众（包括消费者和生产者）及时有效了解相关要求，吸收公众意见，以强化管理机构制定以科学为基础的法规，同时使缔约方了解彼此措施和体制的内容，努力促进申请、审议、通报的公开和透明。

（4）通过科学和风险分析，基于科学原则，促进发达国家之间，发达国家对发展中国家的技术合作与援助，加强卫生和动植物卫生的技术提升和风险评估水平，加强缔约方对于各自权利和义务的认识，并给予相关缔约方对于决定评议的机会，从而保障缔约各国领土内人类、动物和植物的生命健康与安全。

（5）通过审核、进口检查以及认证等条款，完善事前事后的审查和认证程序，完善各国动植物健康监管体系，加强食品安全建设，规范缔约方 SPS 措施，互相通报，及时讨论，以加强缔约方之间的互信和认可，从而保障该章措施的顺利实施。

（6）由于各国 SPS 措施的差异，在实施过程中不可避免会产生摩擦，阻碍贸易发展。该章在合作性技术磋商、争端解决机制上的规定，有利于及时对缔约方之间产生的技术问题通过合作和磋商进行解决，有效减少制度摩擦，保证各方在《实施卫生与植物卫生措施协定》下的权利和义务。

 43 TPP 中 SPS 章节的主要内容有哪些?

TPP 中，SPS 章节主要包括目标、适用范围、适应地区条件、等效、进口检查、认证、透明度等 18 条措施，基于 WTO《实施卫生与植物卫生措施协

定》基础上，纳入合作性技术磋商条款，对认证以及透明度方面有更为详细的规定和要求，强化缔约国监管机构建立以科学为基础的法规和措施，既确保各国领土范围内人员与动植物健康和食品安全，也在最大限度内减少贸易限制，促进贸易的便利化与自由化。

（1）该章规定缔约方确认其该协定下的权利和义务，并组建卫生与植物卫生措施委员会，由各政府代表组成，加强各国在卫生与植物卫生方面的交流，确定并开发技术援助和合作项目，以确保缔约国建立以科学为基础的完善的涉及食品安全，人类、动植物生命健康问题的监管体制。同时通过主管机关和联络点的设立，实现信息及时交换，包括通过电子方式，以确保信息及时更新，缔约方各国及时了解。

（2）在适应地区条件，包括适应病虫害非疫区和低度流行区的条件上，以及等效方面，该章的规定更加详尽。各缔约方应在其认可方面加强合作，从而使得该程序得到每个缔约方的认可，减少评估次数。并且鼓励相关缔约方将认可结果上报给专门委员会。在适当范围内，当出口方采取的一些措施达到的效果和进口方同等时，各缔约方对这些措施可以进行等效认可，从而避免浪费人力物力，反复检测，这可以实现各国贸易顺利开展，减少贸易限制。进口方应出口方等效措施的申请，就出口方提供的相关信息及时进行等效评估，并将该程序和计划进行解释说明。如果缔约方都同意等效措施则将此结果上报委员会。

（3）进行科学风险分析，各合作伙伴以科学为基础进行风险分析，建立适当的保护水平以保护国内人类，动植物健康和食品安全。但该措施不能造成对贸易的阻碍。禁止缔约方在条件相似或者相同的范围内进行歧视或者不合理的待遇，同时缔约方做出的风险分析要进行书面记录，其他相关方可以评议，以实现信息自由流通，程序公开透明。

（4）为保证进口缔约方当地的生物和食品安全，进口方可以审核出口方相关机构的检查体制（包括设备检查），进行进口检查。基于客观科学的证据支持，审核前，双方可就审核目的和范围进行讨论，审核后，被审核方有权对审核结果进行评议。在进口检查过程中，基于进口相关风险，检查实施不可无理由延误。整个检查过程，应出口方要求，进口方对出口方要进行进口检查相关信息提供，对否定性结果及时通报。

（5）认证。该章规定认证证书上只需记载与进口方卫生与植物卫生目标相关的基本信息，仅限于保护人类和动植物生命健康和安全的程度。并且该章鼓励各缔约方进行电子认证和其他方式认证，以促进贸易自由化和便利化。

（6）该章对于透明度的规定更加严格。除了缔约国之外，该章要求将卫生与植物卫生的措施草案向公众公布，接受利益相关方和公众对该措施的评议，缔约方之间可以就措施草案相互讨论，减少由各国措施差异存在导致的贸易限制，保证该措施拟定过程公开透明，符合公众的利益，且符合相关国际标准。若出口缔约方领土内发生影响卫生与植物卫生的重大变化，出口缔约方应及时通知进口缔约方。

（7）缔约方之间可以通过合作，消除不必要的贸易障碍。在面临问题争议时，双方可以通过行政程序、合作性技术磋商解决问题，尽量以技术的方式解决缔约方之间的争议，若未得到有效解决，可以诉诸争端解决。

 TPP 中 SPS 章节与 WTO 以及传统 FTA 相比有哪些不同？

TPP 中 SPS 章节与 WTO 以及传统 FTA 相比，范围更加广泛，对卫生与植物卫生措施方面的规定更加细致，合作、协商机制更加健全，在措施实施过程中，透明度要求更高，措施的拟定接受公众的意见；在对出口商的产品评估过程中，其他 TPP 缔约国有机会对此发表评论；在区域范围内，信息有效流动，有利于措施的建立和执行，使消费者和生产者共享成员国内关于卫生与植物卫生措施信息。该章基于科学且必要的进口检查，以最大限度地保证成员国食品安全与动植物健康，减少其对贸易便利化的限制。

（1）WTO以及传统FTA在范围规定上，"有可能直接或间接影响国际贸易的卫生与植物卫生措施"，本章节针对各国文化饮食差异，所以在适用范围内，加入"不得阻止缔约方采取或维持根据伊斯兰法对食品或食品相关产品的清真要求"。

（2）透明度建设要比WTO以及传统FTA标准更高，在现行的WTO框架下加强信息公开和共享，并向公众公布，接受公众的评议从而了解消费者的意见和生产者的需求，以更大程度上实现公众的利益。在卫生或植物卫生措施草案拟定过程中，缔约方之间可以相互交流确保科学制定，将对贸易限制降到最小。通过政策协调和合作，加强区域内成员关于《卫生或植物卫生措施》的信息交流，减少不确定性，有利于扩大贸易往来。

（3）在进出口检查方面，本章规定：进口方做出禁止或限制决定，该决定应该在7天内进行通报，并为出口方提供对该决议进行审议的机会。一方面保证了进口方国内的人类、动植物生命健康和安全，避免相关进口风险，另一方面由于基于进口相关风险，减少了进口方无故扣押或者刻意拖延的情况，确保双方行动的公开和透明，保证贸易顺利进行。

（4）传统FTA，如中国—新西兰FTA，关于审核仅限于"对主管部门所控制计划全面或者部分评估"，该章明确以体制审核为基础，致力于成员国建设完善的食品安全监管体系，审核双方应及时进行讨论，在审核整个过程中，要有科学、客观的依据进行支持，保证审核在透明的方式下进行。

（5）在认证方面，传统FTA对认证的要求是按规定样本形式签发SPS证书，附随贸易的相关货物。而TPP关于SPS章中对卫生或植物卫生要求的保证，鼓励缔约方除了提供证书之外，可以合作开发新的认证模式，促进电子认证等。证书模板不需墨守成规，缔约方在考虑WTO及相关国际标准的基础上可以合作制定，以便利贸易往来。

（6）与传统FTA争端解决机制相比，本章提出一种新的解决途径"合作性技术磋商"（CTC）。在缔约国间出现问题时，先以行政或者其他机制解决，若解决无果，则以技术磋商的方式进行沟通和解决，磋商双方尽量在最短的时间内通过技术解决该事项。如技术磋商无果，再诉诸争端解决。

 TPP 中 SPS 章节如何确保食品安全和动植物卫生?

TPP 中 SPS 章节依据 WTO 卫生与植物卫生措施相关规定，通过设立专门机构，加强缔约国之间交流与合作，以科学为基础，主要通过风险评估、风险交流与风险管理，实施科学合理的食品安全和动植物卫生的措施。通过一系列体制和机制的建立，透明度的建设，包括临时措施和紧急措施的规定，来确保食品安全和动植物卫生。

（1）TPP 中 SPS 章节为了确保食品安全和植物卫生，承诺维护各国权益，实施卫生与植物卫生措施，通过信息交换与合作，基于科学的基础，建立完善的食品安全监管体系。通过风险评估、风险管理和风险交流，对于本国可能面临的风险进行分析，建立适当的风险分析批准程序和保护措施，在特殊情况下，也可以采取或维持临时的措施，以实现对卫生或植物卫生适当的保护水平。

（2）通过透明度建设，利益相关方和缔约方有机会对措施草案进行评议，确保信息公开，程序透明，让各国出口商有据可依，形成良好有序的贸易环境，向公众和利益相关方解释卫生与植物卫生措施，纳入公众对于该程序制定的意见，充分考虑缔约方人民以及消费者和生产者的利益，有利于保护人类、动植物生命安全与健康。

（3）基于进口相关风险，实施进口检查，包括质量控制，抽样检查，设备检查等，使其符合进口方关于卫生与植物卫生措施的相关标准。同时，对于不符合标准的商品，进口方有权禁止或限制该产品的进口。该章设立紧急措施条款，在面临人类、动植物的生命或健康紧急问题时，进口方可以采取必须的紧急措施，以保证进口方国内卫生与植物卫生安全。

（4）各国就该议题设立卫生与植物卫生措施委员会，加强就该议题的交

流、磋商和合作，包括进行技术援助和合作项目，帮助缔约各国在本国建立一套科学完善的食品安全检测体系。加强各国的政策和管理体制的协调，形成良好有序的国际环境，在面临重大风险和威胁时，可以迅速有效地合作，共同解决问题。

（5）出于保护人类、动植物生命健康的目的，进口方可以要求对货物贸易进行认证（包括电子认证），并发放认证证书。当出口方领土内动植物健康状况发生变化或者其他情况，应及时通知进口方，以避免发生影响食品安全和动植物卫生的状况。充分考虑WTO和国际标准及建议前提下，通过审核，评估各缔约方的检查体制是否符合标准，通过等效认可，加强各国在食品安全与生物安全措施和体制层面的交流，并快速实施该措施，有利于提高信息流通，提高各缔约国卫生与植物卫生措施的科学性和合理性，保障人类、动植物生命健康与安全。

 TPP中SPS章节提出的等效性具体指什么？

认可卫生与植物卫生措施的等效，是一种减少国际贸易技术壁垒的有力手段，能有效促进贸易的发展。TPP中卫生与植物卫生措施章节的高度是基于并强于WTO多边协议框架下的《实施卫生与植物卫生措施协定》，其中关于等效的条款是在《实施卫生与植物卫生措施协定》第4条的基础上，各缔约方在可行且适当范围内，对一系列措施或体制层面认可等效。

等效性具体是指，如果出口缔约方客观地向进口缔约方证明其卫生与植物卫生措施同进口缔约方的措施达到同样的保护水平，或同进口缔约方的措施在达到目标上具有同等效果，则各缔约方应将其他缔约方的措施作为等效措施予以接受，即使这些措施不同于进口缔约方自己的措施，或不同于从事相同产品贸易的其他缔约方使用的措施。卫生和植物卫生措施的等效承认，是以进、出口缔约方各自适用的卫生和植物卫生措施能达到相同的适度保护水平为前提的，为此，进口缔约方应解释其卫生或植物卫生措施的目的和理由，并明确指出其卫生或植物卫生措施准备应对的风险。在确定一项特定卫生或植物卫生措施、一系列措施或体制层面的等效时，每一缔约方应考虑WTO实施卫生与植物卫生措施委员会的相关指导和国际标准、指南和建议，同时进口缔约方应考虑现有知识、信息和相关经验以及出口缔约方的监管能力。如果进口缔约方采取措施认可出口缔约方一项特定卫生或植物卫生措施、一系列措施或体制层面措施等效，则进口缔约方应就其采取的措施与出口缔约方进行书面交流并在合理时间内实施该措施。

等效承认是在支持各缔约方实施保护人类、动物、植物的生命或健康所采取的必要措施和规范卫生与植物卫生检疫的国际运行规则的同时，实现把对贸易的不利影响减少到最小程度。等效承认的有利之处在于：

（1）等效承认可以使出口缔约方的卫生和植物卫生措施与进口缔约方的具体要求相一致，从而减少对相对高成本的商品检验、检疫程序的依赖，减少出口成本；

（2）在给定资源投入水平的情况下，等效承认可以使出口缔约方减轻提供科学证据的负担而同时又可确保出口产品获得最好的卫生和植物卫生检疫效果；

（3）通过使用产生最少贸易扭曲的卫生和植物卫生措施，达到进口和出口缔约方所要求的动植物卫生保护水平，以此促进双边贸易的发展。

以中国—澳大利亚自贸协定为例，中国签订的卫生与植物卫生措施章节中，等效性条款完全依照《实施卫生与植物卫生措施协定》的规定，并未如TPP文本那样列出更加具体的等效认可程序。而且，TPP的卫生与植物卫生措施章节中等效条款较《实施卫生与植物卫生措施协定》更为具体、明晰。

 TPP中SPS章节对进口检测、认证提出哪些具体要求？

（1）对进口检查的要求：

首先，在进行进口检查之前，缔约方需要保证其进口程序基于与进口相

关的风险，并向另一缔约方提供其进口程序的信息及其决定进口检查性质和频率的基础，包括该缔约方决定进口相关风险的考虑因素，同时，缔约方还可以基于进口检查的经验和依据卫生与植物卫生措施章节规定的行动或讨论，修改其进口检查的频率。这些措施可以保证缔约方没有设置冗余的检查程序，提高贸易的便利化水平。

其次，在进行进口检查的过程中，进口检查程序的实施和完成不应受到不合理的迟延。这个条款对贸易效率提出了要求，可以减少检测所耗时间，避免一些商品的腐坏。为保证进口缔约方的卫生或植物卫生措施的调查结论具有科学性、客观性与合理性，进口缔约方需要向另一缔约方提供有关分析方法、质量控制、抽样程序和进口缔约方用以测试货物的设备的信息。任何测试均需要使用合理且有效的方法，在有质量保证程序的设备上进行，且使其符合国际实验室标准。进口缔约方应就测试样本的识别、收集、抽样、运输、存储以及测试样本使用的分析方法保存实体或电子档案。这些措施可以进一步保证进口检测的结果具有科学性与客观性，可以避免双方在调查结果认可上可能发生的分歧与摩擦。

再次，在进口检查结果出来以后，如果货物的进口检查结果未达到进口缔约方的要求，进口缔约方可以禁止或限制另一缔约方货物的进口，但需要至少向出口商、生产商、出口缔约方、进口商或其代理其中的一方提供否定性结果的通报。在通报中，需要阐明禁止或限制的原因、行动的法律基础或授权以及受影响货物的状态信息及其处置信息。在禁止或限制决定之日起不迟于7天内，该通报需尽快以符合其法律、法规及要求的方式做出，可以通过电子方式发送该通报，除非货物被海关扣押。应出口缔约方的请求，进口缔约方应向其提供来自出口缔约方不符合进口缔约方卫生或植物卫生措施的货物的可获得信息。

最后，进口缔约方需提供关于进口检查否定性结论导致禁止或限制另一缔约方货物进口的决定的审议机会，并考虑提交的任何协助审议的相关信息。若进口缔约方认定存在重大的、持续的或重复的不符合卫生或植物卫生措施的情况，则其应将此种情况告知出口缔约方。

（2）对认证的要求：

①若进口缔约方要求对货物贸易进行认证，则该缔约方需要确保其所采取的认证要求符合自身的卫生或植物卫生目标，且仅限于保护人类、动物或植物生命或健康所必要的程度。在适用认证要求时，进口缔约方应考虑WTO实施卫生与植物卫生措施委员会的相关指导及国际标准、指南和建议。通过这种方式，保证卫生与植物卫生措施确实仅用于保障生命安全及卫生，而非被缔约方用于形成非关税贸易壁垒，造成贸易扭曲，减少对贸易自由化产生的不利影响。

②为了减少卫生与植物卫生用于非关税壁垒的可能性，进口缔约方应将其证书上要求的证明和信息限制在与进口缔约方卫生或植物卫生目标相关的基本信息上，有必要时，进口缔约方需要向另一缔约方提供任何进口缔约方证书上要求的证明或信息理由。

③为使认证程序更加便利化，各缔约方可就合作制定用于各缔约方之间的特定货物贸易的证书模板达成一致，同时需要促进电子认证和其他便利贸易技术的实施。

 TPP中SPS章节对透明度提出哪些具体要求？

通报方式：缔约方应通过WTO"实施卫生与植物卫生措施通报提交系统"通报其他缔约方。

通报内容：通过WTO"实施卫生与植物卫生措施通报系统"，通报其可能对其他缔约方贸易产生影响的卫生或植物卫生措施草案，包括任何符合国际标准、指南或建议的措施。同时，每一缔约方应通过该提交系统向其他缔约方通报卫生或植物卫生措施的最终版本。当一项卫生或植物卫生措施的最终版本与措施草案相比有实质性的修改时，缔约方需要在其发布的最终版本通报中说明所有实质性修改点以及该卫生或植物卫生措施实施的目标、合理

性以及该措施如何实现此类目标和合理性。

通报评议：缔约方应在官方公报上或网页上，以电子方式向公众提供其通报的卫生或植物卫生措施草案、该措施的法律基础，以及该缔约方收悉的公众对该措施的书面评议或书面评议摘要。拟采取卫生或植物卫生措施的缔约方需要在适当、可行的情况下，与另一缔约方讨论另一缔约方可能提出的关于措施草案的科学和贸易方面的关注，以及是否存在可实现该措施目标的可替代的、对贸易限制较小的方案。

通报评议时间：除非面临发生人类、动物或植物生命或健康保护的紧急问题或面临发生这类问题的威胁，或措施具有贸易便利性，否则，缔约方通常应在其向 WTO "实施卫生与植物卫生措施通报提交系统" 通报后，给予利益相关方和其他缔约方至少 60 天时间就措施草案提交书面评议。如若可行且适当，缔约方应给予超过 60 天期限，且应考虑利益相关方或另一缔约方任何合理的延长评议期的要求。

相关文件提供：如若缔约方的卫生或植物卫生措施草案不符合国际标准、指南或建议，在另一缔约方有要求的情形时，且在该缔约方法律对保密性和隐私性允许的程度上，该缔约方应向另一缔约方提供在形成措施草案的过程中考虑过的相关文件，包括和措施合理相关的、客观的书面科学证据。每一缔约方最好以电子方式，在官方公报或网页上公布卫生或植物卫生措施的最终版本，且需保证卫生或植物卫生措施的最终文本或通报已明确该措施的生效日期及该措施的法律基础。一缔约方在另一缔约方有要求的时候，需向其提供在该缔约方法律对保密性和隐私性要求允许的程度上，在评议期内收到的重要的书面评议及纳入考虑的支持该措施的相关文件。

通报生效时间：如可行且适当，缔约方应在公布卫生或植物卫生措施最终版本的日期和该措施生效的日期之间，留出超过 6 个月的期限。

特殊情况通报：在一些特殊情况发生时，出口缔约方应通过联络点及时以适当的方式通知进口缔约方相关情况，如区域性害虫或疾病状态的重大改变、其了解到的与其领土内货物出口相关的卫生或植物卫生的重大风险、在出口缔约方领土内的动物或植物健康状况变化可能影响现行贸易的紧急情况、影响食品安全及害虫或疾病管理对策的新的重要科学发现以及可能影响现行贸易的食品安全、害虫或疾病管理、控制或扑灭政策或实践的重大变化。

 TPP 中 SPS 章节的争端解决机制是怎样的?

如果一缔约方关注另一缔约方的卫生与植物卫生措施章节提及的任何事项,该缔约方首先应争取使用另一缔约方主管机关现行的行政程序解决争议事项。如果相关缔约方之间有双边或其他现有机制处理争议事项,提出争议的缔约方如认为合适,应争取通过此类机制解决争端事项。如若一缔约方认为继续使用行政程序或双边或其他机制无法解决该事项时,需要使用合作性技术磋商,即 CTC。虽然卫生与植物卫生措施的争端解决机制适用第 28 章(争端解决),但任何缔约方在未根据规定使用合作性技术磋商寻求解决之前,不得诉诸于争端解决机制来解决事项。这种循序渐进的争端解决方式可以通过一些较为轻柔的手段解决缔约方之间的争议,而不必要每次都通过争端解决机制来处理问题,这可以降低争端解决成本和所耗时间,同时维持缔约方之间的良好关系。

申请方可以向回应方的首席代表发送申请发起合作性技术磋商,用以讨论申请方认为可能对其贸易造成不利影响的事项。申请应书面明确提出申请的原因,包括申请方就该事项关注的描述,并列出与该事项相关的卫生与植物卫生措施条款。除非磋商各方另行议定,回应方应在其收到申请后 7 天内书面确认收到申请,而磋商各方应在回应方确认收到申请后的 30 天内召开会议,讨论申请中明确的事项,争取尽可能在申请后 180 天内解决该事项。会议可以通过面对面的方式召开,或通过电子方式召开。除非另有商定,否则在合作性技术磋商过程中,磋商各方之间的所有交流内容及合作性技术磋商产生的所有文件均应保密，且不影响任何缔约方在TPP协定、WTO协定或其他任何其作为缔约方的国际协定下的权利和义务。

如若合作性技术磋商的会议未能召开或会议召开后仍不能解决争议，则申请方可以终止合作性技术磋商程序并诉诸第28章（争端解决）中的争端解决机制。对于等效、审核和进口检查条款，争端解决章节在协定对回应方生效之日起1年后适用于缔约方。对于科学和风险分析条款，争端解决章节在协定对回应方生效之日起2年后适用于缔约方。

争端解决章节规定，各缔约方应尽一切努力通过合作和磋商就可能影响协定运行的任何事项达成双方都满意的解决方案，且各缔约方可以在任何时候同意自愿采取斡旋、调解和调停的方式解决争端。缔约方之间的争端还可以通过设立专家组解决，由专家组对向其所提交的事项进行客观评估，包括对案件事实、协定的适用性以及争议事项与协定的一致性的审查，并依照其职权范围要求和为解决争议做出认定、决定和建议。专家组由3人组成，分别由起诉方与被诉方各任命一名专家组成员，专家组主席由各争端方一致任命或在一致任命未达成时，由已被任命的两名专家组成员共同协商任命。在卫生与植物卫生措施中涉及科学或技术事项的争端，专家组应该与争端各缔约方磋商后选择的专家寻求意见，为此目的，如其认为适当，专家组可建立咨询技术专家组，或应任一争端缔约方的要求，或自主咨询相关国际标准制定组织。根据专家组在最终报告中的裁定，若责任在被诉方，则被诉方应在任何可能的情况下消除该不符之处或有关利益丧失或减损。如若被诉方未消除不符之处或相关利益丧失或减损，起诉方可与被诉方就补偿、货币赔偿达成协议，或可随时书面通知被诉方将中止对被诉方所适用的具有同等影响的利益。如若被诉方认为其已消除专家组裁定的不符之处或利益丧失或减损，被诉方可通过向一个或多个起诉方提供书面通知的方式将该事项提交专家组，由专家组进行审查，就该事项提交报告。TPP争端解决机制中设立了专家组成员资格和成员名册、专家组主席名册和缔约方特定指示性名单，由此，专家组的成员有一个较为稳定和合适的选择范围，避免了难以指定专家的情况发生。与之相比，中国签订的自贸协定的争端解决机制中，当仲裁员未能得到指定或任命时，争端双方可请求世贸组织总干事来指定一名仲裁员，而这一指定稍显宽泛。

第8章 技术性贸易壁垒

安佰生 蔡彤娟

 什么是技术性贸易壁垒？

世贸组织（WTO）意义上的技术性贸易壁垒，一般是指《技术性贸易壁垒协定》（《TBT 协定》）所指的技术法规、标准和合格评定程序导致的贸易壁垒。这种说法只是一种方便的表述，并不能准确地表达技术性贸易壁垒的内涵和外延。

就技术法规、标准和合格评定程序这三个术语而言，其本身并不能充分反映技术性贸易壁垒的本质和内容。

首先，WTO 意义上的标准都是推荐性的，由于不是政府的强制性措施，所以其本身不能构成 WTO 意义上的贸易壁垒。其次，合格评定程序既有强制性的，也有推荐性的，只有强制性的合格评定程序才有可能构成 WTO 意义上的措施。最后，技术法规就是法规，成员国家内部法律法规中并无技术法规的说法。一般而言，这些法规是由成员行政部门制定的法规和规章。但由于WTO 针对的"措施"并不对成员国内的立法结构进行区分，所以，所有影响贸易的法规均被视为贸易壁垒。成员基于健康、安全、环保等采取的国内规制措施大都具有复杂的技术内容，所以这些措施在 WTO 内被称为技术性贸易壁垒。

因此，技术性贸易壁垒从内涵上讲，是源于成员国内规制差异导致的贸易壁垒，其本质是规制壁垒。西方国家国内规制一般有三个方面的主要规定：

援引自愿性标准协助规制、行政部门立法应符合行政程序法意义上的公布法规草案供公众评论等透明度要求、行政部门为实现公共政策目标对私人权益的限制仅以实现公共政策目标为限。这三个方面的要求转化为贸易规则，就构成了《技术性贸易壁垒协定》（《TBT 协定》）的三个基本内容：各国技术法规应以国际标准为基础、成员技术法规草案向成员通报以征求评论意见、成员规制对贸易的限制仅以实现其国内公共政策目标为限度。

WTO《TBT 协定》基于以上三个方面的内容对工业品技术性贸易壁垒进行管理，后来又拓展这些规定至农产品、服务贸易，形成了《实施卫生与植物卫生措施协定》（《SPS 协定》）和《服务贸易总协定》（GATS）第 6 条"国内规制"的内容。由于《TBT 协定》本身来源于《关税与贸易总协定》（GATT）第 20 条"一般例外"有关健康、安全等的规定，因此，GATT 第 20 条有关内容也与技术性贸易壁垒相关。1998 年，GATS 总理事会通过的《关于会计标准国内规制的决议》是 GATS 第 6 条的拓展和细化，也可被视为技术性贸易壁垒的内容。因此，WTO 内技术性贸易壁垒的外延，从狭义的角度看，仅指《TBT 协定》，而从广义的角度说，应包括 GATT 第 20 条、《TBT 协定》、《SPS 协定》和 GATS 第 6 条"国内规制"以及基于该规定做出的诸如针对会计标准的规则安排。

（1）西方三权分立治理体系和国内规制的基本架构

西方国家国内规制是从侵权法演变而来的。最初产品缺陷等导致的伤害一般通过侵权法进行救济。工业革命以来，大规模侵权事件频发，由此导致的社会问题日益严重，侵权法的局限就暴露出来。从法律本身看，侵权法的本质是一种矫正正义，虽然具有威慑和遏制的功能，但本质上仍是对损害的事后救济。在如锅炉爆炸等可能导致严重损害、救济难以充分的情况下，侵权法的社会功能仍无法实现需要事先警示、指引和遏止的立法规制相比。另外，从福利国家的角度看，随着工业革命以来大规模侵权的频发，伤害已经不再是一个私人之间的事务，而是一种社会性的伤害避免和补救。最后，从侵权法的司法效果来看，工业社会后期，工伤等损害事故的增加、生产商和

受害者力量的不对等，导致司法对受害者不利。比如，大利益集团经常在侵权诉讼中上下其手、逃避责任。另外，大量侵权诉讼也增加了社会成本。因此，由普通法院处理侵权纠纷的做法受到严重的挑战。

侵权法的局限导致了规制国（regulatory state）的兴起。国家开始政治性介入，通过政府直接立法规制，与侵权法共同应对产品责任等问题。

在西方如美国三权分立政治体制下，对健康、安全、环保等社会管理事务的管理权属于立法机构。对公共事务的管理势必对自由市场和私人财产权造成约束。立法机构依靠民选获得的充分的政治资本，使其基于社会管理而对自由市场和私人财产权的约束本身被视为具有合法性。

工业革命以来健康、安全、环保等社会事务管理日益技术化，立法部门由于缺乏稳定和充分的技术力量支撑，难以胜任对这些复杂事务的立法管理，因此开始越来越多地将管理权授权给行政部门，用行政部门技术官僚体系的优势来弥补立法部门的信息和技术约束。

由于行政部门政治资本有限，本身的立法行为不具合法性。为此，立法部门制定了行政性程序法，对行政部门的立法做出了明确的程序性约束。此外，司法机构通过对行政部门立法和执法的审查来保障行政部门实施公共权力的合法性。具体来说，行政程序法规定行政部门立法应符合通报法规草案、供公众进行评论的程序要求，以尽力模仿国会的立法程序，保证充分的透明度和公众参与。此外，为防止公权力对私人权利的侵害，立法部门要求行政部门在为实现公共管理目的迫不得已对私人权利进行约束时，这种约束不得超出为实现公共管理目标所必需的限度，即"必要性测试"。"必要性测试"是行政法基本原则，法律法规中本身并没有明确的规定，但法院可根据具体案例进行裁决。

实践中，行政部门在立法时，如果涉及大量技术问题需要通过标准进行规制，则需援引私人部门制定的标准，而非由政府制定标准。这一方面是为了防止在私人部门已经制定标准的时候政府重复制定标准造成浪费，另一方面，更主要的是，政府在制定标准方面无论在技术上还是在市场信息方面都没有企业等私人部门掌握的信息更为充分和准确。起初，政府部门曾经试图就涉及技术的规制事务做出详细的规定，如欧盟 20 世纪 60 年代的《低压电器指令》。但技术和市场情况的快速变化，使得这种立法模式不具现实性。于是，政府主要就健康、安全等核心要求做出规定，而不再规定达到这些要求的具体的技术指标以及实现方式。具体的技术指标和实现方式则由私人部门制定。政府则援引这些私人部门制定的自愿性标准，规定符合这些标准推定为符合对应法规的要求，个别情况下也直接将这些标准通过一定的立法程序纳入法规。美国则通过法律，如 1995 年《国家技术推进与转移法案》等明确规定，政府行政部门立法如需援引标准，则应援引私人部门制定的标准，一般情况下政府不得专门制定标准，除非私人部门制定的标准无法实现公共管理的目标。

这样一来，欧美等西方国家国内公共事务治理基本遵循了这样一个模式：立法机构拥有对健康、安全、环保等社会管理事务，以及对金融、公平竞争的经济事务的管理权。立法机构授权行政部门对技术性强的事务进行管理，在授权同时要求行政部门遵循严格的透明度等程序性要求，并要求运用公权力约束私人利益仅为实现管理目标所必需。而行政部门在进行立法时往往借助私人部门制定的标准进行立法。因此，行政法无论具体表现形式如何，其主要内容往往包括三个方面：标准与法规的关系（即标准协助监管）、透明度等程序性要求、必要性测试。

（2）《TBT 协定》是西方国内规制模式在国际规则中的具体体现

国内规制原本是对国内健康、安全等事务的管理，但在全球化条件下，这种管理客观上势必对自由贸易造成影响。一般而言，这种影响并非来自规制本身，而是来自规制差异。由于各国规制要求不同，一国被允许进入市场的产品或服务未必能进入他国市场。换言之，如果各国对某种产品或服务均没有规制或者有相同的规制，该产品无论在本国市场还是他国市场均可自由上市或不能上市，则不会构成贸易壁垒。

为防止各国国内规制差异导致的贸易壁垒，世贸组织于 20 世纪 70 年代

制定了《标准守则》，后更改为《技术性贸易壁垒协定》（《TBT协定》）。该协定起初为成员自愿参加的诸边协定，1995年WTO成立时转化为对所有成员均有约束力的多边协定。该协定的主要内容是，通过协调各国标准和法规差异来减少各国间的规制差异。《TBT协定》要求成员的标准和技术法规以国际标准为基础，从而在技术内容方面实现各国国内规制措施的收敛。此外，《TBT协定》将美、欧国内行政法有关内容进一步拓展至对外贸易规则。在透明度问题上，借鉴各国行政程序法，要求成员将法规草案向世贸成员通报以便成员评论。在"必要性测试"问题上，借鉴国内行政法关于公权和私权之间的平衡，要求各国在制定规制措施时，如出于实现国内规制需要确需限制贸易，则该限制仅为实现规制目标所必需的限度内。至于"必要性测试"的解释，则往往根据具体案例由世贸组织争端机构裁决。

从国内规制的角度看，世贸组织内所谓"技术壁垒"实际上是规制壁垒。之所以规制壁垒被视为技术壁垒，是因为被规制的事务如产品质量技术内容比较强，规制实践中往往需要援引技术标准。但从公共管理的角度看，实际上，所谓技术壁垒更应该被理解为规制壁垒。或者说，这里的技术性强不仅仅限于科学技术意义上的"技术"（technology），而是被规制的内容比较复杂。这一方面将导致国会对行政部门的授权以及通过行政法对行政部门的监督和司法审查，另一方面也导致行政部门往往援引私人部门制定的技术标准来协助监管。世贸组织《TBT协定》则基本照搬了国内行政法的相关要求。所以，技术性贸易壁垒实际上应该被理解为复杂事务之规制壁垒。这里的复杂往往源于"科学技术"问题，但不仅限于此。所有复杂性管理问题都可被纳入行政部门的规制，如金融事务、信息安全问题往往都是国内规制的内容，世贸组织关于这些问题的规则也完全符合技术性壁垒协定的基本特征。实际上，20世纪70年代当时关税贸易总协定（GATT）谈判时的主要内容是工业品，所以《TBT协定》主要针对工业品的技术壁垒。而20世纪90年代在针对农产品贸易的谈判时，才将《TBT协定》拓展至农产品，形成了《SPS协定》。《服务贸易总协定》第6条"国内规制"虽然未能进行充分的谈判，但采用国际标准、通报以及"必要性测试"等原则性要求均与 TBT、SPS 协定类似。

当然，由于世贸组织传统的货物和服务贸易的区分，金融、跨境数据流动等事务被划分为服务贸易，而不受（《TBT 协定》）的约束。尽管世贸组织有此类划分，但从国内管理乃至贸易纠纷应对的角度看，这些壁垒均可被视为国内规制壁垒。所以，世贸组织的技术壁垒/规制壁垒应包括《TBT 协定》《SPS 协定》以及《服务贸易总协定》第 6 条项下的贸易壁垒。这也是世贸组织 2012 年《世界贸易报告》将《TBT 协定》《SPS 协定》以及《服务贸易总协定》国内规制统称为非关税壁垒的原因。

具体到 TPP 协定，TBT、SPS、投资、跨境服务贸易国内规制、金融服务、电信、电子商务、政府采购、劳工、环境、规制适恰性、透明度与反腐败、例外和总则等章节，不论从程序上的透明度的角度，还是从援引标准协助监管的角度和必要性测试的角度看，均涉及技术性贸易壁垒相关内容。

 TPP 技术性贸易壁垒章节的目标是什么？

TPP 技术性贸易壁垒章节旨在通过进一步实施技术性贸易壁垒协定，并以 APEC 关于标准与一致性的工作为基础，促进和便利贸易，增进透明度。其目标是使 TPP 各方尽可能致力于通过以下方法减少合规成本：

（1）消除各方间货物贸易不必要的技术性壁垒；

（2）加强各方间负责标准、技术法规及适用于货物的合格评定程序的管理机构间的合作，增进透明度；以及

（3）提供解决技术性贸易壁垒影响的框架。

 TPP 技术性贸易壁垒章节对技术法规等效性有何规定？

TPP 技术性贸易壁垒章节对技术法规等效性做出了明确说明，以增进技

术性贸易壁垒的透明度，减少和取消不必要的技术性贸易壁垒，促进各缔约方的合作和贸易便利化。具体可解释为：

（1）每一方应当积极考虑接受另一方的技术法规为等效法规，即使存在差异，只要这些技术法规在实现合法的目标方面与国内技术法规产生等效的结果，并达到同等保护水平。

（2）应另一方要求，一方应当解释没有接受另一方技术法规为等效技术法规的原因。

 TPP 技术性贸易壁垒章节对国际标准、指南和建议有何规定？

TPP 技术性贸易壁垒章节鼓励缔约方就相关国际标准、指南和建议进行规制协调和相互合作，以减少不必要的贸易壁垒。

（1）缔约各方承认国际标准、指南和建议在支持更大的监管联盟、良好的监管实践和减少不必要的贸易壁垒方面的重要作用。

（2）在这一方面，继《TBT 协定》第 2.4 条、第 5.4 条和附件 3，在决定《TBT 协定》第 2 条、第 5 条和附件 3 意义上的国际标准、指南和建议是否存在时，每一缔约方应当适用 WTO 技术性贸易壁垒委员会发布的《TBT 委员会关于发展与 <技术性贸易壁垒 >第 2 条、第 5 条和附件 3 有关的国际标准、指南和建议的原则的决定》（G/TBT/1/Rev. 10）。

（3）缔约各方应当在可行和合理的前提下彼此合作，以保证国际标准、指南和建议可以作为技术法规的基础，且合格评定程序不会给国际贸易造成不必要的阻碍。

 TPP 技术性贸易壁垒委员会的职能是什么？

TPP 技术性贸易壁垒委员会（专门委员会）的职能可包括：

（1）监督技术性贸易壁垒章节的实施和运用，包括本章附件和其他承诺，并根据 27 章（行政和机构条款）对这些承诺进行修正或解释；

（2）监督根据第 8.10 条（信息交流和技术讨论）第 2 款或第 2 之二款提出的对本章下产生的问题的任何技术讨论；

（3）同意优先处理本章下未来工作中符合共同利益的领域，并考虑关于新的特定部门提案或其他倡议；

（4）鼓励缔约方间就与本章相关问题展开合作，包括技术法规、标准和合格评定程序的制定、审议或修改；

（5）鼓励在缔约方领土内的非政府机构之间，以及缔约方领土内的政府机构和非政府机构之间，就与本章相关的问题开展合作；

（6）使技术能力需求的确认更加便利；

（7）鼓励缔约方及其相关非政府机构之间，如适当，就在制定标准、指南、建议、政策或其他与本章相关的程序的非政府、区域、双边和多边机构或系统中讨论的问题制定共同方法交流信息；

（8）应一缔约方的请求，鼓励缔约方就非缔约方的具体技术法规、标准和合格评定程序以及系统性问题交流信息，以推动形成共同方法；

（9）采取缔约方认为可协助其实施本章和《TBT 协定》的其他任何措施；

（10）根据《TBT 协定》的任何发展审议本章，并根据此类新发展就本章的修正提出建议；以及

（11）向自贸协定委员会报告本章的实施和执行的情况。

 TPP 技术性贸易壁垒章节对合作和贸易便利化有何规定？

（1）继《TBT 协定》第 5 条、第 6 条和第 9 条，缔约各方承认存在广泛的便利接受合格评定结果的机制。就此而言，一缔约方可以：

（a）针对具体技术性法规，相互承认各自领土内的机构实施的合格评定程序的结果；

（b）承认认可机构或合格评定机构之间现有的区域及国际相互承认安排；

（c）使用认证程序特别是国际认证体系认可合格评定机构；

（d）指派合格评定机构或承认其他缔约方指派的合格评定机构；

（e）单方面承认在其他缔约方领土内实施的合格评定程序的结果；及

（f）接受一供应商的符合声明。

（2）缔约各方承认存在可以支持更大的监管同盟并取消区域内不必要的技术性贸易壁垒的广泛机制，包括：

（a）监管对话和合作，尤其是

（i）在监管方法和实践上交换信息；

（ii）促进优良监管实践的使用以提高技术法规、标准和合格评定程序的效率和有效性；

（iii）在相互同意的条款和条件下，提供技术建议和协助，以促进与技术法规、标准、合格评定程序和计量的发展、实施和审核有关的实践；或

（iv）在相互同意的条款和条件下，提供技术协助和支持，以进行能力建设并支持本章的实施；

（b）国家标准和相关国际标准更广泛地结合，不适合或无效的情形除外；

（c）促进相关国际标准、指南及建议作为技术法规和合格评定程序基础，更广泛地使用；及

（d）促进接受另一缔约方的技术法规为等效技术法规。

（3）关于第1款和第2款列出的机制，缔约各方承认在指定的监管环境下选择合适的机制将依赖于一系列因素，比如涉及的产品和部门、贸易的数量和趋势、缔约方各自监管者之间的关系、追求的合理目标和无法达成目标的风险。

（4）缔约各方应当加强它们在机制方面的交流和合作以促进接受合格评定结果、支持更广泛的监管合作并取消区域内不必要的技术性贸易壁垒。

（5）一缔约方应当，应另一缔约方的要求，为本章下的合作适当考虑任何针对特定部门的提议。

（6）继《TBT 协定》第 2.7 条，应另一缔约方要求，一缔约方应解释其没有接受该方的技术法规为等效技术法规的原因。

（7）缔约各方应当以处理本章涉及事项为目的，鼓励它们各自负责标准化、合格评定、认可和计量的机构之间的合作，无论这些机构是公共还是私有的。

 TPP 技术性贸易壁垒章节相关附件包含了特定行业监管的通用措施，涉及哪些行业？

TPP 相关附件还包含了特定行业监管的通用措施。这些行业包括化妆品、医疗设备、医药、信息和通信技术产品、葡萄酒和蒸馏酒、预包装食品和食品添加剂的专利配方以及有机农产品。附件主要对这些行业涉及的具体定义做出说明，对行业监管范围做出规定。

 TPP 技术性贸易壁垒章节与 WTP《TBT 协定》相比有哪些差异和突破？

（1）WTO《TBT 协定》特定章节纳入及 TPP 争端解决不适用

根据 TPP 技术性贸易壁垒章节第 8.4 条，《TBT 协定》的核心条款，包括关于技术法规的第 2.1 条、第 2.2 条、第 2.4 条、第 2.5 条、第 2.9 条，关于合格评定程序的第 5.1 条、第 5.2 条、第 5.3 条、第 5.4 条、第 5.6 条、第 5.7 条、第 5.8 条、第 5.9 条，以及附件 3《关于制定、采用和实施标准的良好行为规范》的 D 款、E 款和 F 款。

TPP 协定规定，仅仅违反上述条款的争端不适用 TPP 第 28 章中的争端解决。

（2）国际标准、指南和建议

与《TBT 协定》相比，TPP 在国际标准方面的一个重要差异是对国际标准做出了明确的界定。

WTO《TBT 协定》等要求采用国际标准，但除《SPS 协定》外，TBT 及其他相关协定除要求国际机构或体系的"成员资格至少对所有 WTO 成员的有关机构开放"外，对什么是国际标准化组织并无其他界定。①

2000 年 TBT 委员会曾通过一项决议，确定了国际标准制定应符合的六项原则：透明（transparency）、开放（openness）、公正与协商一致（impartiality and consensus）、有效与相关（effectiveness and relevance）、一致（coherence）、发展内涵（development dimension）。根据这些原则，国际标准的制定活动，包括工作计划应该为相关方知悉、对所有 WTO 成员开放、遵循协商一致的投票原则、符合市场实际需求、防止标准化组织间标准制定活动的重叠、关注发展问题等要求。WTO 内委员会决定并没有法定约束力，因此，该决定并未有效解决国际标准的界定问题。此次 TPP 则将 WTO 内这一关于国际标准非约束性的界定转化为约束性的。

实际上，美、欧之间在国际标准界定问题上一直存在很大分歧。

美国主张按照 TBT 委员会 2000 年通过的国际标准制定应遵循的六项原则来界定国际标准。美国的这一主张符合美国的利益。首先，TBT 委员会确定的六项原则和美国国家标准学会（ANSI）认可美国标准化组织所依据的要求基本一致。美国的标准化组织大都可自称符合 TBT 委员会的六项原则。这样一来，美国国内诸多标准化组织制定的标准，就可以直接上升为《TBT 协定》意义上的国际标准。其次，上述六项原则也可被美国用以约束，乃至冲击公认的国际标准化组织，如 ISO、IEC 和 ITU，从而削弱欧盟在国际标准化领域的影响。

---

① 相比较而言，《SPS 协定》就国际标准的界定方面做了更清晰的规定。《SPS 协定》附件 A 第 3 条规定，食品法典委员会（Codex）、国际兽疫组织（OIE）和《国际植物保护公约》（IPPC）秘书处为食品安全、动物健康和寄生虫病、植物健康领域的国际标准化组织。

针对美国的做法，欧盟在多哈新一轮谈判中多次单独或联合其他成员在 WTO 内提出提案，要求在《TBT 协定》框架下明确 ISO、IEC、ITU 等机构的国际标准化组织地位。美国则提出针对性的提案，强调应该按照是否符合 TBT 委员会确定的六项原则而非列举一些标准化组织的方式，确定《TBT 协定》意义上的国际标准化组织。美国还认为，即便 ISO 和 IEC 等制定的标准，也同样应符合 TBT 委员会制定的六项原则才能被视为国际标准。同时，美国提案认为，美国一些标准化机构，如电子电气工程师协会（IEEE）、Under-write Laboratory（UL）实验室等成员资格对全球开放，其制定的标准在全球范围内得到了广泛的使用，它们都应该被认为是国际标准化组织。最后，美国在其提案中直接指出，欧盟的提案并非是出于对 ISO、IEC 这些机构的尊重，而是为了进一步加固欧盟通过与这些机构的合作及欧盟成员国在这些机构里的 27 张选票而获得的远大于其他 WTO 成员的优势。

在自贸区谈判中，在国际标准界定问题上，美国主导的谈判大都如 TPP 协定那样进行界定。而欧盟主导的自贸区谈判，如欧韩自贸区协定谈判则按照欧盟的立场，即通过明确 ISO、IEC、ITU 等机构的国际标准化组织地位的方式来界定国际标准化组织。至于其他国家则对该问题持开放立场。如韩国在美韩和欧韩自贸区谈判中分别同意了美、欧为主的界定方式。

（3）合格评定

在给予其他成员境内合格评定非歧视方面，TPP 做出了超越 WTO《TBT 协定》第 6.4 条的规定。

《TBT 协定》第 6.4 条规定，"鼓励各成员以不低于给予自己领土内或任何其他国家领土内合格评定机构的条件，允许其他成员领土内的合格评定机构参加其合格评定程序。"

TPP 则规定给予其他缔约方合格评定机构国民待遇。TPP 技术性贸易壁垒章节第 8.6 条第 1 款规定，"除《TBT 协定》第 6.4 条规定外，每一缔约方给予位于另一缔约方领土内的合格评定机构的待遇应不低于其给予位于其自己领土或其他任何缔约方领土内的合格评定机构的待遇。为保证其给予此种待遇，每一缔约方应对位于另一缔约方领土的合格评定机构使用与其认可、批准、许可或以其他方式承认自己领土内的合格评定机构的同样或等效的程序、标准和其他条件。"

此外，在鼓励政府间合格评定互认合作谈判等方面，《TBT协定》仅做出鼓励开展此类谈判的规定，但对方拒绝无须说明原因。而TPP则就"说明原因"做出明确规定。比如，TPP要求就缔约方应要求，有义务就"拒绝认可、批准、许可或以其他方式承认另一缔约方领土内机构对该技术法规或标准进行合格评定，或拒绝使用互认安排"、"不接受在另一缔约方领土内进行的一项合格评定程序的结果"、"拒绝另一缔约方提出的、为达成互认彼此合格评定程序结果的协议而进行谈判的请求"说明原因。

TPP还规定不得对其他缔约方的合格评定机构提出"位于自己领土之内"、在该缔约方领域内"开设办公室"等要求。在合格评定机构收费问题上，《TBT协定》仅做出了类似国民待遇的规定，TPP则进一步规定收费"应以所提供服务的近似成本为限"。

（4）透明度

透明度是国内行政程序法中的核心程序性规定，也是《TBT协定》的重要内容。目前，《TBT协定》执行过程中的通报、评论等透明度纪律构成《TBT协定》实施的主体内容，对于通报技术性贸易壁垒信息、便利成员交涉等起了重要的作用。但是，由于透明度与国内立法中的程序性规定密切相关，因此WTO关于加强透明度纪律的讨论一直没有得到实质性进展。TPP协定则就此做出了重要的进展。

TPP协定第8.7条第1款规定，"每一缔约方应允许其他缔约方的人员参与其中央政府机构的技术法规、标准和合格评定程序的制定。每一缔约方应允许其他缔约方的人员以不低于其给予自己人员的条件参与到此类措施的制定中。"该款脚注中规定，"一缔约方可通过，如给利益相关人合理机会对该缔约方拟制定的措施进行评议并在制定措施时考虑此类评论意见的方式满足该项义务。"

"中央政府机构的技术法规、标准和合格评定程序的制定",就美国而言,实际上主要是指各联邦行政部门制定的法规。

就技术法规而言,除贸易规则之外,各国法律体系中均无"技术法规"的说法。"技术法规"仅是《TBT 协定》中的一个便宜"说法",与"法规"无异。美国《国家技术进步与转移法案》明确规定,政府不得制定标准。如果政府监管需要援引标准,也需援引私人部门制定的标准,除非私人标准无法满足政府的监管需求。因此,所谓中央政府制定的标准,对美国而言,情况并不多。合格评定程序分为强制和推荐两种。一般而言,强制的则是一种"法规",推荐的则可被纳入"标准"的范畴。

法规制定程序是一国立法民主性的重要体现。公布草案并允许公众参与,是美国等三权分立政治体系立法民主性的基本保障。随着国际贸易的发展,为保障出口商的利益,贸易规则开始将国内立法的公众参与要求纳入规则要求中。但《TBT 协定》仅要求提供"各成员"评论的机会,也就是说,出口国家的出口商只能将自己的评论汇总给本国政府,由本国政府(一般是 TBT、SPS 咨询点)提交。TPP 则将评论机会给予其他缔约方的"人员"。这就意味着出口缔约方的公司、协会可直接对进口缔约方的法规草案进行评论。实践中,这将给有充分的组织和评论力量的美国等大国的公司、协会和非政府组织等提供重要的、直接评论的机会。

虽然高于《TBT 协定》,相对于其他自贸区,如美澳自贸区等协定,TPP的透明度水平是较低的。美澳等自贸区协定除扩大评论的资格范围外,还对公布评论意见、对未被采纳的评论做出说明等要求。这些要求对于缔约方的立法能力提出了很大的挑战。而 TPP 仅要求"考虑"评论意见。实践中,"考虑"评论意见实际上使得立法的成员政府可以基本不受外方评论的影响。

(5)鼓励性规定

世贸组织《TBT 协定》本身以及 TBT 委员会在其长期的工作中,就合格评定互认、供应商合格评定自我声明等减少出口商成本、便利贸易的内容进行了长期讨论。此外,对法规制定的良好行为规范也进行了长期的讨论。

这些内容在 WTO 内经常长期的讨论，并没有达成一致。TPP 则将这些内容作为鼓励性的规定。但有些自贸区协定则在有限范围内将其作为强制性规定。如《欧韩自贸区协定》规定韩国在五年内实施电子产品供应商合格评定自我声明等。TPP 附件 B 节也将接受信息技术设备产品电磁兼容合格评定供应商合格声明作为强制性要求。

可以预见，在今后的自贸区升级谈判中，这些鼓励性规定将根据具体情况逐步转化为约束性规定。

（6）关于具体产品的规定的附件

考虑到《TBT 协定》总体改进的难度——比如，《TBT 协定》一直未曾被纳入新一轮谈判，再加上技术性贸易壁垒对贸易影响的重要程度，在部分成员、特别是美、欧等成员的推动下，即便在没有谈判授权的情况下，WTO 多哈回合非农产品市场准入（NAMA）谈判中，美、欧等也开始推动对《TBT 协定》的谈判。美、欧等成员充分认识到整体上改进协定的难度，于是根据具体情况，包括监管力度、贸易利益大小等因素，在具体产品领域，如电子产品、机械、化学品等，分别就《TBT 协定》的一些具体条款展开谈判。我国也曾在 NAMA 项下提出烟花爆竹这一我国独有的出口产品的技术性贸易壁垒谈判提案。尽管这些谈判在 WTO 没有达成一致，但为自贸区协定的谈判奠定了基础。美、欧在其主导的自贸区协定中不同程度地纳入了分产品领域的技术性贸易壁垒条款。

在 TPP 技术性贸易壁垒章节中，协定通过附件的方式将"葡萄酒和蒸馏酒"、"信息及通信技术产品"（含使用密码术的信息及通信技术（ICT）产品、信息技术设备（ITE）产品的电磁兼容性和电信设备的区域合作行动）"药品""化妆品""医疗设备""预包装食品和食品添加剂的专有配方"和"有机产品"作为产品附件做出了具体的规定。

"葡萄酒和蒸馏酒"附件，就葡萄酒和蒸馏酒的标签做出了各种强制性和鼓励性的规定，如"每一缔约方应允许供应商在进口之后、但在该缔约方领土内标价销售之前，在进口蒸馏酒的容器上附着附加标签"。该附件还规定，缔约方不得因葡萄酒标签包含酒庄（chateau）、经典（classic）、上等（fine）、高贵（noble）、珍藏（reserve）、特藏（special reserve）、特级（superior）等描述葡萄酒或与葡萄酒酿造有关的描述符号或修辞而阻止从其他缔约方进口葡萄酒。

"信息及通信技术产品"附件包含三个方面的内容。

A 节"含使用密码术的信息及通信技术（ICT）产品"明确规定，"对于一项使用密码术并设计用于商业应用的产品，缔约方不得强制实施或维持一项技术法规或合格评定程序，作为制造、销售、分销、进口或使用该产品的条件，要求该产品的制造商或供应商：（a）向该缔约方或缔约方领土内的人转移或使其可获取由制造商或供应商专有的、与该产品中所含密码术相关的特定技术、生产流程或其他信息（诸如一项非公开密钥或其他秘密参数、算法说明或其他设计细节）；（b）与其领土内的人合伙；或（c）使用或集成一项特定的密码算法或密码"。

密码技术和产品一直是国际贸易中的敏感产品。在西方国家受制于出口管制约束。我国 1999 年《商用密码管理条例》对商用密码的生产、使用、销售和进口等均有明确的规定。然而，随着通信和信息技术的广泛应用，源于军方的密码技术自 20 世纪七八十年代开始应用于商业，到目前已经大量应用于商业领域。严格的进出口管制措施对贸易已经造成了重大的影响。西方的出口管制已经进行调整，放松了密码强度低、社会可容易获得的密码技术监管。我国的《商用密码管理条例》也在修订中。

B 节"信息技术设备（ITE）产品的电磁兼容性"要求缔约方接受合格评定供应商自我声明。该节第 3 款规定，"如一缔约方要求提供一项 ITE 产品符合一项关于电磁兼容性的标准或技术法规的积极保证，其应接受供应商合格声明。"同时，该节对医疗设备和电磁干扰可能导致高风险的情况除外。

供应商合格声明是一种市场后监督方式。TPP 协定规定，"市场后监督指一缔约方在一产品已投放到该缔约方市场后采取的程序，使该缔约方能够监督或处理该产品与该缔约方国内要求的合规性问题。"

相比而言，市场前监督要求产品在进入市场前获得政府相关认可。这一认可过程往往涉及时间和金钱成本，对企业造成一定负担。为减少对企业的负担，加快产品上市的速度，对低风险产品可采取市场后监督的监管模式，先允许产品进入市场，然后政府监管部门根据产品风险程度进行时候监督。

产品合格的厂商自我声明作为一种市场后监督的模式，使得原需经过政府或政府指定的认证机构认证才能进入市场的产品，如风险水平较低，可由厂商自我声明符合政府强制性的市场准入要求，由企业自行加贴政府的合格标志（如欧盟的 CE 标志）后进入市场。但政府在进入市场后如发现产品并不符合政府的强制性要求，则将由政府对企业予以严惩。欧盟等在 WTO 技术性贸易壁垒委员会会议上曾积极倡导自我声明制度，但中国等发展中国家以确保产品质量的监管需求为由，认为在本国推行该制度并不成熟。

C 节鼓励缔约方开展电信设备合格评定互认安排或其他便利贸易的安排。

"药品""化妆品""医疗设备"附件对这三种产品的监管做出了详尽的规定。实践中，这三种产品一直是技术性贸易壁垒纠纷交涉的重点。一方面厂商利益重大，对国内监管和国际贸易规则游说力度大，另一方面各国出于健康考虑，对上述产品监管力度较大且 WTO 等国际机构在裁决中一般会尊重各国的监管主权，为此，TPP 就这三类产品专设附件就监管涉及的具体细节问题做出规定，但考虑到监管部门的主权，这些规定一般都是鼓励性的。

"预包装食品和食品添加剂的专有配方"附件中的各种规定总体上并没有超出《TBT 协定》和 TPP《技术性贸易壁垒》章节的要求，专设附件进行重述则可强调该领域的贸易便利措施的重要性。

"有机产品"附件规定，"如一缔约方维持与有机产品的生产、加工或标签相关的要求，则该缔约方应执行此类要求。"该规定看似涉及执法问题。由于国际规则一般主要针对立法而不涉及执法问题，所以该规定似乎对常规有一定背离。但考虑到标签的实践作用，做出此类规定也有一定意义。

该附件还鼓励有机产品标签等效性的相互承认，同时规定如不接受等效性，则应说明理由。

TPP 协定中与技术性贸易壁垒相关的章节还有哪些？

无论是 WTO 还是 TPP，均有多个章节涉及《TBT 协定》做出的标准协助监管、行政程序法意义上的透明度和行政法意义上的必要性测试。从这个角度看，TPP 协定中除了技术性贸易壁垒章节外，SPS、投资、跨境服务贸易国内规制、金融服务、电信、电子商务、政府采购、劳工、环境、规制一致性、透明度与反腐败、例外和总则等章节，均涉及技术性贸易壁垒相关内容。

（1）第 7 章卫生与植物卫生措施

与 WTO《SPS 协定》相比较，TPP 卫生与植物卫生措施章节更为明确地强调缔约方的规制主权。同时，TPP 卫生与植物卫生措施章节尽量通过明确《SPS 协定》的一些模糊之处和增加鼓励性条款，来加强 WTO 的《SPS 协定》。

第 7.2 条"目标"（c）款明确将主管部门之间的交流、磋商和合作作为本章节的目标之一，突出了技术性贸易壁垒方面信息交流的软收敛和软约束的良好规制实践理念。

第 7.3 条"适用范围"增加了不阻止缔约方根据伊斯兰法对食品进行清真监管的内容。该条款进一步符合近年来技术性贸易壁垒国际规则管理中尊重成员主权的基本趋势。

需要指出的是，根据伊斯兰法对食品进行清真监管，也可以考虑 TBT 措施。这是因为 SPS 措施往往涉及生命和健康问题，而清真监管则未必属于生命和健康问题。当然，由于 TBT 措施针对的是工业品，所以将针对食品的清真监管作为 SPS 措施也可被视为一种权宜之策。

从《TBT 协定》的角度看，由于协定允许成员采取措施所基于的政策目标是开放性的，基于宗教原因进行清真监管，并不能说被排除在成员正当的管理目标之外，因此，根据伊斯兰法进行清真监管不能算是对 WTO 规则的突破，而应视为一种澄清和确认。

第7.7条适应地区条件，包括适应病虫害非疫区和低度流行区的条件和第7.8条等效，是卫生与植物卫生措施中比较重要的条款，如果达成约束性规定，将对贸易便利有重要的作用。正是因为其重要性，成员对此持谨慎的态度，WTO 的 SPS 委员会对这些问题进行了比较多的讨论，但一直难以达成一致。考虑到这一情况，TPP 就此主要做了鼓励性的规定。

同时，作为一种推进，TPP 就应要求说明理由方面做了诸多约束性的规定，以期成员做更多的信息交流。

第7.9条科学和风险分析一般被视为《SPS 协定》的重要条款，也被视为与《TBT 协定》的一个重要区别。实际上，如果从行政法的角度看，科学依据和风险分析可被视为"说明理由"或者"必要性测试"的构成部分。由于食品安全问题技术性太强，所以"说明理由"和"必要性测试"需要有大量的科学依据和风险分析为依据。

WTO 作为一个贸易机构，即便争端解决中可以寻求专家的支持，但总的来说是一个缺乏技术支持力量的贸易机构。在国内治理体系中，司法机构往往会对具有技术力量优势的行政部门做出的决定持"遵从（deference）"的态度。在 WTO 内，争端解决机构对成员政府采取的 SPS 措施进行裁决，往往面临很大的挑战。因此，科学依据和风险分析要求在 WTO 内更多可被视为一种程序要求，而非实体要求。也就是说，成员的措施应该有科学依据和风险评估为支持，至于这些依据和分析本身是否充分、合适，WTO 一般不会过分介入。

TPP 虽然在细节问题上对《SPS 协定》做了一些推进，有的在表述上还是约束性的，但考虑到科学依据和风险分析本身的技术复杂性，以及其背后涉及的必要性测试引发的规制主权担忧，TPP 的规定依然不会产生比《SPS 协定》更为实质性的影响。

第7.10条审核为 TPP 新增条款。审核出口缔约方主管机关及其合营或指定的检查体制，是开展检疫工作的一个要求，《SPS 协定》对此没有规定，实践中各国有此类行为，但缺乏约束，容易导致拖延、交流不畅等问题。此次

TPP 增加该方面内容，有利于各国主管部门加强该方面合作，尽快完成有关程序。

第 7.11 条进口检查和第 7.12 条认证，是 TPP 新增内容。进口检查和认证是检疫工作的具体要求，TPP 就此做出规定，有助于监督各国的相关工作，以便提高效率。

第 7.13 条透明度，与《TBT 协定》《SPS 协定》相比，在公布评论意见、对评论做出答复方面有所推进。《TBT 协定》《SPS 协定》以及成员国内行政程序法一般只要求公布草案供公众评论，但至于主管部门如何处理评论意见并没有明确的要求。这样一来，成员如果选择忽视成员评论意见，协定本身并无约束性规定，有关注的成员只能在委员会上提出关注或诉诸争端解决机制。TPP 则进一步就公布评论意见、应要求说明理由等做出约束性的规定。具体条款如下：

第 7.13 条第 4 款规定，"应另一缔约方的要求，缔约方应以适当的方式对该另一缔约方的书面评议做出答复。"

第 5 款规定，"缔约方应在官方公报上或网页上以电子方式向公众提供……该措施的法律基础，及该缔约方收悉的公众对该措施的书面评议或书面评议摘要。"

第 6 款规定，"如缔约方的卫生或植物卫生措施草案不符合国际标准、指南或建议，应请求，该缔约方应向另一缔约方，在该缔约方法律对保密性和隐私性允许的程度上，提供该缔约方在形成措施草案的过程中考虑过的相关文件，包括和措施合理相关的书面、客观的科学证据，如风险评估、相关研究和专家意见。"

第 9 款规定，"应请求，一缔约方还应向另一缔约方提供，在该缔约方法律对保密性和隐私性要求允许的程度上，在评议期内收到的重要的书面评议及纳入考虑的支持该措施的相关文件。"

以上这些要求尽管在实体内容上没有提出要求，但作为透明度要求，实际上已经有了很大的进步。这些要求大都是近年来 WTO 的 TBT、SPS 委员会

上讨论的结果，成员在 WTO 内无法达成一致，美、欧便通过其主导的自贸区协定进行推进。

我国在 TBT、SPS 措施方面，无论从上位法的角度，还是从具体实践角度看均距离 TPP 这些要求有差距。造成这些差距的原因未必是我国无法实现，主要是 WTO 并无此类规定。实践中，我国按照 WTO 履行 TBT、SPS 透明度义务做得相当不错（参见《关于印发〈国家质量监督检验检疫总局 TBT/SPS 措施通报、评议、咨询工作规则〉的公告》（国质检世贸〔2003〕352 号）2003 年 10 月 20 日）。如果我国参加的自贸区协定中做出类似 TPP 的上述透明度规定，无论在制度安排，还是具体实施上应该问题不大，但应注意公布的解释说明需注意质量。从这个角度说，我国还应注意提高行政立法的水平和服务意识。

此外，TPP 第 7.13 条透明度规定中首先明确了"持续分享各自卫生与植物卫生措施信息"的意义，这实际上是良好规制实践的做法，旨在通过各自分享经验，使各成员自主提高规制水平，从而不断接近国际规则期待的在实现监管目标的同时对贸易影响最小化。

第 7.14 条紧急措施与 WTO《SPS 协定》相比有一定的差异和推进。

针对紧急措施，WTO 的《SPS 协定》要求通过 WTO 秘书处通知其他成员，TPP 第 7.14 条第 1 款则要求缔约方之间直接进行通报。该款还规定，"采取紧急措施的缔约方应考虑其他缔约方在对该通报答复中提供的信息"。这一点是《SPS 协定》中没有的，这为缔约方之间就紧急措施进行磋商提供了基础。

TPP 针对紧急措施，提出了进行审议的要求，这是《SPS 协定》没有的。这样一来，成员需要在 6 个月内对紧急措施的科学依据进行审议，如没有必要，则缔约方应考虑将取消紧急措施或将其转化为正常措施。

第 7.17 条合作性技术磋商是新增加的内容。尽管所涉内容仅为合作性的技术性磋商，但考虑到潜在争议方有可能有意或无意拖延就技术性问题进行磋商，明确规定时间限制的合作性技术性磋商要求，对于顺利开展技术磋商、推进检疫程序有积极的实践意义。

第7.18 条争端解决针对第7.8 条（等效）、第7.10 条（审核）和第7.11条（进口检查）做出推迟1年适用争端解决的规定，针对第7.9 条（科学和风险分析）做出推迟2年适用争端解决的规定。考虑到这些规定很多都是TPP 新增内容且 SPS 措施较为敏感，推迟一段时间适用争端解决对于缔约方来说不失是一个务实的规则安排。

（2）第10 章跨境服务贸易

第10.8 条国内规制与 WTO《服务贸易总协定》第6 条"国内规制"部分相比没有实质性推进。WTO 就服务贸易领域的国内规制仅作了原则性的规定，并规定就国内规制的细节进行谈判。WTO 服务贸易总理事会除就会计标准达成原则性一致外，关于国内规制的谈判由于"必要性测试"等原因并没有取得实质性进展。

TPP 跨境服务贸易章节中的国内规制部分，与 GATS 国内规制部分相比较，更加明确承认尊重成员规制主权，如该条第2 款规定，"承认管理的权利，及为实现政策目的而在服务提供方面制定新法规的权利"。

此外，TPP 该部分就缔约方在政策操作细节，如对提供服务进行批准、测试的时限等细节规定。

第10.11 条透明度与 GATS 相比较属于新增内容。由于 TPP 专设了透明度章节，所以即便没有此处的新增规定，作为服务贸易领域的国内规制也应受制于与《TBT 协定》透明度意义相同的透明度要求约束。此处的规定可被视为对透明度的重述和强调，并明确规定不提供评论机会需要说明理由。

（3）第9 章投资

TPP 投资章节中涉及公共政策、特别是作为间接征收的公共政策实施导致的投资者利益损失方面的内容，与技术性贸易壁垒所涉公共政策问题存在潜在的关联之处。相关条款包括：

第9.7 条征收与补偿第1 款规定，"缔约方不得对涵盖投资进行直接征收或国有化，或采取与征收、国有化等效的措施进行间接征收或国有化（'征收'），除非符合下列条件：（a）为公共目的……"

第9.15条投资与环境、卫生和其他管理目标章节规定，"本章不应解释为阻止一缔约方采取、维持或实施符合本章规定的任何措施，只要该缔约方认为该措施能够适当地保证在其领土内进行的投资活动对环境、卫生或其他管理目标有所考虑。"

附件9-B征收第3款（b）段规定，"除少数情况外，一缔约方旨在并用于保护公共健康、安全和环境等合法公共福利目标的非歧视性监管行为不构成间接征收。"

考虑到投资协定谈判过程中成员对协定对国内公共政策管理权的潜在影响，投资协定谈判一般对涉及公共政策的条件持谨慎态度。为此，TPP在上述条款中就被视为间接征收的公共政策问题做了较为谨慎的安排。不过，实践中，由于公共政策本身合法性受制于"必要性测试"，投资协定实施过程中是否将因此引发争端，是一个值得密切关注的问题。

（4）第11章金融服务

出于公共政策如防止欺诈等目的进行监管措施可能对金融服务自由化造成限制。WTO服务贸易总理事会为此于1998年制定了《关于会计标准国内规制的决议》，就基于公共政策的国内规制做出不得对贸易造成不必要的障碍这一原则性规定。类似规定也在TPP金融服务章节有所体现。具体条款包括：

第11条例外第4款规定，"本章任何规定不得解释为阻止一缔约方为保障与本章不相抵触的法律或法规得到遵守所必要采取或实施的措施，包括有关防止欺骗和欺诈行为或处理涉及金融服务合同违约后果的措施，但在条件相似的情况下，此类措施不得以在各缔约方之间或在缔约方和非缔约方之间构成任意或不当歧视的方式适用，或对本章涵盖的在金融机构内的投资或跨境金融服务贸易构成变相限制。"

此外，本章第11.13条透明度和特定措施管理第3款和第4款也做出了《TBT协定》和行政程序法意义上的公布法规草案供利益相关方评论和对评论进行回应的规定。

（5）第 13 章电信

电信作为一种服务首先受制于开放承诺，WTO 内开放程度相对较低，TPP 相对开放程度较高，因此国内规制对贸易的影响显得更为重要。

TPP 电信章节涉及国内规制的条款主要有第 13.3 条监管方法第 3 款关于消费者保护和公共利益相关规定，第 13.23 条就电信服务提供商的技术选择的措施的要求，第 13.22 条透明度的要求和第 13.25 关于国际标准的要求等。

这些要求从根本上讲与《TBT 协定》和行政法意义上的要求相通。

（6）第 14 章电子商务

TPP 电子商务章节除电子传输免关税、无纸贸易、线上消费者保护互联网互通费用分担、条款外，主要内容均与《TBT 协定》和行政法意义上的国内规制相关。

TPP 电子商务章节纳入的监管内容主要包括，第 14.5 条国内电子交易框架、第 14.6 条电子认证和电子签名、第 14.8 条个人信息保护、第 14.10 条电子商务网络的接入和使用原则、第 14.11 条通过电子方式跨境传输信息、第 14.13 条计算设施的位置、第 14.14 条非应邀商业电子信息、第 14.17 条源代码。这些监管措施的目标既有一般意义上的公共政策内涵，也可能对国家安全产生影响，这就使得规则的理解和执行，包括是否以及如何援引包括 WTO 和 TPP 等在内的所有贸易规则均含有的一般例外和例外条款，变得极为复杂和敏感。

当前，上述相关措施已经引发重大贸易纠纷。美、欧之间关于隐私保护和跨境数据流动的纠纷一直悬而未决，欧盟从隐私权作为人权保护的角度进行的监管，引发了美国公司出于贸易目的的高度关注。而这一问题即便作为国内问题也极为复杂。源代码问题等也已经成为国际贸易纠纷的一个焦点，2015 年我国银行业信息安全新规因涉及源代码等问题而被美、欧等成员在世贸组织 TBT 委员会提起贸易关注。

对于此类敏感问题，国际规则往往可能制定一些"虚假（sham）"协定。所谓"虚假"协定就是那些贸易谈判部门根据商业利益推动达成一致，但执行过程中存在难度，其实施可能搁浅的协定。美、欧跨境数据流动纠纷中最后达成的"安全港"协议可被视为此类"虚假"协定。该协议最后被欧盟法院裁决为违法，美、欧只能就跨境数据流动问题重新寻求规则解决方案。WTO 的《TBT 协定》因为必要性测试问题而遭遇的尴尬境地，在一定程度上也可被视为"虚假协定"。

"虚假"协定并非完全没有积极意义。起码，协定达成表达了利益方出于对贸易和投资自由化的追求而达成的一种一致。实施过程中可能遭遇的困难，并不能完全否定这些协定的意义。比如，这些困难可以称为协定完善重点讨论解决的内容，在下一步的谈判中通过例外或细化规则安排等方式解决对贸易和投资自由化持批评态度的相关方的关注等。

电子商务方兴未艾，TPP 电子商务章节针对源代码等敏感问题做出了规定。从贸易和投资自由化的角度看，这应该被视为一种进步。与此同时，也应该注意到，缔约方如果对这些敏感规定难以接受，可以通过保留或援引安全例外的方式，来维护其正当的管理、包括维护国家安全的政策目标。当前，世界各国一方面要大力发展电子商务，另一方面也面临诸多监管任务，如何协调二者之间的关系，已经是贸易领域的一个重大问题。TPP 电子商务章节作为一种"虚假"协定，自身并不完善，越南、马来西亚作为缔约方也做了保留。即便如此，既然缔约方已经达成一致，TPP 电子商务章节可以为解决电子商务贸易纠纷提供一个规则基础和参照。

（7）第 15 章政府采购

第 15.3 条例外与 GATT 一般例外条款相通，构成《TBT 协定》意义和行政法意义上的国内规制。

第 15.12 条技术规格规定不得通过政府采购设定特定的技术规格，对缔约方构成不必要的障碍。如该条第 2 款规定应以性能和功能性要求列出技术规格，而非设计或描述特征，这就避免了对特定产品的偏好和选择，设定门槛后让所有符合的产品均进入政府采购的范畴。

第 15.3 条例外和第 15.12 条技术规格均对保护环境和自然资源专门做出

明确规定。这就进一步澄清和确认了 GATT 一般例外的相关条款的理解，有助于避免 TPP 该条款在执行中可能出现的纠纷。

（8）第 19 章劳工和第 20 章环境

劳工和环境条款一直是 WTO 内的敏感问题。一方面，从技术的角度讲，一般认为，WTO 规则针对的是最终产品，至于产品的生产方法，产品是否为囚犯生产，劳工条件如何，如果没有明确规定或者对最终产品质量没有影响，则不是 WTO 的管辖范围。另一方面，从政治的角度讲，劳工和环境条款本身不是自由贸易和投资的内容。相反，这些条款是对贸易与投资自由化的约束。因此，将劳工和环境条款纳入贸易和投资协定，实际上是国内政治在国际规则中的一种反映。

（9）规制一致性

WTO 关于国内规制的协定，如《TBT 协定》等因所谓侵蚀国内规制主权的批评而面临尴尬的局面。WTO 的 TBT 委员会近年来开始重视通过良好规制实践的信息交流，来推进各成员国自行、自主借鉴他国良好规制实践，提高本国规制水平，从而实现 WTO 在实现各成员国内公共政策管理目标的同时，不对贸易造成不必要限制的规则目标。

良好规制实践一般基于美、欧国内规制经验。美、欧等国家和地区在授权行政部门基于公共政策目标进行规制的同时，也通过立法和司法等方式对行政部门进行约束。行政部门为提高规制水平，避免在公众的批评和司法部门审查过程中陷入尴尬境地，往往在行政系统内进行自查自纠，由预算管理或其他直属最高行政长官的部门制定指南等文件，供行政部门在立法时参考。

美、欧良好规制实践的主要内容体现在 TPP 规制一致性章节第 25.5 条核心良好规制实践的实施。其中主要内容包括对规制必要性的评估、可同样实现规制目标但对贸易限制更小的可替代措施等。

（10）第 26 章透明度与反腐败

《TBT 协定》和行政程序法意义上的透明度对于良好治理，以及由此实现的贸易便利具有重要的意义。TPP 专设透明度章节进行管理有一定意义。良

好的治理、严格的透明度等行政程序要求客观上对防止腐败有一定的促进作用。

（11）第 29 章例外和总则

TPP 例外章节将 GATT 一般例外和国家安全例外以及其他例外合并为一个章节，同时对 GATT 及投资协定争端解决中出现的一些争议问题进行了澄清，与 WTO 相比也有一些增加的内容。

第 29.2 条安全例外对 WTO 相关条款通过删除诸多内容，客观上对安全例外做了澄清和补充。

WTO 相关条款，如 GATT 第 21 条、GATS 第 14 条之二等安全例外条款比较冗长且有将安全例外限定在特定范围（主要是核武器等）的疑问。TPP 安全例外条款通过删除这些条款规定，解除了安全例外范围的约束，对于当前的实践、特别是信息技术相关的国家安全例外适用松了绑。

与此同时，TPP 国家安全例外的间接表述中依然明确保留了"其认为"的表述。这就更加突出了成员对国家安全问题"自决权"（self-judge）的确认。

此外，TPP 例外章节还对诸多问题进行了补充或澄清。如第 29.1 条总则第 3 款明确《服务贸易总协定》第 14 条（b）款包括为保护人类、动物或植物的生命或健康所必要的环境措施。应该说，这是 TPP 的新增要求，因为《服务贸易总协定》第 14 条（b）款无论从字面上还是从争端案例中均无此内容。此外，禁烟措施等方面的例外也是新增内容。

 与 WTO《TBT 协定》相比，TPP《技术性贸易壁垒》章节会产生怎样的影响？

就 WTO《TBT 协定》而言，总体来说该协定对于缓解技术性贸易壁垒的影响具有积极的意义。通过通报和评论，成员间对彼此的技术法规中明显不合理之处进行初步交流，不少合理的评论建议在法规草案修改中得到了采纳和体现，也有一些技术法规在 TBT 委员会上，通过对具体贸易关注的讨论得到一定的修改和调整。此外，延长评论期和实施期的要求也经常会得到技术法规制定方比较积极的回应。不过，总体而言，《TBT 协定》难以从根本上消除技术性贸易壁垒，且会因触发国家规制主权与自由贸易之间的紧张关系而使 WTO 陷入尴尬境地。有些技术性贸易壁垒本身不一定是对贸易不必要的限制，而更有可能是为成员实现国内公共政策目标所必需的。成员提出的具体贸易关注虽然经过讨论有所调整，但总体上并没有得到良好的解决，大部分关注在委员会会议上一直悬而未决。至于那些可能违反《TBT 协定》要求的技术性贸易壁垒，即便诉诸争端解决机构，WTO 也难以做出让 WTO 成员信服的裁决。这是因为，《TBT 协定》的核心条款，即成员措施不得对贸易造成不必要的障碍，需要基于个案由司法机构（即 WTO 的争端解决机构）裁定，WTO 争端解决机构对此类纠纷进行裁决的依据主要是"必要性测试"，而"必要性测试"是一个极具复杂性和敏感性的问题。

"必要性测试"肇始于德国的警察法，并发展成为行政法重要的法律原则，其目的在于防止公权力滥用。"必要性测试"的基本含义为，政府在利用公权力实现公共政策目标时如需要限制私人权益，则这种限制仅以实现公共政策目标为限，不得对私人权益造成过度的限制。在贸易规则领域，"必要性测试"的基本含义为，成员出于实现国内公共政策之目的客观上需限制贸易，则这种限制仅以实现公共政策目标所必需，不得对贸易造成不必要的限制。

"必要性测试"一般由司法机构基于个案进行审理。"必要性测试"往往涉及丰富的价值判断，各方对于公共政策与私人利益的权衡上往往具有不同的看法。比如，欧盟可能更关注对网络用户的隐私保护，因为隐私权在欧盟被视为基本人权；而在美国，数据跨境流动由于对互联网经济发展至关重要，因而在与隐私权保护的权衡中更有可能给予数据流动更多权重。类似纠纷一般被提交 WTO，无论做出何种裁决，都难以让争议双方信服。欧盟荷尔蒙案中欧盟败诉后拒不调整欧盟措施的做法，已经显示了成员对 WTO 裁决的抵

触。而在谈判过程中，成员就"必要性测试"问题的立场则更加明确地表达了他们对 WTO 在该问题上裁决的不满，认为 WTO 争端解决机构的裁决有侵蚀成员国家管制主权之"越权"嫌疑。

成员关于 WTO 裁决侵蚀国家规制主权的抱怨并非空穴来风。从本质上讲，国内规制政策是各国国民民主选择的产物。国内规制——无论是国会直接立法还是授权行政部门的行政立法——是各国规制偏好的产物，均是各国经由其国内民主选择的结果。当然，行政部门被利益集团"俘获"而为其提供贸易保护，从而偏离国内民主立法的本意的可能性是存在的。国内规制的合法性在国内可由法院进行审查，也可被成员诉至 WTO。国内法院的司法审查主要依据是程序完备性以及必要性测试。近年来，由于行政部门掌握更多的技术资源，法院往往难以就技术复杂的管理性事务，如食品安全、核辐射、会计准则等进行实体性审查，程序性审查也易被规避。因此，出于与国会相比有限的政治资本，法院往往会对争议事务遵从行政部门的决定，而等相关事项进一步发酵后由更具政治资本的国会立法解决。世贸组织内，争端机构的裁决固然借鉴了美、欧等国内司法的诸多经验，如关于"必要性测试"的裁决等，但二者裁决之间的差异也是可能出现的。为美国国内法院支持的美国—海虾海龟案则为 WTO 争端解决机构裁决为非法。在一国国内经由民主程序获得合法性的措施，被 WTO 裁定非法，势必导致国内治理和国际治理之间的紧张关系。这种紧张关系发展的结果必然是行政主导的、缺乏政治资本的 WTO 做出让步。WTO 之所以明确提出尊重各国规制主权的这一主张，固然是对技术壁垒问题更为深刻的理解，更是近年来 WTO 关于规制壁垒争端解决碰壁的必然结果。

不过，应该指出的是，各国国内行政程序的弊端——特别是利益集团基于信息不对称的"俘获"，则可以通过国际社会、特别是国外出口商进行平衡。因此，WTO 国内规制相关规则作为国内行政法的拓展，对于增强成员国内民主、提高行政立法质量具有不可或缺的作用。至于西方国家基于所谓"民主赤字"对 WTO 的质疑，固然有其缘由，也应被视为国内治理的迷失。

这一迷失的深层次原因是代议制民主本身的局限以及风险社会对立法和行政部门的新挑战，而不能简单地将 WTO 作为替罪羊。因此，尽管世贸组织国内规制相关协定仍有一些缺陷，但主张标准协助监管、提高透明度、遵循必要性测试的基本要求和方向是正确的。今后，WTO 以及双边、自贸区的谈判尽管面临诸多困难，但均可以此为基础并视规制合作进展情况加以细化。

目前，在实践中成员一旦出现关于技术性贸易壁垒措施的争议，已经开始回避诉诸 WTO 争端解决机构。美国和欧盟之间关于转基因的纠纷尽管十分激烈，但最后还是选择和解。近年来，信息安全纠纷虽然很多，并对贸易造成十分严重的影响，但成员均十分克制，并没有露出诉诸争端解决机制的倾向。2012 年 WTO 的《世界贸易报告》则十分明确地指出，虽然以 TBT 协定、SPS 和服务贸易国内规制为主的非关税壁垒成为 WTO 这一多边贸易体系面临的主要挑战之一，但 WTO 并不主张通过强硬的协调一致或双边互认收敛各国规则政策的差异来实现消除技术性贸易壁垒，而是给予成员规制主权充分的尊重。TBT 委员会近年来也试图通过非约束性的良好规制实践的交流，通过分享成员彼此关于国内规制政策制定和实施的经验做法，来间接地、非约束性地实现成员间规制差异，并以此便利贸易。

总之，WTO 内技术性贸易壁垒问题一般仅仅在 TBT 委员会上进行讨论，但往往无法得到实质性解决，诉诸争端解决机构也往往无法取得令人满意的效果。《TBT 协定》的实施在很大程度上因为国内规制主权与自由贸易之间的紧张关系而陷入尴尬的境地。

TPP《技术性贸易壁垒》章节在很大程度上吸取了《TBT 协定》实施的教训，尽量回避对《TBT 协定》系统性和实质性的从严修改，而是务实地寻求突破。TPP 的突破有时候通过专门的产品附件进行突破性规定，如电磁兼容要求的合格评定的供应商自我声明要求等；有时候虽然做出更为详尽的规定，但这些规定大都是鼓励性而非约束性的。

此外，TPP 专设规制一致性章节，将 TBT 委员会讨论但未达成一致的良好规制实践内容纳入其中，并排除争端解决的适用，从而实现了 WTO 在其

2012 年《世界贸易报告》中提出的通过交流信息，让各成员自主提高立法水平，实现便利贸易的目的。另外，TPP 还专门就透明度问题通过专章进行规定，这也有利于技术性贸易壁垒的减少。

通过以上安排，TPP 技术性贸易壁垒章节的可执行性会有所增强。不过，无论是《TBT 协定》还是 TPP 技术性贸易壁垒等相关章节，"必要性测试"均是其核心规定，且适用争端解决。考虑到 TPP 争端解决机构无上诉机构，缔约方会对三人专家组对该敏感问题的一审终裁持何种态度，目前尚无法乐观。起码，各方针对投资协定中专家组对涉及环境、禁烟等公共政策导致的间接征收问题的裁决已经表示关注，有些国家也因此对投资协定、特别是投资协定三人仲裁终裁的做法表示担忧和抵触。欧盟对此正在展开激烈的讨论，也提出了加强专家组人选遴选标准和建立上诉机制的想法。

第 9 章　投资

尹政平

 TPP 投资章节主要涵盖哪些内容?

　　TPP 第 9 章投资章节分为正文和附件两部分。其中正文分为两节，共有 29 条，第一节包含了定义、范围、一般定义、国民待遇、最惠国待遇、待遇的最低标准、武装冲突或内乱情况下的待遇、征收与补偿、转移、业绩要求、高管和董事会、不符措施、代位、特殊手续和信息要求、拒绝授予利益、投资与环境、卫生和其他管理目标、企业社会责任共 16 条；第二节为投资者—国家争端解决，包括磋商和谈判、将诉请提交仲裁、每一缔约方对仲裁的同意、每一缔约方同意的条件和限制、仲裁员的选择、仲裁的进行、仲裁程序的透明度、准据法、对附件的解释、专家报告、合并仲裁、裁决、文件送达共 13 条。附件包括习惯国际法、征收、涉及土地的征收、根据第二节（投资者—国家争端解决）向一缔约方送达文件、转移、DL 600、公共债务、附件 9-H、不符措施棘轮机制、将诉请提交仲裁、在生效之后三年内将诉请提交某些仲裁申请、投资协议共 12 个。

　　TPP 投资章节与美国 2012《双边投资协定范本》（2012BIT）总体上一致，代表了高水平的国际投资规则发展的趋势。TPP 投资章节涵盖范围较广，其对"投资"和"投资者"的定义比较宽泛，比我国已签订的《中韩自贸协定》《中澳自贸协定》等的相关定义更广。TPP 采用准入前和准入后国民待遇和最惠国原则，对于最低待遇、征收与补偿、转移、业绩要求等内容都做出

了详细规定，削弱了发展中国家常用的违反国民待遇的一些保护做法，并且通过投资者—国家争端解决机制（ISDS）为投资保护的执行制定了一套更具可行性、更具透明度的仲裁体系，从而为投资者提供内外一致的更大程度上的保护。

同时，TPP 还提出投资与环境、健康和其他监管目标以及企业社会责任方面的要求，尽管为原则性表述，但也表现出 TPP 对投资与环境、健康和其他监管目标以及企业社会责任的关系更为重视，未来随着环境问题的愈演愈烈，负责任的投资势在必行。在我国已签署的中澳 FTA 中，无专门的投资与环境条款，其他章节略有涉及环境、健康、安全方面的表述；没有企业社会责任条款。中韩 FTA 中，有关于环境措施的原则性表述，没有企业社会责任条款。在实践中，我国在环境、健康、企业社会责任领域的投资规则仍有待进一步明确。

 TPP 投资章节是否采用准入前国民待遇加负面清单的外资管理模式？

TPP 投资章节采用准入前国民待遇加负面清单的外资管理模式。准入前国民待遇加负面清单的管理模式，代表了国际投资规则发展的新趋势，是"新一代贸易规则"的重要组成部分，目前国际上有 70 多个国家采用这一模式。

TPP 投资章节第 4 条"国民待遇"规定，在投资的设立、获得、扩大、管理、经营、运营、出售及其他投资处置等方面，任何缔约方给予另一缔约方投资者的待遇，应不低于其在相似情况下该缔约方给予其本国投资者的待遇。一缔约方根据第 1 款与第 2 款给予的待遇，对地区一级的政府而言，指不低于在相似情况下该一级政府给予其所属缔约方投资者及其投资者投资的最优惠待遇。"国民待遇"条款的目的是将投资保护范围从准入后延伸至准入前，乃至寻求投资阶段。准入前国民待遇实际上给予了外资准入权更大的自由，同时限制了东道国政府利用政策法规对外资准入进行控制的政策空间。

依据联合国贸发会议的分类①，外资准入模式（admission model）分为五大类：（1）投资控制模式：东道国保留对外资准入的完全控制；（2）选择开放模式：东道国承诺部分开放，即正面清单；（3）区域性产业化项目模式：仅对东道国参与的区域协定的其他成员提供完全的准入，以促进区域一体化；（4）互惠式国民待遇模式：依据区域性或双边协定相互提供完全的准入；（5）国民待遇和最惠国待遇综合模式：依据国民待遇或最惠国待遇中更优惠的条件提供完全的准入，但可以清单方式列明除外，即负面清单。② 上述五种模式中，国民待遇和最惠国待遇综合模式的开放水平最高，并与负面清单管理模式密切相关。负面清单模式最早由美国、加拿大和墨西哥在 1992 年签订的《北美自由贸易协定》中引入，是指一国在引进外资的过程中以清单形式公开列明某些与国民待遇不符的管理措施。为了维护东道国的重大利益（如战略性产业、敏感性行业等），TPP 提出采用"负面清单"管理模式，意味着除不符措施外，各缔约方市场将对外资全面开放。而列入负面清单的行业，可以就主体资质、股权比例、经营范围、经营业态、商业模式等做出限定。

我国以往一直实行准入后国民待遇原则和正面清单管理模式，与 TPP 要求的准入前国民待遇原则加负面清单的管理模式尚有差距。为了进一步接轨高标准国际经贸规则，提升对外开放水平，我国已经展开了以准入前国民待遇加负面清单为核心的外资管理制度改革，并在中韩 FTA 谈判中已承诺双方在协定生效两年后，启动基于准入前国民待遇和负面清单模式的投资谈判。同时，中美 BIT 谈判也在以准入前国民待遇加负面清单的管理模式为基础进

---

① United Nations Conference on Trade and Development. Admission and Establishment. New York and Geneva，2002.

② 王中美．"负面清单"转型经验的国际比较及对中国的借鉴意义［J］．国际经贸探索，2014，30（9）：72－84.

行实质性谈判。尤其是十三五规划建议提出"全面实行准入前国民待遇加负面清单管理制度，促进内外资企业一视同仁、公平竞争"，说明在国民待遇和负面清单问题上我国与美国等国已无原则性分歧，争议将主要集中在负面清单的长短和具体内容上。

62 TPP 投资章节对征收与补偿有何规定？

TPP 投资章节对征收与补偿做出了详细的规定。关于征收，TPP 规定缔约方不得对涵盖投资进行直接征收或国有化，或者采取与征收、国有化（"征收"）等同的措施，除非符合下面四个条件：（a）为了公共目的①（"公共目的"一词指的是习惯国际法中的一个概念。国内法可能使用不同的词语来表达该概念或类似概念，例如"公共需要""公共利益"或"公共用途"）；（b）以非歧视的方式进行；（c）依照第 2 款、第 3 款和第 4 款给予及时、充分、有效的补偿；（d）根据正当法律程序进行。关于补偿，TPP 规定补偿应当：（a）被不迟延地支付；（b）与征收发生之前的即刻（"征收之日"）被征收投资的公平市场价值相等；（c）不反映任何因征收意向提前公开而引起的价值变化；和（d）完全可实现和可自由兑换。TPP 对"公平市场价值"做出了解释。同时，指出本条不适用于根据 TRIPS 协定所颁发的知识产权强制许可，也不适用于知识产权的撤销、限制或创设，只要这种颁发、撤销、限制或创设行为符合第 18 章（知识产权）和 TRIPS 协定。② 此外，TPP 还对涉及

① （i）如果文莱是征收缔约方，截至本协定对其生效之日，与土地相关的任何直接征收措施应当是为了《土地法》（Cap. 40）和《土地收购法》（Cap. 41）所规定的目的；和（ii）如果马来西亚是征收缔约方，截至本协定对其生效之日，与土地相关的任何直接征收措施应当是为了《1960 年土地收购法》、沙巴州《1950 年土地收购法令》和砂拉越州《1958 年土地法典》所规定的目的。

② 为进一步明确，缔约各方认识到，为了本条的目的，知识产权的"撤销"一词包括取消这些权利或使其无效，知识产权的"限制"一词包括这些权利的例外。

补贴和赠款的征收做出了规定。

相比之下，我国《物权法》规定任何征收都要给予补偿，而且必须依法补偿。关于征用的补偿标准，我国《物权法》只规定应当给予补偿，但是并没有详细规定如何补偿，缺乏相应程序性规定的司法解释，在实践中一般由双方协商解决。我国签署的 FTA 中的补偿标准可能会高于我国《物权法》中规定的标准，例如，中韩 FTA 规定"补偿应与被征收投资在公开宣布征收和实施征收中较早时间的公平市场价值相当。公平市场价值不应反映因公众事先知道征收所带来的市场价值的变化"。而中澳 FTA 关于征收的补偿标准则留待未来双方的全面投资章节谈判中再谈。WTO《与贸易有关的投资措施协定》中无专门对于投资的征收、补偿条款。

TPP 投资章节对转移有何规定?

TPP 投资章节对转移做了详细规定。转移条款旨在保证投资相关资金自由转移，但允许各缔约方政府保留管理脆弱资金流动的灵活性，包括在国际收支危机、威胁或其他经济危机背景下，通过非歧视的临时保障措施（譬如资本控制）限制与投资相关的资金转移，维护金融体系完整性、稳定性等。此外该条款还在附件 9-E 为智利保留了对其央行的例外条款。

相比之下，我国对外签署的 FTA 或国内法都对转移的前提进行了重大限制，即必须按照东道国的法律和法规转移。例如，我国《外资非正常撤离中国相关利益方跨国追究与诉讼工作指引》严令禁止外资未经过清算而撤离中国、损害中国债权人合法权益的情况。我国对投资转移的这种限制与 TPP 宽松的转移规定存在比较明显的分歧。在我国对外签署的 FTA 中，一般也有对转移的前提限制。中韩 FTA 的转移例外条款中规定了"危机例外条款"，这一条符合大多数发展中国家的诉求。但由于实际中对此例外的情形进行衡量仍缺乏统一标准，因此对如何认定符合例外情况在实践中争议较大。中澳 FTA 将转移条款留待未来双方的全面投资章节谈判中再谈。WTO《与贸易有

关的投资措施协定》中无专门对投资转移作规定的条款。

 TPP 投资章节对业绩要求的限制有哪些?

TPP 业绩要求条款规定:(1)在涉及其领土内一缔约方或非缔约方投资者投资的设立、收购、扩大、管理、经营、运作或买卖以及其他投资处理时,不得采取传统上发展中国家经常采用的违反国民待遇的歧视性做法,包括出口数量或百分比限制、国内成分数量或百分比限制、购买、使用或给予领土内或领土内人士的货物要求、外汇流入数量限制、出口或外汇创收限制、转移技术、生产工艺或其他专有知识要求、独家供应商要求、对特定技术的使用和购买的要求、对直接许可合同的干预等限制。(2)在涉及一缔约方或非缔约方投资者在其领土内的投资的设立、收购、扩大、管理、经营、运作或买卖以及其他投资处理时,任何缔约方获得或持续获得投资优惠的条件,不得包括下述业绩要求条件:国内成分限制、购买领土内生产或领土内人士的货物限制、进出口数量或价值要求、外汇流入数量限制、产品或服务在领土内销售限制、与出口数量或外汇收入联系的限制等。(3)TPP 对业绩要求条款还规定了其他适用条件和例外,尤其是增加了对版权和员工培训方面的例外,即第一条第1款不适用于:根据一缔约方版权法由法庭公平裁决作为合理报酬时所要求的业绩要求或生效的承诺或保证;第一条不适用于为了雇佣或培训员工时所产生的业绩要求或生效的承诺或保证,如果这种雇佣或培训不会要求特定技术、生产工艺或其他专有知识向其领土内的人转移。

相比之下,WTO《与贸易有关的投资措施协定》中无投资业绩要求条款。TPP 业绩要求条款的规定与我国已签署的自贸协定之间的分歧实际与两者在准入前国民待遇上的分歧一脉相通。作为发展中国家,为了更好地利用外资,我国国内法尚未明确规范业绩条款,规定了相对较多的履行要求,在已签订的 FTA 中相应条款也比较简单。中澳 FTA 对于业绩要求条款留待未来双方的全面投资章节谈判中再谈。中韩 FTA 的"禁止性业绩要求"条款作了简单规定，一是"《世贸组织协定》附件 1A 中《与贸易有关的投资措施协定》中的条款，经必要调整后已纳入本章，成为本章的一部分，适用于本章项下的所有涵盖投资"；二是"任何缔约方均不得在其领土范围内，就技术出口或技术转移的业绩要求，对另一缔约方投资者的涵盖投资采取不合理或歧视性措施"。

 TPP 投资者—国家争端解决（ISDS）机制的主要内容是什么？对投资者有什么意义？

TPP 投资者—国家争端解决（ISDS）条款的程序性保护措施包括：透明的仲裁程序，法庭之友意见书，非争端方意见书，无理滥诉快速审理和可要求赔偿的律师费，临时裁决的审议程序，TPP 缔约方间有约束力的共同解释，提出诉求的时效，以及禁止起诉方启动平行诉讼程序，等等。具体包括：（1）在裁决公布之前，争端方有机会就仲裁裁决发表意见；投资者基于投资合同或投资授权而提起仲裁，可能面临反诉；如仅基于 TPP 实体义务条款提起，则无反诉之虞；因"打算进行投资"而提起的诉讼，损失范围仅限于实际投入，不包括因丧失投资机会而可能带来的预计损失；不支持惩罚性赔偿或强制履行；ICSID 秘书长在指派仲裁员方面发挥重要作用。但 TPP 既无仲裁员行为守则，亦未包括上述机制。TPP 的 ISDS 机制制定了仲裁院的行为准则，要求 ISDS 受理案的所有流程都应公开，而且有些规定限制了企业"起诉"政府监管法规的能力，所以实施起来难度较大。此外，该条款也包含禁止烟草公司挑战反吸烟倡议等具体规定。ISDS 机制对澳大利亚、加拿大、墨西哥、新西兰的相关国内投资法律已做出的决定实行例外。（2）TPP 引入了一些早期投资协定未出现的程序条款，包括：要求公众参与听证和获得文书；允许其他利益方提出请求；建立对无理诉求的快速驳回程序；允许 TPP 成员发布具有约束力的对投资章节的联合解释，这些条款似乎与其他领域现行或正在兴起的实践相一致，例如，2014 年联合国贸易法委员会（UNCI-

TRAL)的《透明度规则》就允许公众参与仲裁程序,《北美自由贸易协定》等条约的成员国也发布了对条约的联合解释。①

我国与部分国家签订的自贸协定或双边投资协定中已经采用了投资者—东道国争端解决机制(ISDS)。例如,我国与智利的自贸协定关于投资的补充协定中,对投资者与东道国间争端解决的规则和程序进行了详细规定;中韩自贸协定、中澳自贸协定等都采用了该机制。但我国目前尚不能完全接受 TPP 的投资者—国家争端解决机制的所有条款。具体表现在:(1)我国与其他国家签订的双边投资协定或自贸协定中,对使用投资者与国家争端解决机制的要求中提到,要用尽政府的行政手段才可以申请仲裁。以中韩自贸协定为例,在投资章节中规定,任何投资争端解决首先应该通过友好协商来解决,如果在递交书面协商请求四个月内无法解决,并符合缔约方法律法规规定的国内行政复议程序后,可以依据《国际投资争端解决中心公约》进行仲裁。而 TPP 无用尽当地法院或行政救济才能仲裁的前提。(2)TPP 的 ISDS 机制更强调仲裁机制,淡化了磋商机制,而我国则更强调磋商机制。

对 TPP 缔约方的投资者而言,ISDS 机制为投资者提供了充分的权利救济途径和有力的制度保障,进一步增强了投资者的信心。在国际贸易和投资中,私人与民族国家之间可能发生争端,在很长一段时间,国际法对于私人与民族国家之间的争端处理方式是将其转换为民族国家与民族国家之间的争端,然后寻求解决之道,这种转换的一种主要途径是外交保护;此外,还有一些机制也将投资者—国家争端处理放入到国家—国家的框架内进行,WTO 仲裁遵循的就是国家—国家争端解决的办法。② 当投资者与东道

---

① 美国资深律师解读 TPP 投资章节 [EB/OL]. 中国经济网. http://intl. ce. cn/spe-cials/zxgjzh/201511/23/t20151123_ 7096646. shtml, 2015 – 11 – 23.

② 高臻. TPP 制度设计引发广泛争议 ISDS 机制最受关注 [EB/OL]. 21 世纪经济报道. http://news. hexun. com/2015 – 11 – 05/180356707. html, 2015 – 11 – 05.

国出现投资争端时，TPP 的 ISDS 机制为投资争端解决提供了中立、透明的国际仲裁机制，从而使私人不必处于一定要依附于国家的地位，而能够作为独立的主体进入全球体系。同时 TPP 的 ISDS 机制也通过有力的措施防止这一机制被滥用，确保政府有权"从公共利益出发"，出于健康、安全和环境保护目的进行立法的权利。

 投资者—国家争端解决机制（ISDS）是否允许企业凌驾于东道国包括环境和公共卫生管理在内的法律之上？

投资者—国家争端解决机制（ISDS）不允许企业凌驾于东道国包括环境和公共卫生管理在内的法律之上。

ISDS 不能改变美国或任何其他国家的法律。ISDS 条款或 TPP 的任何其他章节都不能阻止或违背政府措施（包括联邦、州或地方的法律措施）。美国表示，它不会回避管理公共利益的责任，也不会要求其他国家去回避。同样地，这也适用于公共卫生、安全、金融部门、环境和其他任何政府应管理的领域。

简而言之，ISDS 强调保护基本的投资权利，如防止歧视和无偿征用，与美国法律及其宪法中规定的类似。美国已经在其国内为国内外投资者提供了相应的投资保护，因此，美国试图通过贸易协定确保在海外的美国企业和投资者也能得到同等程度的保护，尤其是在歧视风险较高的地区。TPP 的 ISDS 机制中包括一系列的强化措施来增强争端解决过程中的透明度和公平性，具体包括使听证会对公众开放，让公众和公共利益团体提交法庭之友意见书，确保所有的 ISDS 判决是经过国内法庭或国际审议小组审议过的，确保政府有途径不予理会那些缺乏法律依据的诉请，等等。此外，美国表示将在与其国会议员磋商后，推进并确保能够实行附加安全措施，从而建立一套 ISDS 仲裁员行为准则，并促进对琐碎的诉请不予理会能够早日实行。

第10章　跨境服务贸易

余稳策

 TPP 跨境服务贸易章节的主要内容有哪些?

鉴于跨境服务贸易对 TPP 各缔约方不断增加的重要性，12 个缔约方在框架内共享自由贸易的利益，TPP 包含了在 WTO 和其他贸易协议中存在的核心义务:

(1) 国民待遇: 各缔约方给予另一缔约方的服务和服务提供者的待遇，应不低于该缔约方在相似情况下给予其本国服务供应商的待遇; 一缔约方给予的待遇，对于地区政府而言，该待遇不得低于该地区政府在相似情况下给予所属缔约方服务供应商的最优惠待遇。TPP 追求服务业的全面开放，即除了规定不开放的领域以外，其余领域的外资一律享受国民待遇。另外，TPP 特别提出地方政府也应对服务提供商给予国民待遇。

(2) 最惠国待遇: 各缔约方给予另一缔约方的服务和服务提供者的待遇，应不得低于其在相似情况下给予任何其他缔约方或非缔约方的服务和服务提供者的待遇。TPP 的最惠国待遇具有一定的歧视性和排他性，仅在协定成员国之间采取高度开放的服务贸易政策，扩大市场准入的范围和深度，增加协定集团内服务贸易往来。

(3) 市场准入: 市场准入方面的具体规定是禁止设定下述 5 个方面的限制: ①服务提供者数量的限制; ②服务贸易总额或资产的限制; ③服务提供者数量或服务总产出的限制，④服务领域雇用或相关自然人总数的限制; ⑤提供服务的法人或合资事业形态的限制，即 TPP 各缔约方不能对服务供给采取量化的限制措施（例如供应商数量或交易数），或要求特定法律主体或合资企业。

（4）当地存在：任何缔约方不得要求另一缔约方服务供应商在其境内设立或维持办事处或任何形式的企业，或成为居民，作为提供跨境服务的条件。这意味着缔约方不得要求来自于其他缔约方的服务供应商在其境内为提供服务而设立办公室、分支机构或成为居民。

TPP 各缔约方以"负面清单"为基础接纳上述义务，这意味着，缔约方市场应向其他 TPP 缔约方服务提供者完全开放，但不包括协定两个附件中任一规定的例外（不符措施），即（1）缔约方接受某一义务所采取的在将来不会变得更加严厉和限制自由化的现时措施；以及（2）缔约方在将来享有绝对自由裁量权的措施和政策。TPP 协定选择更具开放性的"负面清单"承诺方式，能更有效地扩大和深化服务自由化承诺，符合美国最大限度地打开他国服务贸易市场的利益要求。从长远看，由于 TPP 成员国覆盖的地域范围较广，通过 TPP 的扩展机制及示范效应，美国能够顺理成章地完善和强化其所推行的 NAFTA 模式的服务贸易自由化机制，并将"负面清单"方式推向全球，进而实现美国继续引领全球服务贸易自由化机制的战略目的。

TPP 缔约方还同意以合理、客观、公正的方式实施普遍适用的管理方式，接受对新服务规则制订的透明度要求。本章的优惠不适用于空壳公司或由 TPP 缔约方禁止交易的非缔约方控制的服务提供者。TPP 允许与跨境服务提供有关的资金自由转移。此外，本章还包括一个快递服务附件，以及一个鼓励各方就专业服务资质互认和其他管制事项开展合作的附件。

 与 WTO《服务贸易总协定》相比，TPP 在跨境服务贸易领域有哪些重要突破？

服务业是美国等发达国家经济的重要组成部分，实现服务贸易的进一步自由化能够为其带来巨大的增长潜力。WTO 多边框架下的 GATS 是 1995 年达

成的，在世界贸易组织多边框架下开展的多哈回合服务贸易自由化谈判基本处于停滞状态，全球服务贸易的自由化程度难以得到提高，服务贸易壁垒仍然处于较高水平，服务贸易自由化方面的缓慢进展已经无法满足发达国家的要求。此外，由于技术进步、全球数据流动、新的商业实践和互联网的广泛使用等原因，国际商业环境已经彻底发生了变化。因此，国际贸易和商业条款也需要与时俱进以反映现状。为了实现以服务贸易促增长的目标，寻求新的服务贸易谈判策略成了必然选择。欧美发达国家跳出 WTO 框架，大力推进"跨太平洋战略经济伙伴协定"（TPP）、"跨大西洋贸易与投资伙伴协定"（TTIP）和"诸（多）边服务业协议"（TiSA）等新一轮区域自由贸易谈判，意在构建"全面且高水平"的经贸规则体系，主导国际经济秩序的演变进程。

与《服务贸易总协定》（GATS）一样，TPP 的服务贸易规则的主要内容也是最惠国待遇、国民待遇和市场准入等。TPP 规则最突出的特点表现在两个方面。

其一，GATS 采取的是正面清单模式，TPP 采取的是负面清单模式。也就是说只有 WTO 成员方列入承诺表的服务门类才依照承诺开放，而 TPP 缔约方的服务提供商享有完全的市场准入和国民待遇，除非以清单形式列出的服务门类或措施。在负面清单模式下，对于随着技术或经济发展新出现的服务门类，将自动开放。本质上讲，"正面清单"与"负面清单"承诺方式均能促进服务部门的自由化，然而后者比前者更具有透明性、稳定性、普遍适用性和高效性等优势，因此，采用"负面清单"方式也被认为蕴含着高标准的自由化。

表1　正面清单与负面清单比较

	正面清单	负面清单
透明性	由于"正面清单"的特定适用性，相关规则对未作承诺的服务部门或已作承诺的服务部门中未作承诺的服务提供模式并不具有约束力，且在未作承诺的服务部门或服务提供模式上可能运用的例外措施也不要求一一列出。	"负面清单"模式要求清单明确列出所保留的例外措施。这意味着基于"负面清单"承诺方式具有内在的透明性。

（续表）

	正面清单	负面清单
规则稳定性	"正面清单"承诺方式，在特定服务部门或服务提供模式上做出的新承诺所能实现的服务贸易自由化水平可能会低于既有水平，因而可能会导致服务贸易自由化进程的逆转。	"负面清单"的服务贸易自由化进程存在"棘轮机制"，这种机制保证了"负面清单"方式不会弱化服务贸易自由化的现有水平，因而保证了服务贸易规则的相对稳定性。
普遍适用性	"正面清单"承诺模式下各成员国做出的自由化承诺水平可能参差不齐，而且规则只适用于做出承诺的国家之间，这就降低了承诺的普遍适用性。	"负面清单"承诺模式下，成员国首先协商建立服务贸易自由化的一般规则，清单列表只是对一般规则提出例外或保留，对于未提出例外或保留的成员国则普遍适用。
自由化谈判效率	"正面清单"需对清单以外的服务模式、部门或原则逐一进行谈判，可能比"负面清单"耗费更多的谈判时间和成本。	在后续进一步自由化谈判中，"负面清单"只需针对清单中的保留措施进行自由化谈判，谈判的时间和成本较少，也就意味着自由化谈判的效率较高。

其二，与 GATS 不同，TPP 的当地存在规定："任何缔约方不得要求另一缔约方的服务提供者在其领土内设立或维持办事处或任何形式的企业或成为居民，作为跨境提供服务的条件"，原则上禁止各方提出"当地存在"要求。举例来说，美国的服务提供商不用在马来西亚设立子公司或代表处，而是可以直接跨境提供服务。

其三，TPP 以附件形式对专业服务（例如法律、会计）、快递服务做出了具体规定，并以专章对金融服务、电信服务和电子商务做出详细规定。

 TPP 协定的不符措施棘轮机制是什么？

棘轮条款（Ratchet Clause）指当一个国家通过自主方式实现服务贸易自由化的程度，其后不得回退而使其具有永久效力，并纳入贸易协定中而受其

约束。其针对的是单边、自主方式实现的贸易投资自由化，一旦做出，在下一回合谈判时要把其纳入贸易投资协定中而永久受其约束。GATS 并无相关内容，而 TPP 在核心文本中有专门的、显性的不符措施棘轮条款，即 TPP 第10.7 条规定：任何不符措施的修正，与修正前相比未降低该措施与国民待遇、最惠国待遇、市场准入、当地存在的相符程度。附件 10-C 不符措施棘轮机制，对于越南，在 TPP 生效之日 3 年后，（a）与生效日前相比，任何不符措施的修正未降低该措施与国民待遇、最惠国待遇、市场准入和当地存在的相符程度；（b）如与修正前相比，该修正降低了该措施与有关条款的相符程度，越南不得通过修正不符措施，撤回另一缔约方服务提供者获得的权利或利益；（c）如与修正前相比，该修正将降低该措施与有关条款的相符程度，越南应至少在修正前 90 天向其他缔约方提供对不符措施的修正细节。

棘轮条款具有重要的意义，它保证服务贸易自由化不断向更高水平推进。任何缔约方不管是以诸边方式还是单边方式减少或取消的歧视性贸易措施，一旦做出承诺就被锁定，不得回退，这样"当前的"自由化水平总是低的，而未来的水平总是相对高的。例如，一国政府选择放开一项措施，不得在后来再次收紧；开放某行业后，其开放程度不允许降低，不允许倒退。当东道国出台或修订的外商投资管理政策或法规违反中的规定时，而这些变化又影响到外国投资者在该国的投资利益，外国投资者就可依据中的投资者与东道国争端解决机制条款将东道国起诉到国际投资仲裁庭。

 TPP 对专业服务和快递服务有何具体规定？

对于专业服务的一般条款，其一，当两个或两个以上缔约方对与承认专业资质、许可或注册有关的问题有意向开展对话，各缔约方应与其领土内有关当局进行协商，以对专业服务进行界定。其二，相关机构要为许可或注册程序提供便利。其三，考虑与专业服务相关的协定。其四，采取步骤实施临时或针对具体项目的许可或注册机制，而无须进行进一步书面审查。一旦符合当地适用的许可条件，上述临时或有限许可机制不得以阻止外国提供者获得本国许可的方式实行。TPP 特别强调不应该排除任何一种服务贸易提供方式，特别提到自然人流动。自然人流动的提供方式涉及敏感的移民政策和劳工政策，因此，自然人流动方式一直受到高度限制，贸易限制指数均远远高于跨境交付和商业存在的提供方式。TPP 规范了自然人的类别，提出了一个非穷尽性的"软清单"，包括商业访问人员、公司内部调任人员、合约服务提供者和独立专家、咨询人员等，并表态要关注技术半熟练人员的流动。同时，强调要提高签证的透明度，包括申请签证的条件、办理过程所需时间、在前往国居留时间及是否可以延期等问题。

TPP 的专业服务条款中包含工程和建筑设计服务、对工程师的临时许可或注册、法律服务和专业服务工作组。其中对于工程和建筑设计服务的条款，其一，推动工程和建筑设计专业能力的互认，促进此类领域专业人员的流动；其二，鼓励有关机构努力获得授权，以管理 APEC 工程师注册和 APEC 建筑师注册；其三，一缔约方应鼓励管理 APEC 工程师注册和 APEC 建筑师注册的有关机构与其他缔约方有关机构达成互认安排。

关于对工程师的临时许可或注册的规定，在对工程师采取步骤实施临时机制或针对具体项目的许可或注册机制时，一缔约方还应就下列任何建议与其有关专业机构进行协商：其一，制定有关临时许可或注册的程序，以允许其在该缔约方境内提供工程专业服务；其二，为便利上述工程师的临时许可或注册，制定有关程序范本；其三，在制定临时注册或许可程序时，应优先考虑哪些工程专业；其四，在协商中确定的与工程师临时许可或注册有关的事项。

关于法律服务条款，如一缔约方管理或寻求管理外国律师和跨国法律服务，则该缔约方应鼓励其有关机构在遵守其法律和法规的前提下，考虑下列内容是否可行或以何种方式实现：（1）外国律师在本国执行该外国法；（2）外国律师可准备和出席商业仲裁、调节和斡旋程序；（3）当地有关伦理、行为和纪律的标准以不苛于对本国律师施加要求的方式适用于外国律师；

（4）对外国律师规定最低居住要求的替代要求；（5）接受下列提供跨国法律服务的模式：以临时的"飞进飞出"为基础，通过使用网络或电信技术，或通过设立商业存在；（6）外国律师和本国律师可在提供完全整合的跨国法律服务中一同工作；（7）外国律师事务所可选择使用其律所名称。

对于专业服务工作组的条款，其一，缔约方特设立专业服务工作组，为第 1 款至第四款规定的活动提供便利；其二，工作组应酌情相互联系，以支持缔约方有关专业和监管机构开展第 1 款至第四款规定的活动；其三，工作组应每年召开会议，或根据缔约方约定的时间召开会议，讨论实现第 1 款至第四款目标的进展；其四，工作组应在本协定生效之日起 2 年内向自贸协定委员会汇报其进展和未来工作方向。

附件 10-B 快递服务的具体规定，其一，各缔约方确认其在签订本协定之日时提供的快递服务所具有的市场开放程度；其二，缔约方不得允许邮政垄断所涵盖的服务提供者提供交叉补贴；其三，各缔约方应保证任何邮政垄断所涵盖的服务提供者不滥用其垄断以提供快递服务；其四，缔约方不得要求另一缔约方的服务提供者提供基本普遍邮政服务作为授权或许可的条件，或为资助另一投递服务而仅基于快递服务提供者评估费用或其他收费；其五，各缔约方应保证任何负责监管快递服务的机关不受制于任何快递服务提供者，且该机构对其境内的所有快递服务提供者所做出的决定和程序是公正的、非歧视的和透明的。

 TPP 协定以何种方式相互开放跨境服务贸易领域？举例说明各国有哪些重点部门的开放承诺？

金融服务：

• 澳大利亚保证所有 TPP 国家在投资建议，投资组合管理和有关海洋运输和国际商业航运的保险服务享受市场准入；

• 越南已增加其在股份制商业银行中的股本上限，从 15% 增至 20%，以保证其作为'战略'投资者的地位；

● 马来西亚已同意取消所有外国股本上限；

● 新加坡允许其他 TPP 国家为海运保险、航空和运输相关的风险提供经纪服务。

专业服务、技术服务和其他商业服务：

● 马来西亚已同意在'飞进飞出'的工作休假制度的基础上，解除律师提供咨询意见的禁令；

● 加拿大、墨西哥、马来西亚、秘鲁、文莱达鲁萨兰国和附加的几个美国州（亚利桑那州、印第安纳州、路易斯安那州、马萨诸塞州、新墨西哥、北卡罗来纳州、密苏里州和犹他州）已同意在"飞进飞出"的基础，允许 TPP 缔约国律师基于该律师国内法律、国际或第三方法律为合同提供法律咨询服务；

● 在文莱达鲁萨兰国、加拿大、智利、墨西哥和秘鲁等国家，保证工程师（包括综合工程服务）、城市规划师和建筑师（包括景观建筑服务）的市场准入安排；

● 马来西亚同意建筑和相关工程服务部门锁定当前的市场准入安排，并保证这些部门未来的市场开放，而未来的市场开放将被作为 TPP 的承诺。

教育服务：

● 针对大学和职业教育机构主要的现有市场和潜力市场，澳大利亚承诺市场准入，提供教育服务，包括在线教育服务；

● 文莱达鲁萨兰国、日本、马来西亚、墨西哥、秘鲁和越南允许其他 TPP 缔约国在其境内建立或扩大校园或机构；

● 越南允许其他 TPP 缔约方在其境内为学生提供广泛的课程，包括新兴技术学科；

● 马来西亚已同意国际学校可以完全由外国管理；

● 越南已锁定越南留学生进入国际学校就读的比例，并保证在未来的改革中增加进入国际学校的学生比例，并将此作为 TPP 的承诺。

煤炭服务：

● 最近在锁定的对能源部门的改革中，墨西哥首次授权外国公司参与石油和天然气的勘探、生产、加工、提炼的投标活动；

● 越南开放并提高了对采矿业相关的商业投资的透明度；

● 文莱达鲁萨兰国首次做出承诺将投资采矿业，包括煤炭业；

● 文莱达鲁萨兰国和越南首次锁定他们在石油、天然气和电力发展方面的投资制度，以及在未来的改革——为现有的及潜在的 TPP 缔约方投资者提供更为透明和可预见的操作条件；

● 智利、墨西哥和秘鲁等承诺与采矿相关的咨询、研发、工程、环保、采矿、技术测试和分析服务的市场准入；

● 私人拥有的矿业、石油和天然气企业，将能够在公平竞争的环境中与 TPP 国家的大型国有企业竞争。

运输和物流服务：

● 马来西亚锁定其在货物运输方面的投资制度，并保证任何未来的市场改革将扩大供应商的投资权；

● 越南锁定其在当前公路货运运输服务方面的投资制度，并保证未来的市场改革将涉及供应商的投资体制问题；

● 越南锁定其在航空（包括当前的 30% 外国股本的限制）方面的投资体制，并保证任何未来的改革将涉及航空公司在越南的市场的建立问题；

● 日本保证供应商在地勤服务和提供承诺方面的市场准入。

健康：

● 马来西亚、墨西哥和越南承诺，将给 TPP 缔约方的私人医疗和专职的医疗服务提供商在有关这些市场准入和操作条件方面，提供更大的确定性；

● 文莱达鲁萨兰国、马来西亚、秘鲁将开放健康服务市场。

电子商务和通讯：

● 澳大利亚保证不阻止服务供应商和投资者，在部分的商业活动中跨界转让数据；

- TPP 缔约方成员国的企业可在不被迫建立数据存储中心，或使用本地的计算服务的情况下进行业务交往；

- TPP 市场为保护消费者的隐私提供法律保障，保护消费者权益和打击'垃圾邮件'；

- TPP 缔约方同意共同合作来促进国际手机漫游资费的合理化。TPP 缔约方在国际手机漫游资费服务和条件方面，能够达成一致的协议；

- 在 TPP 生效后的 5 年当中，越南将开放电信部门。

商务人员临时入境：

- 公司内部的调动人员将可在 TPP 缔约方境内停留一至五年，而不受规定配额或经济需求限制；

- 在合同的基础上，拥有专业贸易，专业技术知识，并能够提供服务的商业人士，能够在 TPP 缔约国境内停留三个月至五年，而不受配额或经济需求限制；

- 智利、日本、马来西亚、新加坡和越南允许 TPP 缔约方的商务人员长达三个月的停留时间；加拿大、墨西哥和秘鲁允许 TPP 缔约方的商务人员停留六个月；在文莱达鲁萨兰国允许 TPP 缔约方的商务人员停留长达 12 个月。

第 11 章　金融服务

张雪妍

 TPP 的金融章节涉及哪些内容？与 GATS 及其他传统 FTA 的金融章节相比，有哪些新内容？

　　TPP 的金融章节涉及 22 个条款，包括定义、范围、国民待遇、最惠国待遇、金融机构的市场准入、跨境贸易、新金融服务、特定信息的处理、高级管理人员和董事会、不符措施、例外、承认、透明度和特定措施管理、自律监管组织、支付和清算系统、快速提供保险服务、后台办公功能的行使、具体承诺、金融服务委员会、磋商、争端解决、金融服务的投资争端。

　　与 GATS 附件和传统自贸协定的金融章节相比，TPP 的金融章节拓宽了规制范围，不仅包括跨境服务贸易，还涵盖了跨境金融投资者、金融类投资及金融机构。在具体条款设置上，TPP 的金融章节也充分考虑了互联网时代新的发展趋势和要求。例如，通过设立跨境贸易条款，规定一缔约方应允许另一缔约方的跨境金融服务提供者在本国提供跨境金融服务，解决了各国跨境金融服务提供者在其他国家的市场准入问题。同时，条款规定在不损害与跨境金融服务贸易相关的审慎监管手段的前提下，一缔约方可要求对另一缔约方的跨境金融服务提供者和金融工具进行注册或授权，以确保各国金融主管部门有权对其他国家的跨境金融服务提供者及其服务进行必要的监管和规制。

　　此外，TPP 的金融章节通过设立特定信息的处理、自律组织和争端解决等重要条款，从机制上满足各国政府在全面监管本国金融市场的核心诉求，在一个更广的维度上提供政府审慎监管平台，包括金融危机中的紧急措施、确保有能力有效监管金融服务提供者等，以此确保在推动经济增长的过程中，继续维持和强化本国金融体系的稳定性。

 TPP 在金融机构的国民待遇方面做出何种规定？

国民待遇条款强调平等对待的原则，规范对象涉及投资者、金融机构和投资者对金融机构的投资。关于投资者，国民待遇条款规定每一缔约方对其领土内金融机构的设立、获取、扩大、管理、经营、运营、出售或其他处置和对其领土内金融机构的投资，给予另一缔约方投资者的待遇，应不低于其在相似情况下给予本国投资者的待遇。关于金融机构和投资者对金融机构的投资，国民待遇条款规定在金融机构的设立、获取、扩大、管理、经营、运营和出售或其他处置和投资方面，每一缔约方给予另一缔约方的金融机构及另一缔约方投资者对金融机构投资的待遇，应不低于其在相似情况下给予本国金融机构和本国投资者对金融机构投资的待遇。

此外，该条款新增了规范主体，要求地方政府在上述问题承担同样的义务，还新增了为履行金融章节跨境服务贸易条款的国民待遇义务，要求在提供相关服务方面，各国给予其他国家跨境金融服务提供者的待遇，应不低于在相似条件下给予本国跨境金融服务提供者的待遇。

 TPP 在金融机构的市场准入方面做出了哪些限制？

金融机构的市场准入条款规定，对另一缔约方的金融机构或寻求设立此类机构的投资者，任何缔约方不得在其一个地区或在其全部领土内采取或维持以下四方面的限制：一是用数量配额、垄断、专营服务提供者的形式，或者通过经济需求测试的要求，限制金融机构的数量；二是用数量配额或经济需求测试的要求，限制金融服务交易或资产总值；三是用配额或经济需求测

试的要求，限制金融服务业务总数，或以指定数量单位表示的金融服务产出总量；四是用数量配额或经济需求测试的要求，限制特定金融服务部门或金融机构可雇佣的、提供具体金融服务所必须且直接有关的自然人总数。此外，该条款规定任何缔约方不得限制或要求金融机构必须通过特定类型的法律实体或合营企业提供服务。

这些规定和GATS关于市场准入的限制是基本一致的，区别在于因为TPP采用了负面清单谈判模式，而与金融类投资相关的具体外资股比限制完全通过投资章节的纪律要求解决，所以该条款没有对此进行规定。此外，该条款的规范对象仅限金融相关的机构或投资者。

 TPP 在新金融服务方面做出了哪些规定？

新金融服务条款规定，只要一缔约方已经批准本国金融机构提供某项新金融服务，则该缔约方应该允许其他缔约方的金融机构在其领土内提供该项新金融服务。而一缔约方允许提供这项新金融服务，并不一定要以制定新的法律或修改现行法律为前提，但一缔约方可以为实现这个目标而颁布新的法律法规或其他措施。与此同时，一缔约方可以决定提供新金融服务的机构和法人形式，并要求提供该服务必须获得授权，但是否授权的决定应在合理时间内做出，并且只能是出于审慎原因而拒绝给予授权。

 TPP 对金融服务的不符措施有怎样的规定，和其他协定相比有何特殊安排？

金融服务章节的不符措施条款规定，金融章节中所列的国民待遇、最惠国待遇、市场准入、跨境服务和高级管理层与董事会的条款，不适用于金融服务章节附件三中所列明的不符措施，而这些不符措施涵盖中央政府、地区政府和地方政府三个层级。

需要说明的是，附件三的第一部分适用于"棘轮机制"，因此各国未来对所列出的不符措施进行修订时，有以下两项限制条件：一是该修订不会减少该措施与在修订之前已有的与国民待遇、最惠国待遇、市场准入或高级管理层与董事会条款的一致性；二是该修订不会减少该措施与在协议生效之日的跨境服务贸易条款的一致性。

与其他自贸协定相关内容相比，该条款新增了两项内容，一是金融服务章节的国民待遇条款不适用于知识产权章节中关于政府对软件使用的例外或减损形式措施，以及 TPP 知识产权章节未涉及但《与贸易有关的知识产权协定》（TRIPS）第三条中有所涉及的例外或减损事项。二是金融章节的最惠国待遇条款，不适用于 TRIPS 第五条或本章国民待遇条款以及 TRIPS 第四条所涉及的例外及减损形式。

TPP 如何规定金融服务的争端解决机制？

基于金融的特殊性，金融服务章节建立了一项特殊规定，一缔约方可通过书面形式，请求另一缔约方就本协定产生的、影响金融服务的任何事项进行磋商。另一缔约方应对举行磋商的请求给予积极考虑。举行磋商的缔约方应将磋商结果报告专门委员会，除此之外，金融章节对争端解决与投资争端做出了特殊规定，对委员会成员的资质以及仲裁申请的程序做出了详细的规定。

即任何基于审慎措施而引发的争端，先不通过投资者—国家仲裁程序进行裁决，而是由缔约方的金融监管主体进行磋商，判断是否真正基于审慎原因。磋商一般会有两种结果：一是缔约方的金融监管主体间达成共识，确系审慎原因，则通过缔约方政府间友好协商，或通过国家—国家争端解决程序解决，不适用于投资者—国家争端解决的仲裁程序。二是缔约方的金融监管主体间出现分歧，至少一方不认为是基于审慎原因，则按照金融服务章节的磋商条款的程序规定，如争端各方在规定期限内无法达成共识，则适用于投资者—国家仲裁程序。

第 12 章　商务人员临时入境

聂平香

　TPP 中对商务人员的定义与我国相关概念的区别在哪？

　　TPP 第 12 章中对商务人员进行了定义，指从事货物贸易、提供服务或开展投资活动的拥有某一缔约方国籍的自然人或永久居民。但实际上各成员国附件 12-A 对本国的商务人员进行了具体明确，目前，澳大利亚、文莱、加拿大、智利、日本、马来西亚、墨西哥、新西兰、秘鲁、新加坡、越南 11 个成员国在附件中对商务人员进行了界定。

　　具体来看，澳大利亚将商务人员分为商务访问者、安装和服务人员、合同服务提供商、独立高管、公司内部流动人员。文莱将商务人员分为公司内部流动人员、商务访问者、专家、投资者、安装和服务人员。加拿大将商务人员分为商务访问者、公司内部流动人员、投资者、专家和技术人员。智利将商务人员分为商务访问者、公司内部流动人员、独立专家和技术人员、合同服务提供者、投资者。日本将商务人员分为短期商务访问者、公司内部流动人员、投资者、具有资质认定的专家、独立专家、合同服务提供者。马来西亚将商务人员分为商务访问者、公司内部人员流动、合同服务提供者、独立专家。墨西哥将商务人员分为商务访问者、投资者、公司内部人员流动、专家和技术专家、合同服务提供者。新西兰将商务人员分为商务访问者、公司内部流动人员、安装和服务人员、独立专家。秘鲁将商务人员分为商务访问者、投资者、公司内部流动人员、专家、技术人员。新加坡将商务人员分为商务访问者、投资者。越南将商务人员分为公司内部流动人员、包括独立高管、投资者等在内的其他人员、服务销售人员、负责建立商业存在的人员、合同服务提供者。

尽管 TPP 成员国对商务人员的分类不完全一致，但大体上都包括商务访问者、公司内部流动人员、专家和技术人员、合同服务提供者几大类。我国在对外签署的 FTA 中相关章节的名称是自然人流动章节，自然人的定义基本上也包括这几类人员。以中韩 FTA 为例，有商务访问者、服务销售人员、包括专家在内的公司内部流动人员以及合同服务提供者。因此我国自然人的定义大体上和 TPP 的商务人员保持了一致。

 ## TPP 同意或拒绝商务人员临时入境的条件是什么？

TPP 中规定了商务人员临时入境的准予。明确指出，在商务人员遵循缔约方相关移民手续规定的申请程序以及符合该缔约方临时入境或临时停留延期所需的所有条件要求时，TPP 缔约方应准许另一缔约方临时入境或临时停留延期。当然，TPP 也赋予了缔约方拒绝其他缔约方商务人员入境的权利。缔约方可以拒绝给予商务人员临时入境许可，如涉及在雇佣地或拟雇佣地正在进行中的劳动争端或者涉及该类争端的任何自然人的雇佣关系。

我国在对外签署的 FTA 中自然人移动章节的正文文本中只涉及了临时入境的准予，没有对拒绝自然人或商务人员的临时入境做出规定。因此，我国在对缔约方关于自然人入境的具体承诺中，也只对准予入境进行了规定，如中韩 FTA，附件 11-A，中国的具体承诺中，中国要求，寻求临时进入其领土内的韩国自然人、应按照本章和本附件要求，在入境之前取得适当的移民文件。但韩国的具体承诺中，韩国对准予入境和拒绝入境分别做出了规定。其一，韩国要求，寻求临时进入其领土内的中国自然人，按照本章和本附件要求，在入境之前取得适当的移民文件；其二，韩国可以拒绝给予一自然人临时入境许可，如该自然人可能涉及正在进行中的劳动争端，且准入临时入境

可能会对该劳动争端的解决产生不利影响。

 TPP 关于临时入境的信息提供的规定有哪些？

为了便利于商务人员临时入境，TPP 设置了临时入境信息提供条款，要求除透明度章节当中的信息公布和信息提供的规定外，缔约方应尽可能及时在互联网上或通过其他方式公布本国临时入境的现行要求，包括解释性的材料、表格、文件以及办理的时间等；同时建立或维持适当的机制，回答利益相关方对商务入境章节中所涵盖的临时入境措施的咨询。

我国在对外签署的 FTA 中也包含相关规定，并且现有的内容更详尽，要求更高。以中韩 FTA 为例，要求缔约方应该向另一缔约方提供材料，使其了解与自然人流动相关的措施；在协定生效后 6 个月内，依据自然人流动适用的法律法规信息就临时入境要求准备并发布一份解释性的完整文件，并在缔约双方境内都能够获取；在调整或者修改了影响自然人临时入境的移民措施时，及时公布并让另一缔约方的自然人知晓；双方应建立或维持适当的机制，回答利益相关方就临时入境相关的申请和申请程序的咨询；应申请人的要求，缔约方应尽力提供申请状态或申请结果的有关信息，不得无故拖延。

 TPP 商务人士临时入境委员会的职能是什么？

TPP 设立了商务人员临时入境委员会（专门委员会），专门委员会由所有缔约方政府的代表组成。同时对专门委员会的会议时间和职能进行了规定。除缔约方另有商定的外，条款明确要求专业委员会应每 3 年召开一次会议。主要职能包括：审查商务人员临时入境章节的执行和实施情况，审议各缔约方进一步便利商务人员临时入境的措施，审议各缔约方开展商务人员临时入境合作所承诺的活动以及与本章相关的其他事项。同时，TPP 的成员可要求另一或其他多个成员进行磋商，以推进商务人员临时入境相关目标的实现。

我国对外签署的 FTA 已包含相关内容，与 TPP 基本一致，但与不同的国家签署的 FTA 中规定略有不同。如在中韩 FTA 中，自然人移动委员会（委员会）由双方的代表包括移民官员组成，应任何一方或联合委员会要求，该委员会应当举行会议。该委员会的职能包括：就相关法律法规交换信息；确定并推进促进缔约双方自然人移动的措施；考虑一缔约方感兴趣的与自然人移动相关的其他事项以及审议本章的执行和实施情况。在中澳 FTA 中对委员会召开会议的时间有要求，即应在本协定生效后 2 年内，或按双方商定，或应自贸协定联合委员会要求举行会议。

 TPP 对缔约方商务人员入境的相关合作有何规定？我国相关条款中是否也有相关规定？

由于缔约方在签证处理及边境安全上有不同的做法和经验，TPP 认为各方应在资源允许的范围内，开展以下合作：有关签证电子处理系统的开发和实施，分享边境安全以及加速办理特定人群的申请等有关法规、项目和技术等方面的经验，以及在多边场合开展的相关合作。

我国目前对外签署的 FTA 中并没有对此有明确的要求，但与部分国家签署的自贸协定中涉及双方深化合作促进人员便利化的相关规定。以中韩 FTA 为例，专门设立了签证便利化条款，并且缔约双方都进行了具体承诺，从而有利于积极促进签证的便利化和延期程序的便利化。同时还设定了投资便利化优惠安排，明确缔约双方在不影响国内就业市场的情况下，通过设立优惠安排并根据各自国内的法律和法规，鼓励相互投资和人员流动。

第 13 章　电信

张雪妍

 TPP 电信章节的主要内容是什么?

TPP 的电信章节共涉及 26 个条款，包括定义、范围、监管方法、公共电信服务的接入和使用、公共电信服务供应商的义务（互联互通、号码可携带、号码接入）、国际移动漫游、给予公共电信服务主要供应商的待遇、竞争保障、转售、主要供应商的网络元素非捆绑、主要供应商的互联互通（一般条款和条件、与主要供应商互联互通的选择、公开互联互通报价和协议）、主要供应商对专用线路服务的提供和定价、主要供应商的共址服务、主要供应商拥有或控制的电杆管线管网和路权的接入、国际海底电缆系统、独立监管机构和政府所有权、普遍服务、许可程序、稀缺资源的分配和使用、执行、电信争端解决机制（援用、复议、司法审查）、透明度、技术选择的灵活性、与其他章的关系、与国际组织的关系、电信委员会。

 TPP 对电信服务做出了哪些规定?

TPP 的电信章节旨在通过建立强有力的规则框架，降低提供电信服务的贸易成本，提高贸易效率。具体规定涉及两方面内容：一是确保电信服务领域的充分竞争，降低贸易成本。为此，该章节对电信服务供应商的业务运营设立了具体规则，规定缔约方的主要电信服务供应商必须以合理的条件，在互联互通、线路租赁、共址、电信管道接入和路权、海底光缆接入、转售、网络元素非绑定等方面向其他缔约方的电信服务供应商提供便利，并在国际漫游资费上适用最惠国待遇条款。二是加强对各缔约方电信主管部门的约束，提高政策确定性，提升电信服务提供商参与市场行为的可预期性。为此，该章节设立了一系列监管规则，重点在透明度、监管机构、许可、稀缺资源分配、技术选择等领域做出规定，以确保电信主管部门依照合理、公平和透明的原则对市场进行监管。

 请详细说明 TPP 电信章节如何实现鼓励市场竞争的目标？

鼓励市场充分竞争，降低企业交易成本，是电信章节的核心目标。为此，电信章节的绝大多数条款都为了实现这个目标而设置。具体情况如下：

关于公共电信服务的接入和使用。缔约方须确保企业能够合理并非歧视地接入或使用任何公共电信服务，包括线路租赁。缔约方须允许另一缔约方的供应商以购买或租赁的方式，接入与公共服务网络相连接的终端；缔约方须允许另一缔约方的供应商通过拥有或租赁线路提供服务；缔约方须允许另一缔约方的供应商链接公共电信网络和服务；缔约方须允许另一缔约方的供应商链接其他企业拥有或租赁的线路；缔约方须允许另一缔约方的供应商进行交换、发射、处理和转换；缔约方须允许另一缔约方的供应商自由选择运行协议。

关于公共电信服务供应商的相关责任。一是互联互通，缔约方须确保境内的供应商为另一缔约方的供应商提供互联互通；二是号码可携带，即带号转网，缔约方须确保境内的供应商提供同等质量和稳定性的号码携带服务；三是号码接入，缔约方须以非歧视的原则，确保另一缔约方的公共电信服务供应商获得号码接入。

关于国际漫游。缔约方应提升国际漫游资费的透明度，并促进消费者自由选择替代性技术（如网络语音通信或 WIFI）。缔约方对大规模国际漫

游服务实行管制定价时，须服从（跨境服务贸易章节中的）最惠国待遇条款。

关于主要公共电信服务供应商的待遇。缔约方境内的主要供应商须给予其境内另一缔约方的主要供应商以不低于前者给予其子公司的待遇。

关于竞争保障。缔约方须采取措施，阻止公共电信服务的主要供应商以单独或联合实施的方式，采取反竞争行为。

关于转售。任一缔约方都不得阻止公共电信服务的转售。缔约方须确保主要供应商以合理和非歧视的条件，进行转售。缔约方可根据国内法律法规，决定哪些公共电信服务必须转售，同时，应允许其他供应商要求主要供应商转售某项公共电信服务。

关于网络元素非绑定。缔约方须确保电信监管机构有权要求境内的主要供应商向其他供应商提供非绑定的、合理的、非歧视的、透明的网络元素接入。缔约方可根据国内法律法规，决定境内哪些网络元素是可用的。

关于线路租用服务的提供与定价。缔约方须确保境内主要供应商向另一参加方供应商提供线路租用服务时，应及时合理定价，合理设定条件，保持透明度并避免歧视。

关于共址。缔约方须确保其境内的供应商向另一缔约方的供应商提供互联互通所需的物理共址设备时，应及时合理定价，合理设定条件，保持透明度并避免歧视。由于条件限制无法提供物理共址时，应提供虚拟共址。

关于接入电信管道和电信线路使用权。缔约方须确保境内的主要供应商向另一缔约方的供应商提供电信管道和电信线路使用权时，应及时合理定价，合理设定条件，保持透明度并避免歧视。

关于国际海底光缆系统。缔约方须确保任何控制海底光缆登陆站的主要供应商在向另一缔约方的供应商提供接入时，应及时合理定价，合理设定条件，保持透明度并避免歧视。

请详细说明 TPP 电信章节如何规范各国电信主管部门的监管行为?

规范电信主管部门的监管行为，确保其依照合理、公平和透明的原则对市场进行监管，是鼓励市场参与方积极拓展目标市场的必要保障。为此，电信章节也设置了相关条款。具体情况如下:

关于独立监管机构与政府所有权。缔约方须确保电信监管机构独立于任何公共电信服务供应商，不涉及任何金融利益或承担运营管理职能。政府所有的电信服务供应商不可获得优惠待遇。

关于普遍服务。缔约方有权定义其所希望保有的普遍服务义务。缔约方须以透明、非歧视、竞争中立的方式，管理普遍服务义务，并须确保仅承担必需的义务。

关于许可程序。缔约方对公共电信服务的许可要求，须公开标准、程序、时限和相关条件。推迟、撤回、拒绝许可或颁发附带条件的许可都须告知理由。

关于稀缺资源的分配与使用。缔约方须以客观、及时、透明、非歧视的方式，对稀缺资源的分配与使用进行管理。稀缺资源包括频率、号码和电信线路使用权。缔约方须公开频率分配现状，并保持频率分配透明度。

关于实施。缔约方须授权可胜任的监管机构，依据本章条款实施相关措施。该机构须有处罚权，包括金融惩戒权、免职权或许可管理（调整、监管或撤回）权。

关于透明度。缔约方须确保当监管机构采取监管措施时，应当公开相关信息，就目的和原因做出解释，允许评论并对评论做出回应。缔约方还须确保公开与公共电信服务有关的贸易措施。

关于技术选择灵活性。任一缔约方都不可阻止供应商进行有利于公共利益的技术选择。

 TPP 电信章节中电信委员会的职能有哪些?

TPP 电信章节中为保证实施有效监管与磋商，设定了电信委员会部分，委员会规定成员资质为政府代表组成，委员会职能如下：

首先委员会监督金融章节的具体实施和应用，对电信技术和发展进行回应，保证电信章节与缔约方、服务供应商、终端使用者持续相关。对缔约方可决定的有关电信问题进行讨论，而后将讨论成果报告自贸区委员会，以及实施自贸区委员会所规定的职能。

其次是规定了专门委员会应在缔约方可决定的时间和地点举行会议。

最后给予了除缔约方以外的包括私营企业在内的企业代表的参会资格。缔约方可决定邀请除缔约方以外的相关企业代表出席专门委员会，包括具备与待讨论问题相关的必要的专业知识的私营企业代表。

第 14 章　电子商务

李西林

 TPP 电子商务章节涵盖了哪些领域的内容？

TPP 电子商务章节有助于确保数据自由流动，但也要受防止垃圾邮件、保护隐私、打击互联网犯罪等公共利益法规的制约。防止技术及服务器的"强制本地化"；有利于更有效地保护互联网用户的安全及隐私。这也将有利于通过维护互联网自由及开放的规则实现数字贸易承诺，制定数字贸易规则，并为公司及个人创建和使用内容时所需的健康环境提供激励措施及稳定框架。

TPP 关于电子商务章节共有 18 条 41 款。第 1 条对电子商务领域的 8 个基本概念进行界定，这些概念包括计算设施、涵盖的人、数字产品、电子认证、电子传输或通过电子方式传输、个人信息、贸易管理文件、非应邀商业电子信息。第 2 条明确提出了电子商务涵盖的范围及确立原则。其他 16 条分别就海关关税、数字产品的非歧视性待遇、国内电子交易框架、电子认证和电子签名、线上消费者保护、个人信息保护、无纸贸易、电子商务网络的接入和使用原则、通过电子方式跨境传输信息、互联网互通费用分摊、计算设施的位置、非应邀商业电子信息、合作、网络安全事项合作、源代码、争端解决制定了专门规定。本部分针对电子商务章节的主要条款进行简要介绍。

（1）跨境数据和信息流动

TPP 电子商务章节包含了确保公司及消费者可自由使用并传输数据的承诺（受隐私等保障措施的制约），这将有助于确保作为互联网和数字经济驱动

力的全球信息及数据的自由流动。这些承诺同市场准入及国民待遇等其他承诺一同防止随意屏蔽网站等不合理的限制。

（2）计算设施选址

数字经济中资本和能源集中型的数据中心服务于多个国家，而规模数字经济恰恰依赖于这一灵活性。TPP 电子章节第 14.13 条第 2 款指明，缔约方不得将要求涵盖的人使用该缔约方领土内的计算设施或将设施置于其领土之内作为在其领土内从事经营的条件。因而，电子商务章节保障公司无须在其每一个服务目标市场建造价格昂贵且不必要的多余数据中心。

（3）关税及其他歧视性措施

TPP 电子商务章节禁止向数字产品征收关税，确保以电子形式分售的软件、音频、视频、电子书及游戏等产品不处于不利地位。TPP 电子商务章节第 14.4 条第 1 款规定，任何缔约方给予另一缔约方领土内创造、生产、出版、订约、代理或首次商业化提供数字产品的待遇，或给予作者、表演者、生产者、开发者或所有者为另一缔约方的人的数字产品的待遇，均不得低于其给予其他同类数字产品的待遇。因此，本章节的相关条款防止了 TPP 国家通过差别征税、直接屏蔽或其他内容歧视措施支持本国相关产品的生产商或供应商。

（4）消费者保护及隐私

为保护消费者，TPP 电子商务章节要求 TPP 成员国承诺采取并维持与在线商务欺诈欺骗行为相关的消费者保护法律。本章还包括确保消费者隐私及其他消费者权益在 TPP 市场得以实施的承诺。政府可通过多种途径实现隐私保护，TPP 承认这一多样性的存在，并推动不同法律制度之间协同互用。本章还包括要求成员国采取措施阻拦未经接受者同意的垃圾商业电子信息（垃圾邮件）的条款。

（5）电子交易和贸易便利化

为促进数字贸易便利化，TPP 电子商务章节设置相关条款鼓励 TPP 国家推动企业与政府之间的无纸贸易，如使用电子形式的报关单，以及在商事交易中使用电子认证和电子签名。

（6）软件源代码

TPP 电子商务章节禁止强制供应商在进入 TPP 市场时向外国政府或商业竞争对手共享有价值的软件源代码。

（7）合作

TPP 电子商务章节确保 TPP 成员国间紧密合作以协助企业，尤其是中小型企业，克服困境并利用电子商务优势。特别考虑到网络攻击肆虐以及恶意软件的全球性传播，本章也鼓励有关个人信息保护、在线消费者保护、网络安全威胁及网络安全能力的政策合作。

根据美国贸易代表办公室的解说，美国通过 TPP，将致力于制定亚太地区数字贸易规则框架，使企业及消费者受益，支持美国经济增长、就业和创新。除禁止向数字产品征收关税及对与数字贸易相关的其他重要承诺建立共识外，TPP 电子商务章节还包括几个重要的新特点。这些特点反映了新技术的发展，并解决过去几年来电子商务领域出现的新问题。具体如下：

一是首次做出承诺，解决数据存储本地化以及禁止数据信息跨境流动两大问题。这两大问题对开放互联网的形成构成严峻威胁。这些承诺将有助于保障数据贸易的关键投入不受政府任意干预，并减少互联网"割据化"的威胁。

二是确保消费者得以进入开放的互联网，同时要求制定在线消费者保护法，保障实施隐私及其他消费者保护措施。

三是鼓励 TPP 成员国开展消费者保护（包括隐私及网络安全）方面的合作。

四是首次强调消费者保护的必要性，采取措施禁止商业垃圾电子信息，确保隐私保护有效实施使消费者在使用互联网时建立信心及信任。

五是禁止强制要求在进入 TPP 市场时与政府或商业竞争对手共享软件源代码。

六是有关数字贸易合作的全面承诺，尤其是协助中小型企业利用数字贸易。

七是在自由贸易协定中首次承诺对网络安全威胁及网络安全能力合作这一重要问题开展合作，TPP 成员国可以从合作中获益。

 TPP 对电子认证和电子签名做出了哪些规定？

（1）TPP 对电子认证和电子签名的规定

TPP 电子商务章节对电子认证和电子签名做出了明确规定，一是指明电子签名具有法律效力；二是电子交易的当事方有权就该交易共同决定采用包括电子认证在内的适当认证方法；三是通过电子认证实现交易的当事方享有机会向司法或行政机关证明其交易符合有关认证的法律要求。TPP 鼓励成员国使用能交互操作的电子认证。TPP 针对特定交易种类的认证做出了特别规定，TPP 成员国可以依据相关法律规定要求认证方法符合特定绩效标准或经合格机构的认证。

（2）我国国内对电子认证和电子签名的规定

2005 年，我国出台了《电子签名法》，对数据电文、电子签名与认证做出了详细说明，承认其法律效力，并对电子认证服务提供者做出具体规定。此后，2009 年工业和信息化部出台《电子认证服务管理办法》，规范电子认证服务行为，并对电子认证服务提供者实施监督管理。

（3）我国签署的 FTA 对电子认证和电子签名的规定

中韩 FTA 对电子认证和电子签名做出明确规定。与 TPP 一样，首先承认电子签名具有同样的法律效力。对中国和韩国国内实施的电子签名法律提出了要求，电子交易双方共同确定合适的电子签名和电子认证方法，电子交易中的电子认证机构有机会向司法或行政主管部门证明其对电子交易的电子认证符合法律对电子认证的要求。中国和韩国双方共同努力使数字证书和电子签名互认，并鼓励数字证书在商业部门中的应用。

中澳 FTA 也对电子认证和数字证书做出了明确规定，其内容与中韩基本保持一致。在对电子认证服务主体表述时，使用了"电子认证服务提供者，包括机构"，而不是直接指明电子认证服务机构。

在 CEPA 框架下，2012 年印发的《粤港两地电子签名证书互认办法》对港澳实施电子签名证书互认。

 TPP 对在线消费者保护做出哪些规定?

（1）TPP 对在线消费者保护的规定

TPP 对消费者保护做出了明确规定，TPP 成员国应采取和维持透明和有效的措施，保护消费者在进行电子交易时不受第 16.7.2 条规定（消费者保护）的诈骗和商业欺诈行为侵害。TPP 要求成员国运用消费者保护法律，明确对进行网络商业活动的消费者造成损害或潜在损害的诈骗和商业欺诈行为。各成员国的消费者保护局或其他相关机构在涉及跨境电子商务活动中进行合作，增强消费者的福利。

（2）WTO 对电子商务活动中消费者保护的规定

2013 年 12 月 7 日，世界贸易组织（WTO）部长会议通过的《关于电子商务的工作计划》，其中的第 2 条提出继续研究电子商务中的消费者利益保护问题，尚未做出明确的规定。

（3）我国对电子商务活动中消费者保护的规定

2000 年，《全国人民代表大会常务委员会关于维护互联网安全的决定》明确指出了五种具体的违法违规行为：一是利用互联网销售伪劣产品或者对商品、服务作虚假宣传；二是利用互联网损害他人商业信誉和商品声誉；三是利用互联网侵犯他人知识产权；四是利用互联网编造并传播影响证券、期货交易或者其他扰乱金融秩序的虚假信息；五是在互联网上建立淫秽网站、网页，提供淫秽站点链接服务，或者传播淫秽书刊、影片、音像、图片。对情节严重构成犯罪的行为，依照刑法有关规定追究刑事责任。

2014 年修订的新版《消费者权益保护法》第 44 条规定：消费者通过网络交易平台购买商品或者接受服务，其合法权益受到损害的，可以向销售者或者服务者要求赔偿。网络交易平台提供者不能提供销售者或者服务者的真实名称、地址和有效联系方式的，消费者也可以向网络交易平台提供者要求赔偿；网络交易平台提供者做出更有利于消费者承诺的，应当履行承诺。网络交易平台提供者赔偿后，有权向销售者或者服务者追偿。网络交易平台提供者明知或者应知销售者或者服务者利用其平台侵害消费者合法权益，未采取必要措施的，依法与该销售者或者服务者承担连带责任。

中澳 FTA 第 12 章第 7 条针对网络消费者保护做出了明确规定。中澳双方应尽可能以其认为合适的方式，为使用电子商务的消费者提供保护。这种保护至少与其法律、法规和政策下对其他商业形式的消费者提供的保护相当。

我国对利用互联网销售伪劣产品或对商品、服务做出虚假宣传，构成犯罪的，要求依法追责，尤其是新的《消费者权益保护法》明确了消费者可以向网络交易平台以及利用这一平台的销售者或服务者要求赔偿。中澳 FTA 中也明确提出网络消费者保护条款以及在商业垃圾电子信息领域开展合作。有关在线消费者保护的内容与 TPP 要求大体一致。

 TPP 对个人信息保护做出了哪些规定?

（1）TPP 对个人信息保护的规定

保护电子商务用户的个人信息，有助于增强消费者对电子商务发展的信心，具有重要的经济效应和社会效应。

TPP 要求各成员国应考虑相关国际机构的原则和指导，建立保护电子商务用户个人信息的法律框架，如保护隐私、个人信息或个人数据的综合性法律，涉及隐私的部门法律，或规定企业对隐私做出自愿承诺实施的法律。

各成员国应努力在保护电子商务用户不受其领土内发生的违反个人信息保护的违法行为侵害时采取非歧视做法。

各成员国应该公布其对电子商务用户提供个人信息保护的相关信息，这些信息包括个人如何寻求救济、企业如何符合法律要求。

TPP 针对个人信息保护提出了建立兼容性的机制。由于 TPP 各成员国可以采取不同法律方式对个人信息提供保护，建立兼容性机制有助于增强不同体制间的协调。这些机制可以包括对监管结果的承认，无论该承认是自动给予或通过共同安排或更广泛的国际法律体制给予。

（2）WTO 对个人信息保护的规定

2013 年 12 月 7 日，世界贸易组织（WTO）部长会议通过的《关于电子商务的工作计划》第 2 条指出，继续研究电子商务中的保护机密数据和隐私问题。截至目前，世界贸易组织（WTO）尚未制定出有关个人信息保护的具体规定。

（3）我国对个人信息保护的规定

2005 年出台的《个人信用信息基础数据库管理暂行办法》第八条规定，征信服务中心应当建立完善的规章制度和采取先进的技术手段确保个人信用信息安全。2012 年，《关于加强网络信息保护的决定》规定，国家保护能够识别公民个人身份和涉及公民个人隐私的电子信息。

2014 年公布的《中华人民共和国电信条例》第六十五条规定，电信用户依法使用电信的自由和通信秘密受法律保护。

2015 年公布的《网络安全法》（草案）中的"网络信息安全"章节，明确规定了保护个人信息和隐私的相关内容。其中，第三十四条规定，网络运营者应当建立健全用户信息保护制度，加强对用户个人信息、隐私和商业秘密的保护；第三十六条规定，网络运营者对其收集的公民个人信息必须严格保密，不得泄露、篡改、毁损，不得出售或者非法向他人提供；第三十八条规定，任何个人和组织不得窃取或者以其他非法方式获取公民个人信息，不得出售或者非法向他人提供公民个人信息。

（4）我国签署的 FTA 对个人信息保护的规定

中韩 FTA 中的第 13.5 条针对电子商务中的个人信息保护做出了明确规

定。中韩双方应采纳或实施措施以保证电子商务用户的个人信息得到保护，并就电子商务中的个人信息保护交流信息和经验。

中澳 FTA 中的第 12 章第 8 条在线数据保护中对个人信息保护做出了规定。鉴于中澳双方现行的个人信息保护体系存在差异，双方仍应采取其认为合适和必要的措施，保护电子商务用户的个人信息。双方在制定数据保护标准方面，应在可能范围内考虑国际标准和相关国际组织的标准。

 TPP 对通过电子方式跨境转移信息做出了哪些规定？

（1）TPP 对通过电子方式跨境转移信息的规定

TPP 成员国应允许通过电子方式跨境转移信息，为了从事商业的需要，通过电子方式跨境转移的信息包括个人信息。同时，TPP 也制定了不符措施，成员国为了实现合法的公共政策目标可以采取适当的方式，阻止通过电子方式跨境转移相关信息。

（2）我国对通过电子方式跨境转移信息的规定

1997 年公布的《计算机信息网络国际联网安全保护管理办法》第五条明确列出了通过电子方式跨境转移信息时违反法律法规的情形，即任何单位和个人不得利用国际联网制作、复制、查阅和传播下列信息：（一）煽动抗拒、破坏宪法和法律、行政法规实施的；（二）煽动颠覆国家政权，推翻社会主义制度的；（三）煽动分裂国家、破坏国家统一的；（四）煽动民族仇恨、民族歧视，破坏民族团结的；（五）捏造或者歪曲事实，散布谣言，扰乱社会秩序的；（六）宣扬封建迷信、淫秽、色情、赌博、暴力、凶杀、恐怖，教唆犯罪的；（七）公然侮辱他人或者捏造事实诽谤他人的；（八）损害国家机关信誉的；（九）其他违反宪法和法律、行政法规的。第十八条规定，公安机关计算机管理监察机构发现含有本办法第五条所列内容的地址、目录或者服务器时，应当通知有关单位关闭或者删除。

2013 年公布的《信息安全技术—公共及商用服务信息系统个人信息保护

指南》规定，未经个人信息主体的明示同意，或法律法规明确规定，未经主管部门同意，个人信息管理者不得将个人信息转移给境外个人信息获得者，包括位于境外的个人或境外注册的组织和机构。同年公布的《征信业管理条例》第24条规定，征信机构在中国境内采集的信息的整理、保存和加工，应当在中国境内进行。

2014年公布的《人口健康信息管理办法（试行）》第十条规定，不得将人口健康信息在境外的服务器中存储，不得托管、租赁在境外的服务器。同年公布的《反恐怖主义法（草案）》第十五条规定，在中华人民共和国境内提供电信业务、互联网服务的，应当将相关设备、境内用户数据留存在中华人民共和国境内，拒不留存的，不得在中华人民共和国境内提供服务。

93 TPP 对计算设施的位置做出了哪些规定？

（1）TPP 对计算设施位置的规定

TPP 成员国承认各方对于计算设施的使用有其自身的监管要求，包括寻求确保通信安全性和保密性，但明确要求，成员方均不得要求涵盖的人使用该缔约方领土内的计算设施或将设施置于其领土之内，以此作为在其领土内从事经营的条件。同时，TPP 出于实现合法公共政策目标的考虑，制定了不符措施。

（2）我国对计算设施位置的规定

我国遵循加入世界贸易组织（WTO）有关服务贸易的承诺。在电信服务市场准入方面，要求外国服务提供商必须首先在中国建立商业存在，经营增值电信业务投资额度不得超过50%；而且无论所涉服务类别是否已向外方开放，外国服务提供商不能以跨境方式向中国提供电信服务。

在计算机订座系统（CRS）服务的跨境交付方面，我国做出如下要求：（1）外国计算机订座系统，如与中国空运企业和中国计算机订座系统订立协议，则可通过与中国计算机订座系统连接，向中国空运企业和中国航空代理人提供服务；（2）外国计算机订座系统，可向根据双边航空协定中有权从事经营的外国空运企业在中国通航城市设立的代表处或营业所提供服务。（3）按照 2012 年公布的《外国航空运输企业在中国境内指定的销售代理直接进入和使用外国计算机订座系统许可管理暂行规定》，中国空运企业和外国空运企业的代理直接进入和使用外国计算机订座系统须经中国民航总局批准。

在计算机及其相关服务、速递服务、视听服务领域对于跨境交付中的计算设施位置没有限制。但在视听服务领域，中国允许以分账形式进口电影，用于影院放映，进口数量每年 20 部。

第15章 政府采购

崔艳新

 TPP 与《政府采购协定》（GPA 2012）的参与方有何不同？
协定适用范围有何不同？

《政府采购协定》（GPA）是基于 WTO 框架下的诸边协议，对 WTO 所有成员均开放谈判，自 1979 年启动谈判以来，目前全球已有 45 个成员签署协议，主要是包括美国、日本、欧盟 28 国等在内的发达国家和地区，另外 GPA 还包括 30 个观察员成员，其中包括中国、澳大利亚等 10 个成员正在开展加入 GPA 的谈判。相比较而言，参与 TPP 谈判的成员仅局限于亚太地区，目前共有 12 个成员国参与 TPP 谈判并基本达成协议，韩国和中国台湾地区拟加入第二轮谈判名单。

TPP 协定约定的政府采购适用范围更为宽泛，包括适用于与采购有关的任何措施，即每一缔约方在附件 15-A 下的减让表中列明的货物、服务或任何它们的组合；以任何合同的方式，包括购买、有或没有购买选择的租赁、建设—运营—转让合同和公共工程特许合同；在公开发布意向采购公告时，依据第 8 和第 9 款估算的价格等于或超过每一缔约方在附件 15-A 下的减让表中列明的门槛；由一个采购实体实施并且未被协定从范围中排除。TPP 协定还承诺，下一步将开展次中央政府或地方政府的采购谈判。

TPP 与《政府采购协定》（GPA）都明确列出政府采购不予涵盖的活动，包括购买或租赁土地、现存建筑物或其他不动产及其上的权利；包括合作协

议、拨款、贷款、股本注入、担保、补贴、财政激励和赞助性安排等任何其他形式的协助；与政府金融活动相关的采购或获取；公共雇佣合同；用于国际援助、国际组织捐赠等特殊目的的采购等。但 TPP 特别规定采购实体在缔约方领土以外采购货物或服务，并在缔约方领土以外进行消费，不属于政府采购涵盖的范围。

在采购门槛价上，TPP 的门槛更低，涵盖更多的政府采购范围，对一国的影响和约束范围远远高于 GPA 2012 的水平。美国在 TPP 中给出的门槛价格为货物及服务 13 万 SDRs，工程服务 500 万 SDRs；在其他实体部分，给出的门槛价格为货物及服务 25 万 SDRs，工程服务 500 万 SDRs。而《政府采购协定》（GPA 2012）关于门槛价格的约定为货物及服务 40 万 SDR（其中清单 A 下的货物和服务为 25 万 SDRs），工程服务 500 万 SDRs。

在采购估价方面，TPP 特别指出无法被估价的采购的归属问题，约定在估算一项采购的价值以确定其是否是一个涵盖采购时，采购实体应当估算在采购的全部有效期内的最高总价值。如果无法得知一项采购在其全部有效期内的估计最高总价值，这项采购应当视为涵盖采购。

关于缔约方在减让表中需列明的信息，TPP 比《政府采购协定》（GPA 2012）增加了三项内容，分别是适用的门槛金额调整公式，"采购信息的公布"条款中所要求的出版物信息，以及依照"过渡性措施"条款所采取的任何过渡性措施。

 TPP 政府采购章节的基本内容与《政府采购协定》（GPA 2012）有何不同？

TPP 政府采购章节共包括 24 项条款，第一条至第五条分别列明了定义、适用的范围、例外情况、一般原则以及针对发展中国家的过渡措施；第六条至第十五条对政府采购过程进行了约束，包括政府采购信息的发布、意向采购的通知、参与政府采购的条件、供应商资格、对限制性（有限）招标的规定、政府采购的谈判、技术规格、招标文件的相关要求、政府采购的期限要求以及投标的处理和合同的授予；第十六条至第十九条对政府采购后续事项进行了规范，包括合同授予后的信息、信息的披露、如何保证采购过程的公正性以及国内审查程序；第二十条至第二十四条为与政府采购相关的其他条款，如附件的修改和更正、关于中小型企业参与政府采购的便利化、如何开展合作、政府采购委员会的建立以及进一步谈判的内容。

（1）TPP 政府采购条款所遵循的原则比《政府采购协定》（GPA）更为严格。

TPP 和《政府采购协定》（GPA）都遵循国民待遇及非歧视原则，要求各缔约方及各采购实体应给予外国供应商国民待遇，同时对于协议包含的采购，任何缔约方包括采购实体不应该基于所有权或国外联营程度给予在当地建立公司的供应商不同待遇。二者都鼓励缔约方运用电子手段为政府采购提供机会，包括公布采购信息、通知和招标文件以及接收投标等，并要求缔约方建立和维持确保供应商提供的信息完整性的机制。但在国民待遇原则下，TPP 增加了"对于国外联营程度，及公司所有权"的规定。在对政府采购程序的约束上，TPP 明确提出了不得补偿原则，规定除非适用第 15.9 条（供应商资质）或第 15.10 条（限制性招标），采购实体应当为涵盖采购使用公开招标程序，缔约方包括其采购实体在采购的任何阶段不得寻求、考虑、强加或强制任何补偿，而《政府采购协定》（GPA）没有对采购补偿做出明确约定。

（2）TPP 政府采购章节在借鉴《政府采购协定》（GPA）的基础上对某些条款进行了细化。

TPP 对于政府采购的约定借鉴了《政府采购协定》（GPA）的部分内容，但对某些条款进行了更为明确的约定。如对政府采购程序的时限要求方面，TPP 给予供应商更加充分的时间准备投标，规则更加具体灵活。考虑到采购性质和复杂程度等因素，TPP 规定提交参与请求的最后期限为不得少于采购通告发布之日起 25 天，若能够合理证明该时限不可行，则该期限缩短到不少于 10 天。若预计招标通知由电子工具发布，或自通知发布之日起，招标文件

可用电子工具获得以及采购实体接收电子工具投递标书的情况下，招标时限可缩短 5 天。在注册系统及供应商资格审查程序上，TPP 与 GPA 2012 不同，并没有对注册系统的一致性做出明确要求，而是进一步明确了注册系统的功能性。对于进一步谈判的内容，TPP 要求缔约方在不晚于协定生效之后三年内开始谈判以扩大涵盖范围，包括对次中央的涵盖（对于将其他缔约方可由次中央实体管理的采购放在中央政府层级管理的缔约方，此类谈判可涉及中央政府一级的承诺而非次中央政府一级的承诺）。缔约各方也可以在此类谈判之前或在谈判开始后涵盖次中央政府采购，《政府采购协议》（GPA）对此没有做出约定。

（3）与最新颁布的《政府采购协议》（GPA 2012）相比，TPP 政府采购章节新增了三项条款。

一是为保证采购过程的公正性，TPP 规定各缔约方应保证刑事及行政措施解决采购中的腐败问题。二是缔约方承诺要提高中小型企业参与政府采购的便利化。为了便利中小企业参与涵盖采购，每一缔约方应当尽可能在适当的情况下采取以下措施：在单一的电子门户站点提供与采购相关的全面信息，包括中小企业的定义；尽力免费提供所有的招标文件；通过电子方式或通过其他新的信息或通讯技术进行采购；考虑采购的规模、设计和结构，包括将合同分包给中小企业。三是缔约各方展开更多领域的合作，包括便利供应商，特别是中小企业参加政府采购；交流经验和信息，比如监管机制、最佳实践和统计数据；开发和扩大电子方式在政府采购系统中的使用；在最佳的政府采购实践中进行政府官员的能力建设；强化制度建设和增强提供多种语言获得采购机会的能力。

 我国与政府采购相关的法律法规有哪些？TPP 协定中关于政府采购的相关规则，在我国签署的中韩、中澳自贸协定中是否有涉及？

我国现有的与政府采购相关的法律法规包括《中华人民共和国政府采购

法》（2014 年修正本）、《政府采购货物和服务招标投标管理办法》、《政府采购信息公告管理办法》、《政府采购非招标采购方式管理办法》以及《政府采购促进中小企业发展暂行办法》（2011）等。其中《政府采购货物和服务招标投标管理办法》和《政府采购信息公告管理办法》于 2004 年 8 月由财政部公布，自 2004 年 9 月 11 日起施行；《政府采购非招标采购方式管理办法》于 2013 年 12 月公布，自 2014 年 2 月 1 日起施行。

我国现有的政府采购法律法规与 TPP 的差距主要体现在：

（1）我国现行与政府采购有关的法律规定内容较为简单。我国现行法律规定的政府采购不包括国有企业的采购，也不包括地方政府的采购。与 TPP 相比，我国未对限制性招标做出规定，但对邀请招标做了相关界定。同时我国未就应用电子工具的政府采购做出明确具体的规定，也没有明确政府采购的例外条款与过渡性措施。TPP 提出要求建立统一的政府采购委员会，政府采购实体应向供应商解释没有中标的原因，目前我国对此也没有相关的法律规定。

（2）我国对政府采购的原产地规则没有相应规定。在原产地方面，我国《政府采购法》规定了政府机构在中国境内采购货物及服务时的原则与方法，制定了订立合同的程序、透明度要求、投诉以及对政府采购程序的监督机制。根据该法律，政府采购应当采购本国货物、工程和服务，但是对本地构成比例以及如何确定产品是否为本国生产的原产地规则没有相应规定。

（3）我国对政府采购招标的时间期限与 TPP 略有不同。在时间期限方面，我国《政府采购法》第三十五条规定，货物和服务项目实行招标方式采购的，自招标文件开始发出之日起至投标人提交投标文件截止之日止，不得少于二十日，而 TPP 根据不同情况做出了不同的期限约定。

（4）我国目前公布的公开采购的门槛价要低于 TPP 的水平。根据《国务院办公厅关于印发中央预算单位 2013—2014 年政府集中采购目录及标准的通知》，除集中采购机构采购项目和部门集中采购项目外，各部门自行采购单项或批量金额达到 50 万元以上的货物和服务的项目、60 万元以上的工程项目应

按《中华人民共和国政府采购法》和《中华人民共和国招标投标法》有关规定执行。政府采购货物或服务的项目，单项采购金额达到 120 万元以上的，必须采用公开招标方式。政府采购工程公开招标数额标准按照国务院有关规定执行，200 万元以上的工程项目应采用公开招标方式。

在我国签署的双边自由贸易协定中，中韩 FTA 没有单独的政府采购一章，仅在经济合作章节中指出中韩要认识到政府采购在各自经济中的重要性，缔约双方应致力于促进缔约双方在政府采购领域的合作活动。协定指出，缔约双方应遵循透明度原则，公布法律或通过其他途径保证可公开获取其法律、法规和普遍适用的管理规定，以及各自签署的可能影响其采购市场的国际协定。在信息交流方面，缔约双方应立足于各自的法律法规，在国家层面就政府采购领域各自的法律法规开展信息交流，信息交流及政府采购联系点由中国财政部与韩国企划财政部及调达厅承担完成。中韩双方还同意在中国完成加入世界贸易组织《政府采购协定》（GPA）谈判后，尽快开展政府采购谈判，以期在互惠基础上达成双边政府采购协定。中澳 FTA 则没有对政府采购进行特别的约定。

 TPP 政府采购条款为发展中国家设置了哪些过渡性措施？

TPP 政府采购条款为发展中国家规定了"过渡性措施"，包括价格优惠、补偿、特定实体和部门的分阶段增加以及门槛金额等。但 TPP 对于发展中国家过渡性措施的实施期限并没有具体规定，只规定"不得超过所必需时长"，并且在技术合作和能力建设等方面给予考虑，以便过渡性措施的更好实施。而《政府采购协议》（GPA 2012）规定对发展中国家过渡性措施的实施期限为 3 年或 5 年。

TPP 政府采购章节规定，作为发展中国家的一缔约方（发展中国家缔约方）可以在其他缔约方同意的情况下，在该缔约方在附件 15-A 下的减让表第 J 节列明的过渡期内，依据该节采取或维持一个或多个下列过渡措施：

（1）优惠价格项目，如果该项目仅为投标中来自于该发展中国家的货物或服务部分提供优惠，且该项目是透明的，并且在意向采购公告中清楚地描述该优惠及其在采购中的适用；

（2）补偿措施，条件是在意向采购公告中清楚地陈述采取补偿的任何要求或条件；

（3）特定实体或部门的分阶段增加；

（4）高于其永久门槛金额的门槛金额。

在过渡期内，缔约各方可以同意该发展中国家缔约方在履行义务时延迟除"一般原则"外的任何义务的适用。过渡措施应以一种不对缔约方构成歧视的方式适用。开始谈判实施的任何发展中国家缔约方应当在其附件 15-A 下的减让表中列明该议定实施期、适用实施期的特定义务，以及在实施期内其已同意遵守的任何临时义务。

TPP 还允许发展中国家申请延展过渡期，即在该协定针对一个发展中国家缔约方生效后，在该发展中国家缔约方请求时，其他缔约方可以对已采取或维持的措施的过渡期或根据谈判获得的任何实施期进行延展；或在不可预见的特殊情况下，批准采用新措施。已经谈判达成第 1 款或第 4 款项下的过渡性措施、第 2 款项下的实施期或第 4 款项下的任何延展期的发展中国家缔约方，应当在过渡期内或实施期内采取必要步骤以确保其在任何上述期限结束时符合本章的规定，并且发展中国家缔约方应当迅速向其他缔约方通报其采取的每一步骤。

 98 **TPP 政府采购条款对于采购信息披露有何规定？如何保证采购过程的公正性？**

TPP 在政府采购信息的发布与通知方面，对缔约方提出了详尽的要求：

（1）关于采购信息的发布

各缔约方应立即发布任何适用于涵盖采购的一般性措施，以及与该信息

相关的任何变更或增加，同时应要求回复关于上述信息的询问。缔约方应在其附件 15-A 减让表 I 节列出用于公布第 1 款所描述信息和"意向采购的通知"、"供应商资格"和"合同授予后的信息"条款所要求的通知的纸质和电子方式。

（2）意向采购的通知

对于预期进行的招标，采购实体应至少在最后过期前，用电子或纸质工具发布通知，通知应免费获取，并且若采购实体为中央政府，则需要建立单独的渠道，若为次级中央政府及其他采购实体，需为单独的电子通道。

关于通知内容，除非有特殊规定，需包括：采购实体名称、地址、联系信息，有关采购的所有相关文件，款项及付款方式；采购的描述，若合适，包括采购货物及服务的性质、数量（预估数量）及对任何选项的描述，或估计的数量，如果数量不确定的话；交付货物或服务的期限或合同期限；参加采购申请及投标递交的地点及最后时间；递交参与申请及标书的语言，是否可用非官方语言递交上述材料；一份清单描述对供应商的要求及相关文件；采购实体若准备选择有限的供应商参与竞标，列出选择的条件及标准；说明采购遵守本协议条款。

若预期招标通知中包括上述所有信息，各缔约方可以对招标文件进行收费。各缔约方应尽可能使用英文发布招标通知。

对于计划进行的招标，采购实体应采用电子工具在每一财年尽早发布关于未来招标计划的通知，通知应包括招标内容及计划进行的日期。

（3）合同授予后的信息

向供应商提供的信息：采购实体应当迅速通知已经提交投标的供应商关于合同授予的决定。采购实体可以以书面形式通知，或通过第 3 款中的公告迅速公布，只要该公告包括授予的日期。如果供应商要求书面信息，采购实体应当以书面形式提供。在符合"信息披露"条款的前提下，采购实体应当依请求，向未中标供应商提供关于采购实体未选择其投标的理由或关于中标供应商投标的相对优势说明。

公布授予信息：采购实体应当在授予涵盖采购的合同后，在官方指定的出版物上公布至少包括以下信息的公告：采购的货物或服务的描述；采购实体的名称和地址；中标供应商的名称和地址；授予合同的金额；授予日期或，如果采购实体已经依据第 1 款通知供应商则应为合同日期；以及使用的采购方法，如根据"限制性招标"使用一程序，则应简要描述能够证明使用该程序正当性的情形。

记录的留存：采购实体应当在合同授予后至少三年内保留与涵盖采购相关的招标程序和合同授予的文件、记录和报告，包括"限制性招标"所规定的记录和报告。

（4）信息的披露

能够提供的信息包括：依据任何其他缔约方的请求，一缔约方应当迅速提供充分信息以证明采购是否以公平、公正和符合本章的方式进行，包括在不披露保密信息的前提下，中标投标的特征和相对优势的信息。收到信息的缔约方不得将该信息披露给任何供应商，除非已经与提供信息的缔约方磋商并获得同意。

不得披露的信息包括：一缔约方包括其采购实体，除了在法律要求的程度内或获得提供信息供应商的书面授权，不得披露对特定供应商的合法商业利益造成损害，或可能损害供应商之间公平竞争的信息。

为保证政府采购过程的公正性，TPP 特别规定各缔约方应保证刑事及行政措施解决采购中的腐败问题。若缔约方已认定在其领土内从事欺诈或其他违法行为的供应商，采购实体可以宣布其永久或在指定期限内不得参加该缔约方的采购程序。各缔约方也应保证制订相关政策防止利益冲突而影响采购的公正性。

第 16 章　竞争政策

武　芳

 竞争政策章节的主要内容是什么？

为在缔约方之间确立一个公平竞争的框架，TPP 通过制定竞争政策，要求各缔约方的法律体系禁止反竞争商业行为，以及欺诈和欺骗性商业活动等有害消费者的行为。竞争政策在传统上属于各国国内的基本经济政策和法律规则，其所涉及的领域是各国国内市场上的竞争秩序问题，因此已经超出一般自由贸易协定所涵盖的边境措施，而涉及边境后政策的干预。

TPP 竞争政策章节共包括 9 个条款和 1 个附件，可以分成以下四个部分的内容。

（1）有关竞争法的制定原则、实施程序和缔约国的合作问题

这部分内容包括第 16.1 条到第 16.5 条共计 5 个条款。其中，第 16.1 条为"竞争法、主管机关和限制竞争性商业行为"，主要是规定各缔约国应参考 1999 年 9 月 13 日在奥克兰签署的亚太经合组织关于加强竞争与监管改革的原则，以实施或维持禁止反竞争商业行为的国内竞争法，并维持一个或多个负责实施其国内竞争法的主管机关。国内竞争法应适用于其领土内的所有商业活动。但缔约方可以对其国内竞争法的适用设立某些豁免，只要该等豁免是透明的且是基于公共政策理由或公共利益理由。

第 16.2 条为"竞争法实施中的程序公平"，主要是为保证调查过程的全面性、准确性和公平性，规定各缔约方在调查过程中应给予因违反竞争行为

而被制裁和被救济方相应的权利，对涉嫌违反竞争行为应确定调查程序和规则，以及调查反竞争行为的竞争主管机关所负相关义务等。

第 16.3 条为"私人诉权"，即规定违反竞争行为的相对人独立地或在国内竞争主管机关做出违反裁定后，有权从法院或其他独立法庭寻求就违反国内竞争法的行为对其所造成的损害进行救济，包括禁令、货币或其他补偿。

第 16.4 条和第 16.5 条，规定缔约各方的竞争主管机关应加强在信息、技术、培训和其他制度性安排方面的合作，以促进区内有效竞争执法。

（2）有关消费者保护的规定

为在自由贸易区内创造高效的竞争性的市场、提升消费者福利，TPP 竞争政策还对于有关消费者保护做出了专门规定，主要是在第 16.6 条项下，对"欺诈和欺骗性商业活动"的定义、内涵，以及缔约方对此应当采取的措施进行了明确阐释。

一是对"欺诈和欺骗性商业活动"的定义，指出欺诈和欺骗性商业活动是指对消费者造成实际损害或如果不加制止会立即造成此种损害威胁的欺诈和欺骗性商业行为，诸如：歪曲重要事实的行为，包括隐含的歪曲事实，给被误导的消费者的经济利益造成重大损失；向消费者收取费用后，未能向消费者发送产品或提供服务，以及在未授权的情况下收取消费者的金融、电话或其他账户费用。

二是缔约方应采取的措施，包括缔约方应当实施或维持消费者保护法或其他法律或法规，以禁止欺诈或欺骗的商业活动。

三是针对跨境欺诈和欺骗性商业活动不断增长的现实，规定缔约方之间应当加强合作与协调。同时，此种合作和协调应通过其指定的负责消费者保护政策、立法或执法事务的国内公共机构或官员，采取与国内法律、法规和重要利益相容的方式，以及在合理可获得的资源范围内进行。

值得关注的是，尽管世界各国通常都制定了消费者保护的国内立法，但立法所涵盖的内容与 TPP 并不尽然一致。例如，我国的《消费者权益保护法》对于"欺诈行为"并无明确定义。在实践当中，多数人采取"经营者在提供

商品或者服务中，采取虚假或其他不正当手段欺骗、误导消费者，使消费者权益受到损害的行为"（即《欺诈消费者行为处罚办法》第2条，后被国家工商行政管理总局颁布的《侵害消费者权益行为处罚办法》第5条、第6条所吸收）这一定义来判定。也就是说，我国的相关立法只承认已经发生的损害，而不承认将会造成的损害，这一定义的内涵明显小于TPP中"对消费者造成实际损害或如果不加制止会立即造成此种损害威胁的欺诈和欺骗性商业行为"的范围。

（3）有关透明度、磋商和不适用争端解决机制的规定

TPP强调透明度在竞争执法过程中的重要性，并在第16.7条项下对缔约国竞争政策的实施与豁免、违反竞争法行为最终裁定的公布及其形式等方面均做出规定。例如，第16.7条第2款规定缔约方应当尽力维护和更新亚太经合组织竞争法律与政策数据库的信息；第3款规定一缔约方应另一缔约方的请求，应提供有关其竞争法的实施政策与实践、免除和豁免等信息；第4款规定，缔约方应当确保认定违反国内竞争法的最终裁定以书面形式做出，并且在非刑事事项中，列出事实调查结果和推理，包括做出裁定所基于的法律分析和经济分析（如果适用）；第5款规定缔约方应当进一步确保第4款所提及的最终裁定和任何执行该裁定的命令公开发布，或者如果公开发布不可行的话，以一种可以让利害关系人和其他缔约方了解该裁定的方式公布。

有关竞争政策的措施和争端解决主要体现在第16.8条和第16.9条，主要规定，竞争政策不能援引TPP争端解决安排，但TPP各缔约方就其所关心的涉及该章节的问题进行磋商。

（4）对文莱的特殊处理

鉴于文莱尚未有生效的全国竞争法和国内竞争主管机关，附件16-A中对于竞争政策的第16.2条（竞争政策实施的程序公正）、第16.3条（私人诉权）和第16.4条（合作）的适用上，给予文莱上述三个条款不超过10年的过渡期。同时规定在这10年期间，文莱应采取必要的步骤来确保自己能够在第十年结束时与这些规定相符。

TPP 竞争政策如何确保实施过程中的程序公平?

TPP 对于竞争法的实施制订了非常多的原则和要求, 以保证实施中的程序公正。第 16.2 条集中规定了这些条款, 涉及调查过程中因违反竞争行为而被制裁和被救济方所拥有的权利, 对涉嫌违反竞争行为的调查程序和规则, 调查反竞争行为的竞争主管机关所负相关义务等。与国际上其他现行的自由贸易协定相比, TPP 竞争政策对被调查人权利的保障和对竞争主管机关行为的约束更加明确和具体。

(1) 违反竞争行为而被制裁和被救济方所拥有的权利

为保证被调查过程的真实性、准确性和完整性, 确保行为各方权利得到公平充分的重视, 尽量减少或降低未决事项在调查过程给当事各方造成的潜在损害, TPP 竞争政策中对于因违反竞争行为而受到调查的被损害和被制裁方赋予以下权利:

第一, 规定缔约方应保证在对某人因违反国内竞争法采取制裁或救济时, 向其提供国内竞争主管机关的竞争关注的信息; 由法律顾问代理的合理机会以及意见被听取和提交证据进行抗辩的合理机会 (第 16.2 条第 1 款)。

第二, 规定缔约方应当给予因违反国内竞争法而被采取制裁或救济的相对人寻求对制裁或救济进行复审的机会, 包括通过法院或其他根据该缔约方法律设立的独立法庭对所指控的实体或程序错误进行复审 (第 16.2 条第 4 款)。

第三, 规定缔约方应当授权其国内竞争主管机关在该机关和执法行动相对人同意的情况下自愿解决对违法的指控 (第 16.2 条第 5 款)。

第四, 规定如果缔约方的国内竞争主管机关发布公告披露一个未决或正在进行的调查, 该机构应当避免暗示公告中提及的相对人已经从事被指控的行为或违反该缔约方的国内竞争法 (第 16.2 条第 6 款)。

第五, 规定缔约方应当确保其国内竞争主管机关给可能违反该缔约方国

内竞争法的被调查人提供充分的机会，以对调查过程中的重大法律、事实或程序问题与国内竞争主管机关进行磋商（第16.2条第9款）。

（2）调查程序和规则

TPP竞争条款还有一些关于调查程序和规则的规定。例如，第16.2条第3款规定，缔约方应当实施或维持在适用于司法程序中针对违反国内竞争法的指控以及据此做出制裁和救济决定的程序和证据规则。此外，为保证调查在合理时间内得到解决，第16.2条第2款还规定，缔约方应当实施或维持一套国内竞争法调查的书面程序，如果此类调查没有确定的截止期，缔约方国内竞争主管机关应当尽力在合理时间内进行调查。

（3）竞争主管机关的行为规定

对于开展涉嫌违反竞争行为调查的竞争主管机关，TPP竞争政策规定其负有收集相关证据、保护商业秘密等方面的义务。例如，第16.2条第7款规定，如果缔约方的国内竞争主管机关指控存在违反国内竞争法的行为，那么该机关有责任在司法程序中为所指控的违反建立法律依据和事实基础。第16.2条第8款规定，缔约国的国内竞争主管机关在调查过程中应注意保护获得的商业保密信息，以及依据法律被认定应保密的其他信息。如果缔约方的国内竞争主管机关在司法程序中确需使用此类信息，应当设置一个程序以便被调查人及时获得为向国内竞争主管机关提交充分抗辩所必要的信息。

与TPP竞争政策中的程序公平条款相比，我国在对外签署的某些自由贸易协定（如中韩FTA）中也引入了竞争法的执法原则以及通报、信息交换等机制；同时，我国《反垄断法》也对执法机构的调查行为进行了规定。但与TPP相比，我国在《反垄断法》中对被调查企业的权利强调不多，即使是中韩FTA，也比TPP对被调查企业的保护更弱，对执法机构的约束力也更弱。

 如何理解TPP竞争政策中的"私人诉权"？

TPP各缔约方认为，私人诉权是对国内竞争法公共执行的重要补充。因此，在 TPP 竞争政策第 16.3 条明确规定，在遭受到违反某国国内竞争法的行为所造成的伤害时，私人有权独立地或在国内竞争主管机关做出违反裁定后，从法院或其他独立法庭寻求就违反国内竞争法的行为对其所造成的损害进行救济，包括禁令、货币或其他补偿。

TPP 竞争政策第 16.3 条还明确要求缔约方应该实施或维持提供独立的私人诉权的法律或其他措施。如果一缔约方没有实施或维持提供独立的私人诉权的法律或其他措施，该缔约方应当实施或维持提供法律或其他措施，以允许相对人有权请求国内竞争主管机关对违反国内竞争法的指控进行调查；并在国内竞争主管机关做出违反裁定后向法院或其他独立法庭寻求救济。对于"私人诉权"，TPP 还规定缔约方应给予成员国以国民待遇，即每一缔约方应当确保给予另一缔约方相对人的权利不低于该缔约方给予其本国相对人的权利。

截至目前，我国对外已经签署的自由贸易协定当中，还没有"私人诉权"方面的规定。同时，与我国国内规制反竞争行为的主要法律《反垄断法》相比，TPP 竞争政策中的"私人诉权"条款也更加明确、突出和具体。我国《反垄断法》规定了公共执行制度与私人执行制度并存，表现在法律内容当中，关于公共执行机构的职责及其执法过程中的相关问题有多条明确而详细的规定；同时在第 50 条中也提及"经营者实施垄断行为，给他人造成损失的，依法承担民事责任。"也就是说，《反垄断法》虽未明确规定私人主体可以就垄断活动中遭受到的损害提起私人诉讼，但规定违法实施者应依法承担民事责任，这可以视为对私人执行制度的默认，为私人诉权提供了一个原则性的生存环境。但由于此规定过于笼统，缺乏私人诉讼过程中具体的规则，例如在原告资格的确立、损害赔偿模式、举证责任等问题上，《反垄断法》并未提供明确的适用规则，缺乏可行性，因此"私人诉权"的概念很难在实践中真正执行。

美国、欧盟、日本等发达国家的反垄断法对于私人诉权和私人执行都有明确规定。特别是在美国，由私人提起的反垄断法诉讼案件数不胜数，私人执行制度已然成为与公共执行同等重要的贯彻和实施反托拉斯法的工具。无论是就一国国内法律实施的效果而言，还是与国际规则的对接所需，我国在反垄断法中引入"私人诉权"这一概念和做法，相应完善私人执行救济制度，增强私人执行的确定性和可操作性，都是大势所趋。

102 与 WTO 相比，TPP 竞争政策有何特点？

与 WTO 框架下的竞争政策相比，TPP 竞争条款表现出系统性和全面性等鲜明特点。

第一，WTO 和 TPP 对于竞争政策的规定形式有很大差异。TPP 有专门规范缔约国竞争政策的章节；WTO 目前的框架下没有专门的完整的竞争政策，而是分散在关税及贸易总协定、服务贸易总协定、《与贸易有关的知识产权协定》等众多协定中，未形成有机整体。

如 1994 年《关税与贸易总协定》（GATT）第 17 条"国营贸易企业"中规定，"当缔约国建立或维持一个国营企业或对一个企业正式或事实上给予独占权或特权时，这种企业在其有关进口或出口的购买和销售方面的行为，应符合本协定中非歧视待遇的一般原则。该企业应只以商业上的考虑（包括价格、质量、资源多少、推销难易、运输和其他购销条件）作为根据，并按照商业上的惯例为其他缔约国的国营企业参与这种购买或销售提供充分的竞争机会。"在《服务贸易总协定》（GATS）第 8 条"垄断和专营服务提供者"中规定，"每个成员应确保在其境内的任何垄断服务提供者或者专营服务提供者①，在相关市场上提供垄断服务方面，不得违反该成员在第二条（最惠国待遇）下的义务和具体承诺。成员应确保该提供者在其境内不滥用其垄断地

---

① 专营服务提供者是指一国批准或建立的少数几个服务提供者并实质上阻止这些服务提供者之间在其境内竞争。

位。"此外，在《基础电信协议》和《金融服务协议》、《与贸易有关的知识产权协定》（TRIPS）、《与贸易有关的投资措施协定》（TRIMs）、《技术性贸易壁垒协定》等协定中都规定有相关的竞争规则①。

WTO 正式成立之后，随着政府间贸易壁垒的削减，私人壁垒特别是跨国企业的限制竞争行为对国际贸易和投资的负面影响逐步凸显。因此，在 WTO 框架下启动多边竞争规则谈判的呼声日益增加。1996 年在新加坡召开的 WTO 第一届部长级会议授权成立贸易与竞争政策专家组。2008 年 WTO 第四次部长级会议《多哈部长宣言》宣布未来几年的工作议程包括讨论贸易与竞争政策的关系，同意在第五届部长会议就各方认为建立谈判方式取得一致后启动谈判。然而由于各成员关于竞争议题的态度存在明显分歧，如欧盟、日本、韩国、加拿大等国支持在 WTO 框架下制定约束性竞争规则，而美国及受美国影响的以色列等国则坚持仅接受非约束性竞争政策协议，使得推动这一议题的行动逐渐被搁置②。

第二，TPP 对于竞争政策的规定范围更为广泛和全面。TPP 倡导建立面向 21 世纪的高水平的贸易协定，致力于用新的创造性的方法来应对贸易中的新挑战。作为 TPP 中的新议题之一，其涉及的竞争政策范围很广，既在第 16 章制定有专门的"竞争政策"，要求缔约方实施或维持禁止反竞争商业行为的国内竞争法和消费者保护措施，并对执法过程中的程序公平和私人诉权做出明确规定；同时还特别制定了第 17 章"国有企业和指定垄断"，对国有企业的商业活动进行规范，如规定国有企业应基于非歧视待遇原则和商业考虑从事商业活动，缔约国不得通过直接或间接向国有企业提供非商业援助而对另一缔约方的利益造成不利影响等。因此，就竞争政策所涵盖的范围而言，TPP

① 王先林，"国际贸易协定谈判中的竞争政策问题"，《竞争政策研究》2015 年 7 月。

② 苏华，"WTO 与自贸协定框架下竞争政策协调的新趋势"，《国际经济合作》2015 年第 9 期。

远比 WTO 宽泛得多。

第三，与 WTO 竞争政策相比，TPP 竞争政策对缔约国经济活动的切入程度更深。WTO 的竞争规则主要体现在贸易政策方面，如 GATT 当中对国营企业的规制主要是针对其贸易行为，即要求其在进口和出口环节的商业行为应主要基于商业考虑。而 TPP 竞争政策所规范的内容已经超越了一般的边境措施和贸易政策，而涉及一国国内的立法和相关政策。

 目前国际上的自由贸易协定是否普遍引入了竞争政策条款？

（1）竞争政策条款在区域贸易协定中的使用情况

当前，越来越多的自由贸易协定设置了竞争政策条款，规定缔约方有义务实施禁止限制竞争行为的法律和政策，消除反竞争行为，保持成员方在竞争执法领域的合作。根据 WTO 区域贸易协定数据库（regional trade agreements and preferential trade arrangements）显示，截至 2015 年 12 月 10 日，在向其通报且仍然生效的 277 个区域贸易协定当中，有 137 个规定了竞争政策条款①，占区域贸易协定总数的一半左右。

（2）竞争政策条款的主要内容

通常来讲，自由贸易协定中的竞争条款会要求缔约方承担如下义务：一是促进竞争；二是颁布和实施竞争法；三是对指定垄断（国有企业以及其他被授予特殊或独占权的企业）实施竞争监管；四是对国家援助与补贴实施竞争监管。有些竞争条款还进一步规定了反垄断的豁免、废除反倾销救济措施、竞争执法原则、缔约方竞争执法机构合作与协调机制，以及与竞争政策有关的争端解决机制②。

---

① 参见世贸组织网站 http://rtais.wto.org/ui/PublicAllRTAList.aspx
② 苏华，"WTO 与自贸协定框架下竞争政策协调的新趋势"，《国际经济合作》2015 年第 9 期。

（3）在自由贸易协定中引入竞争条款的主要目的①

在自由贸易协定中引入竞争条款的首要目的，是确保市场准入和贸易自由化。在这一方面，值得关注的是有关"禁止滥用市场支配地位"的条款在自贸协定中非常受欢迎，甚至超过了禁止卡特尔条款。这一现象的发生，可能是因为与少数市场竞争者之间操纵价格相比，具有强大市场支配力的企业单边实施的反竞争行为如独家交易（搭售与捆绑销售等），更有可能阻碍或直接损害他国企业进入市场，并损害消费者利益。

在自由贸易协定中引入竞争条款的第二个目的，是展示缔约方对外国投资者的承诺，即缔约方是市场导向的投资友好型国家，并有助于新兴国家的竞争执法机构获得合法性与支持。

引入竞争条款的第三个目的，是避免选择性反垄断执法。近年来，伴随反垄断法在新兴经济体的迅猛发展，对于反垄断选择性执法的担忧开始出现。有人指出反垄断执法有可能转变为贸易壁垒的替代品，以实现产业政策或保护主义目的。因此有学者建议在自贸协定中引入竞争条款，设置严格的实体标准和程序保障措施，这样有可能减少歧视性、选择性的反垄断执法。考虑到对于选择性执法的批评多是针对新兴反垄断司法辖区，例如针对我国反垄断执法的指责，控制"选择性反垄断执法"有可能成为我国未来自贸协定谈判的关注点或筹码。

此外，还有部分自贸协定以竞争条款取代了贸易防御措施，如反倾销条款，这是因为倾销本身就是在国内市场取得垄断地位的企业滥用市场力量向国外市场进行低价销售的行为。如果能通过反垄断法掠夺性定价规则禁止倾销行为，自然也就达到了反倾销的目的；同时，以反垄断措施取代反倾销措施，也有助于消除反倾销措施扭曲市场甚至沦为贸易保护主义工具的不良后果。但由于反倾销措施保护的是生产者福利，往往受到利益集团的强烈支持，

---

① 苏华，"WTO 与自贸协定框架下竞争政策协调的新趋势"，《国际经济合作》2015 年第 9 期。

因此以反垄断取代反倾销措施并不是大势所趋。如 TPP 条款当中仍然专设有"贸易救济"章节，依然维持反倾销、反补贴等举措。

（4）我国对外签署的 FTA 中对竞争政策的采用

迄今为止，我国对外签署的 FTA 中，仅中韩、中冰和中瑞 FTA 单独设有竞争政策章节，其他仅在协定正文中提及竞争政策。以中韩 FTA 为例，第 14 章是专门的"竞争政策"章节。其中指出，竞争政策的目标是"禁止经营者的反竞争商业行为，实施竞争政策，针对竞争问题开展合作，有利于防止贸易自由化利益受损，有利于提高经济效益和增进消费者福利。"

中韩 FTA 对于竞争法和竞争机构、执法原则、透明度、竞争法的适用、执法合作、通报、磋商、信息交换、技术合作、竞争执法的独立性、争端解决等诸多方面进行了规定，并给出"反竞争商业行为"的定义，以及"竞争法"和"消费者保护法"在中韩两国的具体法律名称。总体来说，中韩 FTA 中竞争政策的规定较为全面，但与 TPP 相比还有一定差别。主要体现在两个方面：一是对因违反竞争法而被处罚或采取救济措施的相对人的权利规定较少且较为宽泛，仅规定"允许相对人通过表达意见、提出证据等方式为自己辩护"，以及相对人"有权依法申请行政复议或提起行政诉讼"；相反，对竞争主管机关的约束则较少，如未提及"在披露未决调查时，应在公告中避免暗示相对人已经从事被指控行为"，以及在调查过程中负有保护商业秘密的义务等。二是没有"私人诉权"的相关内容。

第 17 章　国有企业和指定垄断

张晓静

 TPP 为什么要设立"国有企业条款"？

　　2012 年 5 月，TPP 第十二轮谈判在美国达拉斯举行。在此轮谈判中，美国正式向其他谈判成员提出在 TPP 协定中增加有关国有企业的条款，它也是 TPP 谈判的难点和焦点之一。TPP 国企条款主要包括相关定义、范围、授予职权、非歧视待遇和商业考虑、法院和行政机构、非商业援助、不利影响、损害、缔约方特定附件、透明度、技术合作、国有企业和指定垄断委员会和例外等内容。

　　国企问题是传统贸易协定中没有涉及而 TPP 作为"21 世纪的自由贸易协定"却致力解决的新问题。美国认为对国有企业参与国际贸易和投资的规则制定，是 TPP 的一个亮点。

　　在美国的推动下，TPP 协定中设立国有企业条款主要是基于以下战略考虑：

　　第一，新兴经济体国有企业的迅速壮大引起了发达国家的高度警惕。自 20 世纪 80 年代，随着新兴经济体的迅猛发展，国有企业在全球经济体系中展现出强大的发展势头，并已在全球多个主要市场中占据领先地位，相关企业正在关键行业中争夺领导地位，并对全球经济增长发挥重要助推作用。新兴经济体国有企业在国际市场上的优异表现引起了欧美等发达国家的高度警惕。以美国为代表的发达国家认为，国有企业凭借其国有身份获得了补贴、低息

贷款、政府采购份额和贸易保护等方面的优惠，同时由于现代公司治理结构不到位，为国有企业从事缺乏经济合理性的活动提供了诸多方便，获得了相对于私营企业的不对称竞争优势，从而对正常国际经济竞争秩序构成威胁，因此有必要对国有企业进行相应的限制以避免贸易和竞争环境扭曲，为私营企业和外国国有企业营造平等的竞争环境。

第二，重构国际贸易规则可确保美国的经济模式能够继续成为世界经济标准的先导。美国政府在 TPP 协定中设立国有企业的条款，将国有企业问题纳入 TPP 谈判是美国的一个新兴战略。起源于美国的 2009 年全球金融危机，以及目前愈演愈烈的欧洲主权债务危机，严重损害了人们对西方资本主义模式的信赖。相反，中国政府在指导经济和本国企业时发挥更大的作用，而这种"中国模式"受到越来越多新兴市场国家的推崇。虽然 TPP 在目前与中国没有直接关系，但美国通过限制国有企业，并在将来用 TPP 标准打压中国在世界经济中地位的意图是十分明显的，必须引起中国政府的足够重视。从战略上看，美国设立国有企业条款的目的是为了推动修改国际经贸合作规则，削弱中国不断增长的对外贸易和投资的优势，提高中国经济融入世界的门槛。TPP 中关于国有企业问题的谈判，从表面上看直接针对的是越南等国家，但不难看出，越南等国的国有企业对美国的影响微乎其微。美国真正的长期目标是中国的国有企业。中国的国有企业改革也正处于势在必行的阶段，无论从内在需求（国内经济助力）还是外在压力（TPP 的影响）来说，都面临着不得不改的挑战，迫切需要研究和解决如何进一步改革国企。

第三，TPP 的国有企业规则具有很强的示范作用和溢出效应。虽然 TPP 只是一个区域自由贸易协定，所包括的各种规则只适用于协定成员国，但事实上 TPP 谈判从一开始就为国际社会所关注，TPP 中包括国有企业规则在内的所有新规则，被认为在一定程度上反映出未来国际贸易与投资规则的发展趋势。这是因为，一方面 TPP 谈判的主要参与者和推动者是全球最大的经济体美国，其在国际贸易与对外投资领域具有重要的地位，这赋予美国无与匹敌的主导国际贸易与投资规则制订的能力。在 TPP 谈判确立国有企业规则后，美国可利用自身影响力将这些协定条款作为与其他经济体谈判贸易协定的模板，从而逐步演变为国际通行的规则。另一方面，TPP 谈判成员的多样性使其规则具有全球推广意义。尽管谈判成员的多样性增加了谈判的难度，但相比其他双边和多边协定，TPP 协定文本一旦达成，其确立的新规则将具有更加广泛的适用性，更容易为国际社会所效仿。最为重要的是，TPP 确立的规则符合西方发达经济体的利益。不可否认，世界仍然是发达经济体主导的世界，当一项规则有利于发达经济体时，更有可能成为国际经贸谈判中的主导规则。反之亦然。进入新世纪以来，一些新兴经济体的国有企业规模与实力迅速提升，无论是在资源能源产业、制造业，还是在主权财富基金领域，都拥有较强的竞争力，并对发达经济体的相关产业构成挑战。TPP 的国有企业规则意在维护自由资本主义模式的优势，并平衡来自新兴经济体的竞争压力，这与多数西方发达经济体的对外经济政策是一致的。因此，TPP 的国有企业规则的示范效应和溢出效应，使 TPP 的影响远远超出了区域贸易协定谈判的范畴，将规范国有企业市场竞争行为演变成国际规范，以实现有利于美国政治经济利益的深层次动机。

因此，我们应当辩证地看待 TPP 的"国有企业条款"，一方面国有企业条款制定了高于世贸组织标准的规则，这将大大维护美国在亚太地区的经济和战略利益；另一方面也将成为推动国有企业积极参与市场竞争从而提升国有企业竞争力的动力。

TPP 中"国有企业"的内涵是什么？

TPP 谈判的一大焦点是对"国有企业"的界定，如何定义国有企业关系到国有企业条款的规制范围，其概念外延越大，则规制适用范围越大。

各国及国际组织对"国有企业"的规定大不相同。澳大利亚将国有企业界定为传统国有企业及其分支机构、公共预算部门指定的商业机构和所有政府机构负责竞争性合同的部门，另外还包括那些政府所开展的有盈利的商业活动。OECD 发布的《OECD 国有企业公司治理指引》指出，国有企业是指占有全部、

多数所有权或重要的少数所有权由国家掌握重要控制权的企业。但 OECD 在 2012 年发布的关于竞争中立的另一份报告，显然扩大了国有企业条款适用范围，即不仅包括传统的国有企业还包括其他政府商业活动，例如享受税收优惠措施的非营利公共部门从事的商业活动，或受政府影响的私营企业。美国副国务卿罗伯特·霍马茨则将规制对象扩大至享受财政支持、税收优惠、监管特权和豁免以及歧视性的政府采购等不公平竞争优势的传统国有企业或政府支持企业。而美国双边投资协定 2012 模板（BIT 2012）界定，以立法授予、政府命令、指令或其他措施将政府职权转交给国有企业、其他个人或企业，以及授权国有企业、其他个人或企业行使政府职权。而 TPP 投资条款则界定为以立法授予、政府命令、指令或其他措施将政府职权（征用、发放许可证、批准商业交易、发放配额、收费等）转交给国有企业、其他个人或企业，以及授权国有企业、其他个人或企业行使政府职权。另外，中央、省级、市级政府或主管机关授权非政府主体行使政府职权也属于国有企业条款规制范围。

可见，国有企业概念界定越来越超过了传统意义上的国有企业，其外延已经涉及部分私营企业的商业行为，适用范围显然被扩大了。事实上，现实操作中，有时候很难认定某一企业或商业行为是否属于国有企业条款规制范围，因此在一些自由贸易协定中，采用了相对简单的界定标准。以美国—新加坡 FTA 为例，该 FTA 中对国有企业的定义，指具有有效影响力的企业，即政府的表决权在 20% 以上。

根据 TPP 第 17 章第 17.1 条的定义，国有企业是指如下企业：

（1）主要从事商业活动，对公益类国有企业不做要求；及

（2）一缔约方在其中：

（i）直接拥有 50% 以上的股份资本；

（ii）通过所有者权益拥有 50% 以上的表决票权；或

（iii）拥有任命大多数董事会或其他同等管理机构成员的权利。

应该说，美国在界定国有企业上的立场有所妥协。以美国—新加坡自由贸易协议第 12 条第 8 款为例，原来规定将国家在投票权股份中占 50% 作为判

断是否存在"有效影响"的基本标准外，还规定这种影响在政府拥有 50% 左右但多于 20% 时就可以推定。

 ### TPP 是否允许成员向国有企业提供非商业援助?

TPP 国企条款中"非商业援助"是指因政府对一国有企业的拥有权或控制而给予该国有企业的帮助。其中，"援助"是指：（1）资金的直接转移或潜在的资金或债务的直接转移，如：赠款或债务减免；或比该企业商业可获条件更优惠的贷款、贷款担保或其他形式的融资；或与私营投资者的投资惯例（包括提供风险资本）不相一致的权益资本；（2）比该企业商业可获条件更优惠的除一般基础设施外的货物或服务。"凭借该国有企业的政府拥有权或控制权"指：（1）该缔约方或该缔约方的任何国营企业或国有企业明确将帮助限定于其任何国有企业；（2）该缔约方或该缔约方的任何国营企业或国有企业提供的帮助主要由该缔约方的国有企业使用；（3）该缔约方或该缔约方的任何国营企业或国有企业将不成比例的大量帮助提供给该缔约方的国有企业；（4）该缔约方或该缔约方的任何国营企业或国有企业在提供帮助时，通过使用其自由裁量权对该缔约方的国有企业给予照顾。

此外，非商业援助不包括：（a）企业集团，包括国有企业的集团内交易（如集团的母公司与子公司之间，或集团的子公司之间），如正常商业惯例要求在报告集团财务状况时排除此类交易；（b）国有企业之间与私营企业公平交易的惯例相一致的其他交易；或（c）一缔约方将自出资人处收取的用于养老金、退休、社会保障、残疾、死亡或职工福利计划或其中的任何组合的资金，转移至一独立的养老基金，以代表出资人及其受益人进行投资。

TPP 要求各缔约方不向国企提供非商业性援助，以免对其他 TPP 缔约国的利益产生负面影响；也不向在其他缔约国境内生产并销售商品的国企提供非商业性援助，以免对其他缔约国的国内产业造成损害。

TPP 承认国家对国有企业的非商业援助，但要求不得损害其他成员国利

益。这与我国的国有企业政策可能存在冲突。《中共中央、国务院关于深化国有企业改革的指导意见》指出，国有企业是我们党和国家事业发展的重要物质基础和政治基础，并将国有企业分为商业类和公益类。无论是商业类还是公益类国企，都必须紧紧围绕服务国家战略、落实国家产业政策和重点产业布局调整总体要求，优化国有资本重点投资方向和领域。即使是商业类国企，其经营行为也不能仅依据商业考量，服务国家战略是我国国企政策的底线。另外，为使国企做强做优做大，政府不可避免要给予各类支持，很难保证不对其他市场主体造成负面影响。国有企业问题事关我国基本经济制度，尽管TPP的国有企业规则允许各国做出例外保留，对于如何协调《指导意见》与TPP相关规则的潜在冲突，仍需全面而慎重的评估。

 TPP 对国有企业透明度有哪些具体要求？

当国有企业既有满足公共需求的非商业活动，又有参与市场竞争的商业活动时，价格要真实地反映成本，要求国有企业的商业行为在价格制定上应该完全地反映其生产成本，同时非营利性项目的资金不得用于补贴其商业行为。因此，国有企业条款要求国有企业或相关企业响应透明度要求和会计要求，在此基础上判断企业的经营活动和真实成本支出。

TPP 的国企章节覆盖了主要从事商业活动的大型国企。同时，TPP 缔约方同意共享一份各自的国企名单，以及各自对国有企业的所有权、控制权以及非商业性援助程度信息的清单，有需要的还需提供相关附加信息。透明度具体要求如下：

（1）TPP 生效后的六个月内提供国有企业信息，并每年进行信息更新；

（2）及时通知其他 TPP 各方一个指定垄断或现有垄断或其指正范围的扩张；

（3）迅速回应其他 TPP 成员关于国有企业或政府垄断的某些信息的书面要求。

TPP 设立国有企业和指定垄断委员会的作用是什么？

国有企业和指定垄断委员会由 TPP 各缔约方的代表组成，并自协议生效之日起一年内举行会议，此后该会议至少每年举行一次，委员会可以充分发挥组织、协调、监督、落实等功能，各缔约方可以及时表达自身诉求，积极探讨协定实施过程中可能出现的相关问题并明确具体实施的进度与成效，确保 TPP 各缔约方对国有企业和指定垄断的相关问题保持持续关注，由此推动该议题的发展。具体地说，该委员会的主要作用有：

（1）审议有关国有企业和指定垄断具体内容的实施和运用

目前，国有企业更为活跃地参与全球贸易、投资等经济活动，且凭借各国政府提供的歧视性优惠、补贴、低息贷款、政府采购份额等措施将私人企业的发展置于不利境地，这会带来不公平的竞争和潜在的贸易扭曲。TPP 缔约方都有国有企业和指定垄断企业，并已经开始考虑改革来促进经济的生产和效率。协定规定各缔约方国有企业基于商业考虑进行商业性的购买和销售，除非这样做不符合国有企业在提供公共服务时被赋予的权利。缔约方法院对外国国有企业的商业活动拥有管辖权，并且行政机构要公平对待国有企业和私人企业。另外，TPP 缔约方可以在不会对其他缔约方的利益造成不利影响或损害的情况下对国有企业提供非商业性的援助，而损害的认定需要确定性的证据，并对相关因素及因果联系进行审查。TPP 对透明度提出更高要求，缔约方互相分享国企名单，并在对方要求下进一步提供政府对国有企业的所有权、控制权和所提供的非商业性援助的范围和程度，这在实施中需要相关机构的审查来确保落实并保证成员国间的公平。由于 TPP 成员国经济发展水平差异大，对国有企业和指定垄断规则的接受范围、程度和利益诉求各异，进而各国推进的难度和步伐不同，专门设置的委员会可以对各国具体规则的实施进行建议和指导，推动非歧视待遇、透明度、非商业援助等具体条款的落实，同时文本内存在一些灵活性，例如法院和行政机构设立的标准、通过授权对国有企业商业性行为留出的空间、

各缔约方在委员会成员中占比等，设立由各方组成的委员会可以行使监督权力，并通过讨论、研究、审查等方式对该协定的相关内容提出肯定或否定的修改意见，确保协定与时俱进，最大限度地维护公平竞争和平衡各缔约方的利益。

（2）充分考虑各缔约方的请求，委员会对任一缔约方提出的任何事项进行协商和探讨

TPP 缔约国经济发展存在很大异质性，国有企业占国民经济比重及国有企业承担的责任各不相同，而国有企业有维护国家安全、保障国民经济发展的特殊作用，因而要实现统一的国有企业规则的实施需要各国支付不同的成本，由此引发的争议较多。虽然 TPP 目前已达成基础协议，但很多方面有待进一步明确。委员会的设立为缔约方表达各自要求，相互之间就相关问题进行协商与协调提供了平台，有利于减少纠纷。

（3）国有企业和指定垄断委员会要承担积极推动自贸区内相关原则、规则的落实与递进义务，并探讨将规则全面拓展的路径和方式

国有企业由在一国范围内排他性的经营逐步扩展到全球，并带来公平损害、市场扭曲、私营企业受损等问题，而强调公平竞争、消费者保护和透明度是进一步提高效率的保证，是未来规则发展的趋势。美国明确表示要通过公平竞争保证私人企业的商业活动和相关的劳动力就业。TPP 通过在缔约国内相关规则的认可和制定，在小范围内达成一致意见，并借助国有企业和指定垄断委员会促进缔约方在其参与的其他区域或多边机制内建立类似的纪律规定，发挥助推器的作用。可见，TPP 在美国的主导下有更为宏大的目标，并不局限于区域内规则的制定，而是致力于规则的延伸乃至全球化，打造高标准的全球公平准则。

 TPP 国有企业和指定垄断章节有哪些例外安排？

TPP 协定国有企业和指定垄断章节中例外安排主要从缔约方对第 4 条（非歧视待遇和商业考虑）和第 6 条（非商业援助）规定义务的豁免，以及附件中的国别例外清单两部分做出例外规定。

缔约方在非歧视商业待遇、非商业援助规定中所承担义务的例外安排主要包括:

(1)当全国或者全球经济发生紧急状况时,缔约方可以不履行本章中非商业歧视和非商业援助条款规定的义务,采取措施以临时应对经济紧急状况,在紧急状况期间对国有企业实施紧急措施。

(2)缔约方国有企业可以根据政府授权提供诸如支持出口或进口、支持缔约方领土之外的私人投资的金融服务,只要国有企业提供的这些金融服务不以取代商业金融为目的,不以比商业市场上类似金融服务更优惠的条件提供,并且提供条件在 OECD 框架内制定的安排之内。非歧视待遇和商业考虑条款中第 1 款对于国有企业从事购买、销售货物或服务的商业活动时的规定不适用于上述情形。

(3)本章第 6 条(非商业援助)第 1 款(b)项、第 2 款(b)项以及第 1 款(c)项、第 2 款(c)项规定,缔约方对国有企业从本国领土内或通过第三方涵盖投资企业向另一缔约方内提供服务活动给予的非商业援助,不得对另一缔约方利益造成不利影响。只要符合不以取代商业金融为目的、不以比商业市场上类似金融服务更优惠的条件提供,并且提供条件在 OECD(经济合作与发展组织)框架内制定的安排之内的条件,缔约方国有企业可以根据政府授权提供诸如支持出口或进口、支持缔约方领土之外的私人投资的金融服务,该行为并不违反上述条款规定的情形。

(4)非商业援助条款(第 17.6 条)不适用于以下情形:位于缔约方领土之外的企业,因为丧失抵押品赎回权或者与债务违约有关的类似行为,或者丧失与上述第 2、第 3 条所指的金融服务相联系的金融索赔支付,缔约方国有企业临时取得其拥有权,在取得临时拥有权期间根据重组或清算计划(该计划会导致企业股权最终过户),以收回国有企业为目的,对该企业提供任何支持。

(5)非歧视待遇和商业考虑(第 17.4 条)、非商业援助(第 17.6 条)、透明度(第 17.10 条)国有企业和指定垄断委员会(第 17.12 条)条款中所规定的义务,不适用于在前 3 个连续财务年度中的任何一年,从商业活动中

获得的收入低于依照附件 17-A 计算的门槛金额（2 亿特别提款权）的国有企业和指定垄断。需要指出的是，对于文莱、越南、马来西亚的国有企业和指定垄断，如果其在此前 3 个财务年度中任何一年，从商业活动中获得的收入低于 5 亿特别提款权，那么 TPP 生效后五年内，第 17.4 条（非歧视待遇和商业考虑）、第 17.6 条（非商业援助）规定的义务对其并不适用。

　　TPP 协定中对于国有企业和指定垄断的约束主要适用于中央层级，而对于次中央（地区和地方）国有企业和指定垄断，做出诸多例外安排。本章附件 17-D 对地方层级的国有企业以及地方政府指定的指定垄断根据不同国家的具体情况，列出了详尽的例外安排清单。TPP 成员国各自拥有的中央和地方国有企业情况不尽相同，比如美国没有中央一级国有企业，而马来西亚、新加坡等国的国有企业主要集中于中央层面，为平衡利益，本章附件 17-E（新加坡）、17-F（马来西亚），将其单独列出做义务豁免安排。

表　不同国家次中央国有企业和指定垄断例外安排情况

条款		主要内容	例外国家
第 17.4 条 非歧视待遇和商业考虑		缔约方国有企业保证其基于商业考虑从事购买、销售等商业活动，缔约方政府保证其国有企业和指定垄断不对其他缔约方的企业、货物、服务实行差别待遇。	越南、马来西亚
第 17.4 条	第 1 款	缔约方保证其国有企业按照商业考虑和非歧视待遇从事购买、销售货物或服务等商业活动时	日本、新西兰、墨西哥
	1.（a）	缔约方国有企业依照商业考虑购买、销售货物或服务。	澳大利亚、加拿大、智利、秘鲁、美国
	1.（b）	国有企业在购买货物或服务时，不得对另一缔约方的货物、服务、企业实行差别待遇。	
	1.（c）	缔约方企业在销售货物或服务时，应给予另一缔约方企业不低于其给予本国内、其他缔约方以及非缔约方企业的待遇。	加拿大、智利、秘鲁、美国
	第 2 款	缔约方保证其指定垄断缔约方按照商业考虑和非歧视待遇从事购买、销售货物或服务等商业活动时	澳大利亚、新西兰、加拿大、智利、日本、墨西哥、秘鲁、美国

（续表）

条款		主要内容	例外国家
17.5 法院和行 政机构	第2款	缔约方行政机构采取公平的方式对国有企业和私有企业进行监管，行使自由裁量权，不得利用其监管职权为国有企业提供优惠待遇。	加拿大、马来西亚、美国
17.6 非商业 援助	1.（a） 2.（a）	对国有企业货物生产和销售的非商业援助不得对另一缔约方造成不利影响。	澳大利亚、加拿大、智利、日本、马来西亚、墨西哥、新西兰、秘鲁、美国、越南
	1.（b） 1.（c） 2.（b） 2.（c）	缔约方对国有企业从本国领土内或通过第三方涵盖投资企业向另一缔约方内提供服务的活动给予的非商业援助，不得对另一缔约方利益造成不利影响。	
	第3款	缔约方向国有企业提供非商业援助不得对另一缔约方国内产业造成损害。	加拿大、日本、新西兰
17.10 透明度	第1款	TPP成员自协定生效之日起6个月内，公布国有企业名单，每年进行更新。	澳大利亚、加拿大、智利、日本、马来西亚、墨西哥、新西兰、秘鲁、美国、越南
	第4款	对于政府采取的政策或支持的项目对双方贸易的影响应缔约方的请求书面提供相关信息。	加拿大

对于新加坡来说，其国有企业比重较大，新加坡主权财富基金基本控制了国民经济命脉，"国有企业和指定垄断"一章附件17-E对新加坡主权财富基金例外情况做出了下列说明：

（1）新加坡主权财富基金只要不违反本章对国有企业的有关规定，可以对其控制的国有企业行使投票权。

（2）非歧视待遇和商业考虑第1款不适用新加坡主权财富基金控制或拥有的国有企业。

（3）除例外情况，非商业援助第2款规定不适用于新加坡主权财富基金控制或拥有的国有企业。

　　附件 17-F 对马来西亚国民投资公司和朝圣基金局两大国有企业做出例外安排，只要马来西亚国民投资公司或其控制公司专门和朝圣基金局从事为公众成员提供使受益人受惠的集体投资项目，免受政府除一般指南外的投资指示，国有企业和指定垄断条款规定的义务对其不适用，但仍需履行非商业援助第 1 款和第 3 款的规定。

第 18 章　知识产权

李　俊

TPP 协定知识产权章节主要包括总则、合作、商标、国名、地理标识、专利和未披露的试验或其他数据、工业设计版权和相关权利、执法、互联网服务提供商、最后条款等 11 个方面的内容。

 TPP 协定知识产权章节的总体原则是什么?

在总则部分，实质性的条款主要包括以下几个方面。

（1）成员国有加入国际条约的义务

TPP 规定：每一缔约方应当加入以下协定：

（a）《专利合作条约》，1979 年 9 月 28 日修正；

（b）《巴黎公约》；和

（c）《伯尔尼公约》。

一缔约方不是以下协定的缔约方，应在本协定对该缔约方生效日之前批准或加入以下各项协定：

（a）《马德里议定书》；

（b）《布达佩斯条约》；

（c）《新加坡条约》；

（d）1991 年《国际植物新品种保护公约》（UPOV 公约）；

（e）《世界知识产权组织版权条约》（WCT）；

（f）《世界知识产权组织表演和录音制品条约》（WPPT）。

（2）国民待遇原则

TPP 规定：对于本协定所涵盖的所有类型的知识产权，每一缔约方在知识产权保护方面，应当给予其他缔约方国民不低于其本国国民待遇的待遇。

（3）透明度

TPP 规定：每一缔约方应根据其法律尽力将其公布的有关商标、地理标识、外观设计、专利和植物新品种权的申请信息置于互联网之上。每一缔约方应根据其法律将其公布的已获注册或授权的商标、地理标识、外观设计、专利和植物新品种权的充分信息置于互联网之上，以使公众了解已注册或授权的权利。

（4）知识产权保护与公共利益关系

TPP 规定：知识产权的保护与实施应有助于促进技术创新和技术的转让与传播，有助于技术知识的创造者和使用者互利互惠，增进社会和经济福利，并有助于权利和义务的平衡。

同时尊重透明度和正当程序原则，并考虑相关利害关系人的利益，包括权利人、服务提供者、使用者和社会公众。

（5）知识产权保护与特定公共健康

TPP 重申了 TRIPS 与公共健康宣言中的承诺，达成了以下共识：

知识产权保护义务不会且不应阻止一缔约方采取措施保护公共健康。相应地，在重申其对本章的承诺的同时，缔约各方确认，本章可以而且应该按照支持缔约各方有权保护公共健康特别是促进公众获取药物的方式来解释和实施。每一缔约方有权决定构成全国紧急状态或其他特别紧急状态的情形，并且缔约各方认为，与艾滋病病毒/艾滋病、肺结核、疟疾和其他传染病相关的公共健康危机可以构成全国紧急状态或其他特别紧急状态。

TPP 对国际专利合作是如何规定的?

（1）知识产权活动及项目的合作

缔约各方应在本章涵盖的客体上努力合作，例如缔约各方的知识产权局或者每一缔约方指定的其他机构之间进行适当的协调、培训和信息交流。合作可以涵盖下述领域：

（a）国内和国际知识产权政策的发展；

（b）知识产权管理和注册制度；

（c）知识产权的教育和意识培养；

（d）与以下相关的知识产权问题：中小型企业；科学、技术和创新活动；技术的产生、转让和传播；

（e）为研究、创新和经济增长而利用知识产权的政策；

（f）知识产权多边协定的实施，例如 WIPO 主持缔结或者管理的协定；和

（g）对发展中国家的技术援助。

（2）专利合作和工作共享

TPP 规定：缔约各方应努力在其各自的专利局之间进行合作，以便分享和使用其他缔约方的检索和审查工作。该合作可能包括：

（a）使其他缔约方的专利局可以获得检索和审查结果；

（b）交换与专利审查有关的质量控制制度信息和质量标准信息。

为了降低获得专利授权的复杂度并减少相应的费用，缔约各方应努力合作，以减少各自专利局的办事程序和流程差异。

缔约各方应加强知识产权信息分享合作。例如公众可利用的已注册知识产权的数据库，其可以帮助确认已经进入公共领域的客体。

（3）传统知识领域的合作

TPP 认为：当知识产权制度与基因资源有关的传统知识有关时。缔约各

方应通过各自负责知识产权的机构或其他相关组织努力合作，以增进对于与基因资源有关的传统知识问题和基因资源问题的理解。

缔约各方在传统知识领域合作的内容包括：

（a）在确定现有技术时，可能要考虑与基因资源相关传统知识的公共可获得文献信息；

（b）第三方有机会以书面形式向主管审查机关呈明与可专利性有关系的现有技术公开，包括与基因资源相关传统知识有关的现有技术公开；

（c）如果可适用且适当，使用包含与基因资源有关的传统知识的数据库或数字图书馆；和

（d）合作对审查与基因资源相关传统知识有关的专利申请的专利审查员进行培训。

 TPP 对商标权有何规定及与 TRIPS 应对条款的异同？

（1）TPP 对商标权的具体规定

商标注册：任何缔约方不得要求拟注册标识必须在视觉上可感知，任何缔约一方也不得对仅有声音或气味组成的标识拒绝给予商标注册；缔约方的商标包括集体商标和认证商标，任何一方不应该在国内法中把认证商标看做单独的一类；遵守 TRIPS 第 20 条规定，各缔约方应该保证对于在货物或者服务的名称中使用惯例术语的规定，包括名称、与商标使用相关的相对大小、位置、风格，不应该损坏商标的使用及其有效性；

集体及认证标记：各缔约方应规定，商标包括集体和认证标记，任何缔约方不应在国内法中将认证标记作为单独的一类。各缔约方也应该将可以作为地理标识使用的标志作为商标给予保护。根据遵守 TRIPS 第 20 条，货物或服务的名称，及与其名称有关的相对大小、位置、商标的使用风格等不得损害商标的使用效果。

相同和相似标记的使用：各缔约方应规定，注册商标的拥有者应有商标

的独享权，禁止第三方在未经商标拥有者同意的情况下在贸易中使用相同或相似的标志，包括地理标识。

驰名商标保护：各缔约方不应该因其已经在其他地方注册为驰名商标，或者被列为驰名商标而定义其为驰名商标。缔约方不得以商标没有在其境内或其他缔约方注册，以及超越商标所在商品或服务所在领域的认知度为条件来判断商标是否驰名；各缔约方应该提供适当的措施，拒绝或注销与驰名商标相同或相似的商标的注册，禁止与驰名商标相同或相似的商标的使用。

商标的检验，拒绝及撤销程序：各缔约方应建立商标检验及注册的系统，系统需要包括：（a）若商标注册，应给申请者提供书面说明，可以是电子版；（b）给予申请者机会由权威机构就商标首次被拒绝事宜进行沟通，并对商标最终被拒绝注册给予上诉的权利；（c）可以拒绝商标注册或撤销注册商标；（d）关于拒绝及撤销商标的行政决定应由书面给出合理理由，可为电子版。

商标的保护期：各缔约方应该提供给第一次注册商标及商标的每一次更新不少于10年的保护期。

电子商标系统：各缔约方应提供电子商标申请及维护系统，对公众开放的电子信息系统，包括商标申请及注册的网上数据库。

货物及服务的分类：各缔约方应维持一个商标分类系统，与更新的全球货物商品服务商标注册分类条约（Nice Classification）相一致，各缔约方应规定：（a）关于商标的注册及申请的公布，其货物及服务的名称应根据分类条约（Nice Classification）所建立的分类；（b）货物及服务，不应因其在分类条约中属于一个分类而被认定为相似，反之亦然。

域名抢用：关于各缔约方管理的国家最高级的域名（ccTLD），各缔约方应提供：（a）解决争端的合适程序，遵守《统一域名争端解决政策》；（b）网上公开系统，可检索到关于域名注册的准确联系信息。

非备案的商标许可：任何缔约方不得要求商标许可的备案，用来：（a）证明许可的有效性；（b）作为持有许可证的人使用商标的条件。

（2）TRIPS 协定对商标权的有关规定

商标注册：任何可以区分货物或服务的标记都能够组成商标，标记中包含的人名、字母、数字、形状或组合元素可以注册商标。若标记本身并不能区分货物或服务，缔约方可以用其用途进行注册，要求商标在视觉上是可感知的。在商标注册方面，TRIPS 要求，成员方可以根据用途来进行注册，但不能作为唯一条件依据，且不能因预计用途没有达到而拒受商标注册。

商标许可：TRIPS 规定，各缔约方可对商标的许可和转让确定条件，即不允许商标的强制许可，且注册商标的所有权人有权将商标与该商标所属业务同时或不同时转让。

驰名商标保护：TRIPS 规定，确定商标为驰名商标时，各缔约方应考虑相关部门、公众对该商标的了解程度。在不相类似的货物或服务上使用已注册的商标可能造成混淆、损害商标所有权人利益的行为应当拒绝或取消注册，并禁止使用。

电子商标系统、域名抢用，TRIPS 中未做规定。

 TPP 对地理标识有何规定及其与 TRIPS 对应条款的差异？

（1）TPP 对地理标识的规定

地理标识的认定：各缔约方应通过商标系统或其他独特的系统保护地理标识；各缔约方通过商标体系或者独特的体系为地理标识的保护及认识提供行政程序：（a）对于申请，各缔约方应接受申请或者请求；（b）处理申请及请求程序不应招致过于复杂的形式程序；（c）各缔约方应保证申请及请求的程序清晰公开；（d）公开的信息需要使大众了解一般申请及请求程序，并及时让申请者了解申请状态；（e）允许给予地理标识保护及认可的撤销；TPP 规定，任何形式的任何标识或标识的组合，包括地名、人名、字母、数字、比喻名称、颜色等，都可以成为地理标识。

地理标识的反对及撤销：各缔约方通过前款所述程序保护或承认地理标

识，也应该赋予利益相关方提出反对意见，允许申请被拒绝，反对地理标识的合理理由为：（a）地理标识容易与某一商标，或与已经在其他地方申请中的地理标识相混淆；（b）地理标识与之前存在的商标或者地理标识相混淆；（c）地理标识的术语在普通语言中指某货物的名称。上述关于地理标识的拒绝和撤销可以从地理标识的申请时间开始。

地理标识的保护期：各缔约方一旦认定地理标识并给予保护，保护期开始日不早于申请或注册日；若一缔约方与其他政府实际签署的协议中给予地理标识认定及保护，但是并未得到 TPP 条款的认定或保护，那么对于地理标识的保护应不早于协议生效日。

（2）TRIPS 协定对地理标识的规定

TRIPS 协定认为，地理标识是指识别一货物来源于一成员领土或该领土内一地区或地方的标识，该货物的特定质量、声誉或其他特性主要归因于其地理来源。

地理标识与商标的关系，TRIPS 中未做规定。

 TPP 对专利权有何规定?

（1）TPP 对专利权的规定

专利的申请：对于任何发明，在所有的技术领域，不论是产品还是程序，只要发明是新的，并有工业上的应用价值，则需申请专利；如果某项发明中有独特特征，且包含一项创新步骤，并有工业应用价值，任何一方不应该以该发明没有增强已有产品的功效而否认该项专利；有关植物和动物的发明，也应可以申请专利；专利申请可用于一项已有产品的新应用或者新的使用方法或新程序。

专利的排除：各方为了保护公共秩序或公德，包括保护人、动物或植物的生命或健康，或者为了避免对环境造成严重损害，有必要制止某些发明在其领土内进行商业实施的，可以将这些发明排除在可获专利之外，只要这种排除并非仅仅因为该缔约方的法律禁止。

排除的专利包括：（a）应用于人或者动物身上诊断的、治疗的、手术的方式；（b）除微生物之外的动物；（c）除微生物和微生物外的生产植物和动物的主要生物方法；（d）植物品种，但是对于给予植物衍生的发明，应给予专利。

专利权的赋予：各方都可以提供专利独享权的有限例外，只要没有不合理地与专利的正常使用相冲突，也没有在考虑到第三方合法权利的情况下，不合理的损害专利拥有者的利益。

专利的取缔与撤销：对于创新新颖的认定，若关于专利的创新或创新步骤的信息来自于专利申请者或第三方，而第三方的信息直接或间接地也来自于专利申请者，又或者本次申请距离上一次申请不足 12 个月，则认定信息应该被取缔；各方应规定，某个专利可以仅因不予授予专利的理由进行专利的取缔、撤销或者废止；各方还可规定欺诈，虚假陈述，或不公平的行为可能会成为取缔、撤销和废止专利或使得专利无法生效的依据。

专利的宽限期：TPP 第 18.38 条规定，在确定专利申请是否为新颖的过程中，如果有关专利的信息公开披露原因是：（a）由专利申请人所为或从专利、申请人处直接或间接获取信息的人行为；（b）在提交专利申请前的十二个月内发生的；则缔约方应规定不丧失新颖性。

专利信息的发布及期限调整：TPP 规定各方应规定，一项专利的信息发布应足够清晰完整；各方应规定，所谓的发明创造如果有具体的、实质的、可靠的使用价值，即为有用的；各方应该在自申请之日起，18 个月期满后，立即公布专利申请，除非专利提早公布或被拒绝；各方可选择不公布专利申请，若专利申请涉及国家安全、公众安全、公共秩序或已申请过专利，或包含诋毁性中伤性内容，或申请时提交不公布请求，经由国际协定批准，又或涉及各方法律之内的例外；在专利拥有者的要求下，各方应可以调整专利保护期及对于专利批准的任何延迟做出赔偿，除非延迟是由专利申请者造成。

（2）TPP 对农业化学品的规定

作为授予某一新农业化学品上市许可的条件，如果一缔约方要求提交关于该产品安全性和有效性的未公开的试验或其他数据，则自该新农业化学品在该缔约方获得上市许可之日起至少十年内，该缔约方不得允许第三方未经先前提交此等信息的人的同意，而上市销售基于此等信息或授予提交该试验或其他数据的人上市许可销售相同或相似产品。

作为批准某一新农业化学品上市销售的条件，如果一缔约方允许提交该产品在其他领土先已获得上市许可的证据，则自该新农业化学品在该缔约方获批上市销售之日起至少十年内，该缔约方不得批准第三方未经先前提交关于产品安全性和有效性的未公开的试验或其他数据，以支持其获得先前上市许可的人同意，而基于此等未公开的试验或其他数据或者在其他领土获得先前上市许可的证据上市销售相同或相似产品。

为本条之目的，新农业化学品指包含此前从未在该缔约方领土内被批准用于农业化学品化学成分的农业化学品。

（3）TPP 对药品的数据保护

关于药品数据保护，TPP 规定，如果一缔约方要求提交为公开测试及其他涉及某产品安全及效用的信息，作为市场准入的条件，该缔约方不应允许第三方，在未经上述信息提交人同意的情况下，在市场上推广相同或类似的产品，若该产品信息来源于未公布信息，或市场准入已经获批，期限至少 5 年，才可授予另一种新型药品的市场准入；若一缔约方要求递交之前在另一领土内的市场准入，作为批准市场准入的条件，该缔约方不应允许第三方，在无信息递交方同意的情况下公布这些信息。对于先前批准药物基础上的改变剂型、改变给药途径等新的治疗信息提出的药品注册申请，对有关信息给予至少 3 年的保护。对于含有此前未在本国批准的新化学成分的新药，对有关信息给予至少 5 年保护期。

不合理的专利期减少的调整：TPP 规定，专门列出关于药品及其他相关产品的保护措施，指明关于专利期不合理减少的问题。指出各缔约方应该以及时有效的方式处理药品上市的申请程序；为避免有效专利期的不合理减少，各缔约方可采取加速批准药品市场准入的程序。

（4）TPP 对生物制品规定

关于保护新型生物制品的时长及范围，TPP 规定，对于药品或包含生物制

品的产品首次市场准入，各缔约方应提供有效的保护（参见关于药品数据保护部分），保护期限为 8 年，（或者为 5 年，通过其他方式保护，认识到要根据市场环境调整保护方式以有效保护。）该部分规则同样适用于某生物产品或包含通过生物科技程序制成的蛋白产品，并且上述产品用途是应用到人类身上预防、治疗疾病等。各缔约方要意识到国际及国内对于新型药物产品或包含生物制品的产品的法律法规会随着市场情况而变化，各缔约方应以 10 年为期限进行磋商，或根据 TPP 委员会规定进行定期磋商，来审查产品的保护期限及保护范围。

（5）中国的相关规定

关于专利宽限期，中国为 6 个月，TPP 为 12 个月，其中所列情形与 TPP 要求完全不同。而且中国也没有专利调整期的相关规定。

中国规定对于农业化学品数据保护期为 6 年，而 TPP 规定为 10 年。

对于药品的数据保护中国基本和国际高标准一致。中国保护期为 6 年，TPP 规定为至少 5 年。

在生物制品方面。中国在生物制品的保护方面没有规定。

 TPP 对版权有何规定？

TPP 规定各缔约方应提供给作者、表演者、录音制品制作者权利，使其可授权或者禁止他们的作品、录音制品以任何方式或形式，永久或暂时（包括暂时以电子格式保存）复制，关于其例外和限制应有国内立法做出规定。

各缔约方应提供给作者排他权，可授权或禁止其作品对公众的传播，通过有线或无线方式，包括公众能够自由选择时间地点知晓作品的方式。

各缔约方应赋予作者、表演者、录音制品制作者权利，使其可授权或者禁止其作品或录音制品在未经授权的情况下进入缔约方领土，或在经授权情况下在缔约方领土之外制成。

缔约方应授予作者、表演者、录音制品制作者权利，使其可授权或者禁止其作品、表演及录音制品的原版及其复制品通过买卖或其他所有权转让方式为公众所获得。

关于保护期：缔约方规定，作品，包括摄影作品、表演或录音制品保护期的计算为：（a）其保护期在以自然人的生命为基础计算时，为作者终生加死后至少 70 年；（b）如不以自然人的生命力为基础计算，则从作品第一次被准予出版、表演或录音制品发行的那一公历年年底起不少于 70 年。或者，如果自作品、表演或录音制品创作后 25 年内没有授权出版，其保护期为该作品、表演或录音制品创作完成的那一公历年年底起不少于 70 年。

技术保护措施：为提供健全的法律保护及有效的法律救济，对故意、出于商业利益或经济利益目的的行为，采取刑事程序和刑事处罚；对于非营利性的图书馆、博物馆、教育机构等，各缔约方规定：（a）免于上述刑事责任；（b）在善意且不知晓该行为属于禁止之列，免于民事责任。

TPP 对知识产权执法有何更高要求？

一般义务中规定各方应保证知识产权执行在其国内法内，提供有效的行动打击知识产权侵权行为，并且提供迅速及时的补救措施防止侵权行为，及有效措施遏制进一步的侵权行为。这些程序的使用应避免造成贸易壁垒，并防止程序滥用。知识产权执法应公平公正，不应不必要的繁琐复杂或极其昂贵，或带来不合理的期限及无理由的拖延。另外还要求知识产权执法对于网络数字环境下的商标、版权，及相关权的侵权行为的处理同样适用。各方应认识到执法资源的分配不能成为某方不遵守此协定的理由。推定部分更加详细，即在民事、刑事及行政程序中，版权及相关权，各方应规定，在缺乏相反证据的情况下，表演及录音制品的作者、表演者、作品创作者即为其版权及相关权所有者。在民事、刑事、行政执法程序开始时，对于已经注册的商标，若之前已由权威实体给出判决，则应视该商标有效；在民事、刑事、行政执法程序开始时，若专利已由一权威实体全面检验并授权，则该专利可视为满足可应用标准。

刑事程序及惩罚：对于有意仿造商标、版权或相关权的盗版及侵权，以商业获益或经济获益为目的，或者非商业金融获益而且对版权及相关权的所有者在市场地位上产生影响，各方应提供刑事程序及惩罚。

各缔约方应规定有意进口或出口仿造商标产品及盗版商品，用于商业用途为非法行为，应受刑事处罚。

各方应规定，对于某产品的商标及打包，若与某已注册商标相似或者无法进行区分，或意图作为与某已注册商标相关产品进行进口贸易或在本国内使用，应采取刑事程序。

对于从电影表演当中的复制的电影摄影相关产品，各缔约方应给予这种未授权的仿制适当的刑事惩罚。

基于上述行为，各缔约方的刑事惩罚应：（a）包括监禁和足够发挥震慑作用的罚款，与相同严重性的刑事行为处罚相当。（b）司法机构有权决定刑事处罚的内容等级，考虑到事态严重性及健康和安全的因素。（c）司法或其他权利当局有权没收可疑伪造商标、盗版货品及其他相关材料，包括罪案的文件，与罪案相关的资产等。当某缔约方为发出司法命令要求提交没收货品的信息时，其对货品的描述应适当，不宜过于详细。（d）至少对于严重侵权行为，司法当局有权责令没收任何来源于或通过侵权行为获得的财产。（e）司法机构有权下令没收或者销毁所有：①仿造的商标货物或盗版产品；②上述产品制作时所用的原料、工具；③上述货品所用的标签及包装。（f）司法当局有权释放或提供渠道使知识产权所有者获得货物、材料及工具以进行民事侵权程序。（g）权力当局有权自行启动法律行为，不需要知识产权所有者或任何个人方提出正式投诉。

TPP中对于知识产权执法的刑事程序和处罚部分规定十分详细，大大增强了刑事执法的力度，扩大了其范围，且规定清晰明了，说明刑事执法已经成为知识产权执法的主要手段，更体现出以美国为首的TPP成员国对于知识产权部分执行效果的决心；TPP 知识产权条款体现出知识产权保护加强的趋势，尤其进一步扩大了知识产权刑事保护的范围，刑事执法因其效率高、影响大、震慑力强，逐渐成为知识产权保护的主要手段。创新的无国界性和知识产权保护的地域性，决定了知识产权规则需要国际"协调"。随着经济全球化趋势越来越明显，国际经济合作不断加深，各方经济行为均受到影响，同时也影响着贸易伙伴，因此知识产权不论是在交易中还是保护执法中都需要更有效的国际协调。

 TPP 对互联网领域的知识产权保护做了哪些规定？

为使得各实体继续提供合法的网络服务，同时保证执法程序的实施打击侵权行为，各方应该建立或维持一个框架，提供包括救济措施在内的在网络环境下解决侵权问题，并且各方应建立或维持一个框架提供"安全港"，即在适当条件下，减少或消除网络提供商的责任。这种框架应包括，合法的措施鼓励网络服务提供商与版权所有者合作打击未授权的存储或传送受版权保护材料的行为。针对网络提供商并未掌控、发起、直接参与网络系统的打击侵权的行为，予以保护，即减少其所负责任。

TPP 针对网络服务提供商的行为及打击侵权行为的责任减免单独提出的一个章节，涉及了豁免权，即如果网络公司满足某些符合"安全港"条件，可以豁免版权责任。美国 DMCA 法律规定，这些安全港条件要求网络中介符合"告知—取缔"程序。目前，其中一个争论点是没有类似 DMCA 中规则的国家是否应该被强制采用该规则。TPP 中很多国家已实施的系统大多都比 DMCA 更有效，如加拿大实行的体系，即通知用户版权事宜但并不要求任何内容从网上自动删除。在智利 2010 年实行的体系要求法官在任何删除之前进行审查。日本并不要求法官命令，但也要求撤销请求需要一个可信的自主监管机构来审查。这些体系对中国的网络环境管理都有很好的借鉴意义。

 TPP 对商业秘密保护做了哪些具体规定？

TPP 规定：要符合 TRIPS 中第 39 条的内容；故意的未经授权获得电脑里的商业秘密，应用电脑系统故意在未经授权的情况下滥用商业秘密，或者通过电脑系统公开商业秘密；各方应采纳适当法律法规、命令及准则，规定政府部门使用非侵权的电脑软件，要想使用软件，或有版权及相关知识产权保护的其他材料时，需要法律或相关许可授权。

第19章　劳工

袁　波

 TPP 要求各方承诺采用和维持的国际劳工标准是什么？

美国等西方发达国家一直寻求将国际贸易与劳工标准挂钩，但由于发展中国家反对，一直未能在世界贸易组织等多边层面得到采纳。在美国对外签署的自贸协定中，基本都纳了劳工章节并要求自贸伙伴采用国际劳工标准。此次达成的 TPP 协定劳工章节，提出要求采用和维持国际劳工组织（ILO）在 1998 年《工作中基本原则和权利宣言》中提及的五项核心劳工标准，包括：自由结社权，有效承认集体谈判权利，消除一切形式的强迫或强制劳动，有效废除童工和禁止最有害童工形式，以及消除就业和职业歧视。

（1）自由结社权

自由结社权是核心劳工标准的基础，涉及国际劳工组织的第 87 号公约《1948 年结社自由与保护组织权公约》。国际劳工组织认为劳工是雇主所雇佣的人员，与雇主相比处于弱势地位，因此应赋予劳工自由结社权以便平衡双方地位。公约所规定的自由结社权，意味着工人可以自由组建某个组织，自由加入某个组织，而不需事前批准。我国《宪法》第 35 条明确规定，"公民有结社的自由"。《工会法》依据宪法进一步确认了劳动者有组织工会的权利。《工会法》第 3 条规定："在中国境内的企业、事业单位、机关中以工资收入为主要生活来源的体力劳动者和脑力劳动者，不分民族、种族、性别、职业、宗教信仰、教育程度，都有依法参加和组织工会的权利。"但同时，《工会法》

第 13 条也规定："基层工会、地方各级总工会、全国或者地方产业工会组织的建立，必须报上一级工会批准。"这表明，在我国自由结社仍需经过批准。

（2）有效承认集体谈判权利

国际劳工组织 1949 年制定的《组织权与集体谈判权公约》（第 98 号公约），以及 1981 年制订的《促进集体谈判公约》（第 154 号），要求采取措施促进工会与雇主进行集体谈判，并达成集体协议来规定工人的就业条件。我国 1995 年开始施行的《劳动法》明确规定："工会可以代表职工与企业、事业单位行政方面签订集体合同。""企业职工一方与企业可以就劳动报酬、工作时间、休息休假、劳动安全卫生、保险福利等事项，签订集体合同。"2001年新修改的《工会法》规定："工会通过平等协商和集体合同制度，协调劳动关系，维护企业职工劳动权益。"《劳动合同法》（2013 年）第五十一条规定："企业职工一方与用人单位通过平等协商，就劳动报酬、工作时间、休息休假、劳动安全卫生、保险福利等事项，可以订立集体合同。集体合同草案应当提交职工代表大会或者全体职工讨论通过。集体合同由工会代表企业职工一方与用人单位订立；尚未建立工会的用人单位，由上级工会指导劳动者推举的代表与用人单位订立。"可见，我国现行法律法规承认集体谈判权，但对集体合同签订所使用措辞是"可以"而非"必须"，并没有将订立集体合同作为企业的法定义务予以明确。

（3）消除一切形式的强迫或强制劳动

国际劳工组织《强制劳动公约》要求并不禁止所有形式的强迫或强制劳动，允许受到适当监督的服刑人员劳动的存在，但反对以此牟利的行为。同时还禁止使用任何形式的强迫或强制劳动作为一种政治强制或政治教育手段。1966 年联合国《公民权利和政治权利国际公约》第 8 条也规定了强迫劳动问题，该公约规定："不应当要求任何人从事强迫劳动或义务劳动。"我国于 1998 年 10 月签署了该公约，目前尚待全国人大批准。2013 年我国《劳动合同法》第 88 条对强迫劳动做出了新规定，"用人单位有下列行为之一，构成犯罪的，依法追究刑事责任。其中包括，以暴力、威胁或者非法限制人身自由的手段强迫劳动的；违章指挥或者强令冒险作业危及劳动者人身安全的；侮辱、体罚、殴打、非法搜查或者拘禁劳动者的；劳动条件恶劣、环境污染严重，给劳动者身心健康造成严重损害的。"我国曾长期实施劳动教养制度，将违法尚不够刑罚处罚的人员，进行强制性劳动教育改造。2013 年 12 月，我国司法部对《劳动教养人员生活卫生管理办法》等 7 个部颁规章和其他部颁规章中有关劳动教养工作的规定，予以废止，正式终结劳动教养制度。

（4）有效废除童工和禁止最有害童工形式

禁止使用童工已经成为一项各国公认的国际劳工法规则。1998 年，我国批准了国际劳工组织的《最低年龄公约》（第 138 号）；2002 年，我国批准了《禁止和立即行动消除最恶劣形式的童工劳动公约》（第 182 号）。我国的《宪法》《劳动法》《未成年人保护法》和国务院发布的《禁止使用童工的规定》中都规定保护儿童权利或禁止使用童工的条款。《劳动法》规定的最低就业年龄为 16 周岁，高于国际劳工组织第 138 号公约所规定的任何情况下许可就业的最低年龄都不得低于 15 周岁的国际标准。但是，我国《劳动法》和《禁止使用童工规定》规定了专业文艺工作者、体育行业使用童工的例外，与公约的规定直接抵触。

（5）消除就业和职业歧视

国际劳工组织《（就业和职业）歧视公约》（第 111 号）规定，劳工不因任何基于种族、肤色、性别、宗教、政治见解、民族、血统或社会出身等原因在获得就业机会、培训和工作条件方面受到歧视。我国已经批准了国际劳工组织《对男女工人同等价值的工作付予同等报酬公约》（第 100 号）和《（就业和职业）歧视公约》（第 111 号）。消除就业歧视在我国法律中也有明确规定。我国《宪法》第 33 条第 2 款规定："中华人民共和国公民在法律面前一律平等。"我国《劳动法》第 12 条规定："劳动者就业，不因民族、种族、性别、宗教信仰不同而受歧视。"第 13 条又进一步加以明确："妇女享有与男子平等的就业权利。在录用职工时，除国家规定的不适合妇女的工种或者岗位外，不得以性别为由拒绝录用妇女或者提高对妇女的录用标准。"与公

约相比，我国仅没有将因肤色、政治见解和社会出身而致的歧视包括在内。

 如何理解 TPP 劳工章节的"不得减损"条款?

TPP 协定在劳工章节提出了"不得减损"条款，主要包含三个方面的内容:

一是不以影响成员方之间贸易或投资的方式，豁免或减损或是提议豁免或减损劳工相关的立法或法规。在以往美国签署 FTA 的劳工章节中，这个要求基本是标准要件，目的是为了保证自贸伙伴加强或维持高水平劳工保护标准，使其不会因为降低劳工标准而对美国形成不正当的竞争优势。

二是这些立法或法规是指实施前述的五项国际劳工标准的法律或法规，或是豁免或减损这些劳工权利的法律或法规。这个规定既包括实施劳工权利的法律法规，也包括豁免或减损劳工权利的法律法规。

三是要求一国国境内的特别贸易区或关税区，如出口加工或对外贸易区等也履行此义务，并且此项义务不仅与国际劳工标准相关，同时还与工作条件相关。这个要求是美国首次在 TPP 中提出，目的是要确保发展中国家的特别贸易区或关税区能够遵守相关国际劳工标准和可接受的工作条件。

我国在对外签的 FTA 中还没有涉及劳工领域的内容，仅在与新西兰签署的《劳动合作谅解备忘录》的一般条款中，承认通过弱化或者不执行劳动法律的方式来鼓励贸易或者投资的做法是不恰当的，但同时也认为，出于贸易保护主义的目的而制定或者实施劳动法律、法规、政策或实践也是不恰当的。

 TPP 劳工章节对于提高公众意识与公众参与有哪些要求和程序上的保障?

TPP 劳工章节非常重视提高公众意识与公众参与度，要求各方通过保证其劳工法及执行、与合规程序相关信息可公开获得等手段，提高公众的劳工法意识。

（1）要求给予被认可利益人参与劳动法执法裁判庭的权利。依据各国法律不同，裁判庭可包括行政裁判庭、准司法裁判庭、司法审判庭或劳资审裁处。

（2）对裁判庭的劳动法执行程序提出了要求：一是公平、公正且透明；二是符合正当法律程序；三是不会带来不合理的费用或时限，或无故拖延；四是除非司法行政另有要求且符合其可适用的法律，否则该程序中的任何审理应向公众开放。

（3）对案件实体问题的最终裁定提出了要求：一是基于各方被给予机会提供的信息或证据；二是陈述了裁定所依理由；三是以书面形式在无不当延误的情况下向该程序所涉各方提供，并且在符合其法律的情况下向公众提供。

（4）要求给予所涉各方有权依该法适当寻求复审或上诉、救济的权利，并且要求保证最终裁定的有效执行。

（5）要求建立联络点，根据国内程序就接收和审议与劳工相关的公众意见做出规定。公众意见要得到审议需具备一定条件：一是提出与本章直接相关的问题；二是表明提交意见的人或组织的身份；三是尽可能说明所提问题如何以及在何种程度上对缔约方间的贸易或投资造成影响。而各方也需要对意见提出的事项进行审议并及时答复提交者，包括视情况以书面形式答复以及视情况及时将意见和其审议结果向其他缔约方和公众公开。

（6）在劳工理事会开展活动时也要求加强公众参与。一是在开展包括会议在内的活动时，理事会应提供相关途径，接收和审议利害关系人对本章相关事项的意见；二是应建立或设立全国性劳工咨询或顾问机构或类似机制并且向其咨询，以供包括其劳工和工商界组织代表在内的公众成员就本章相关的事项提出意见。

 TPP 成员劳工合作应该遵循哪些原则？合作领域和合作方式有哪些？

TPP 协定劳工章节对劳工合作内容进行了约定，认为劳工合作是一项有

效实施劳工章节的重要机制，能够增加改善劳工标准的机会，深入推进各方有关劳工问题的共同承诺，包括工人福利、生活质量，以及国际劳工组织宣言所述原则和权利。在以往美国签署的 FTA 中，也均提及劳工合作机制，并将其作为单独的附件列出。此次的 TPP 协定将其直接纳入文本之中，没有明确将其作为一种机制来提出，并且还取消了可以通过劳工合作机制就劳工权利或申请劳工权利展开合作的内容，约束力较美韩 FTA 有所降低。

（1）TPP 协定规定成员在开展合作活动时应遵循以下七个原则：

一是考虑各自的优先领域、发展水平及可用资源；二是缔约方的广泛参与及互惠互利；三是能力与能力建设活动的相关性，包括成员方之间为应对劳工保护问题开展的技术援助，以及为促进创新性工作场所实践进行的活动；四是产生可衡量、积极、有意义的劳工成果；五是资源效率，包括在适当情况下运用技术手段优化合作活动使用的资源；六是与现行应对劳工问题的区域及多边倡议互补；七是透明度及公众参与。

（2）TPP 协定以列举的方式，提出了一些具体的合作领域。合作领域非常广泛，主要包括以下几类：

一类是与经济发展相关的，如创造就业及促进生产性、高质量就业，包括推动岗位密集型增长、催生可持续发展的企业及企业家精神的政策；创造与可持续增长相关的生产性、高质量就业以及培养包括环境产业在内的新兴产业就业所需的工作技能；促进工商界和劳动生产力的改善，特别是中小企业等。

一类是与能力建设相关的，如提升工人福利、工商业及经济竞争力的创新性工作场所实践；人力资本开发以及就业能力强化，包括通过终生学习、继续教育、培训以及技能发展和升级等。

一类是与劳动执法相关的，如促进对国际劳工组织宣言所述原则和权利以及国际劳工组织定义的体面劳动概念的认识和尊重；劳工法律和实践，包括国际劳工组织宣言所述原则和权利的有效执行；劳工管理和裁决，如强化能力、提升效率和有效性；劳工检查，如改善合规与执行机制等。

一类是与劳动关系相关的，如劳工关系的最佳实践，如包括促进替代性争议解决机制最佳实践改善劳工关系；社会对话，包括三方磋商与合作；关于跨国企业中的劳工关系，促进在两个或多个缔约方运营的企业与每一缔约方的代表性工人组织就雇佣条件进行信息分享和对话；企业社会责任等。

一类是与应对多样/多代劳动力、经济危机等挑战相关的，如在外来工人的就业和职业，或年龄、残疾及其他与岗位绩效或要求无关的特征方面，促进平等，消除歧视；推动妇女平等及就业利益，消除歧视；保护弱势工人，包括外来工人以及低工资、非正式或临时工人；应对经济危机的劳工和就业挑战，如通过国际劳工组织《全球就业协定》中的共同利益领域等。

一类是与劳动条件、社会保障等领域相关的合作，如工作与生活的平衡；薪酬制度；职业安全与健康；劳工统计数据的收集和使用；社会保障问题，包括工人出现工伤或疾病时的赔偿，退休金制度以及就业援助计划等。

（3）对于劳动合作的方式，TPP劳工章节做出了如下规定，提出可以包括以下几种方式：

一是研讨会、论坛、对话或其他场合，包括在线和其他知识分享平台，以分享信息、经验及最佳实践；二是考察、访问及研究文件，学习政策和实践；三是就共同感兴趣议题的最佳实践进行合作研究和开发；四是在适当情况下，技术专长的专项交流和援助；五是缔约方可能决定的其他方式。

 TPP劳工章节对于开展合作性劳工对话有哪些具体的要求？

TPP劳工章节中提出了开展合作性劳工对话的条款，具体要求如下：

（1）要求给予一方通过另一方联络点随时递交书面请求，就与劳工章节相关的任何事项进行对话的权利。

（2）要求请求方应提出具体充分的信息，使接收方能予以回应。一是需明确事由，二是明示该请求在劳工章节的依据，三是如果有关系，需要说明如何影响成员方之间的贸易或投资。

（3）通常情况下，要求成员在收到请求后30天内启动对话，提供途径以接收和审议利害关系人对该事项的意见，并且处理请求中所提出的所有问题。

（4）明确了开展合作性劳工对话的方式，既可以是面对面举行，也可以通过对话等各方可用的技术方式进行。

（5）要求将处理结果书面化，并且向公众公开。

（6）对于处理结果，要求对话各方审议所有可能选项，并共同决定其认为适当的行动步骤。一是以其满意的任何方式制订并实施的行动计划，可包括在诸如劳工监察、调查或合规行动等方面具体且可验证的步骤，以及适当的时间框架；二是由对话缔约方选择的个人或机构，如国际劳工组织，对遵守或实施情况进行独立核查；三是适当的激励，如合作计划和能力建设，以鼓励或协助对话缔约方确定并解决劳工问题。

 TPP 协定建立的劳工理事会如何运作，其职责是什么？

TPP 协定劳工章节专门建立了由成员方指定的部级或其他级别的高级政府代表组成劳工理事会，以更好地监督和执行劳工章节的相关责任与义务。

（1）劳工理事会的职责：一是审议与本章相关的事项；二是结合劳工合作的相关原则，设定和审议相关优先领域，以指导缔约方做出依照本章开展劳工合作和能力建设活动的决定；三是根据设定的优先领域，达成总体工作计划；四是监督和评估总体工作计划；五是审议指定的联络点提交的报告；六是讨论共同感兴趣的事项；七是促进公众对本章执行的参与和认知；八是履行缔约方可能决定的其他职能。

（2）理事会应在本协定生效之日起一年内举行会议。此后应每两年举行一次会议，除非缔约方另行决定。在本协定生效之日后的第五年或缔约方另行决定的其他时间，理事会应审议本章实施情况以保证其有效运用，并向自贸协定委员会报告相关结论和建议。理事会应按照缔约方的决定开展后续审议。理事会应在每次会议后形成一份联合工作报告摘要。

（3）理事会主席应由缔约方轮流担任。

（4）除理事会另行决定外，所有理事会决定及报告应经协商一致做出并向公众公开。

（5）缔约方应视情况与如国际劳工组织和 APEC 等区域和国际组织，就与本章相关的事项进行联络。理事会可寻求与此类组织或非缔约方研拟共同提案或开展合作。

 TPP 的劳动磋商程序具体是怎么规定的？是否允许适用 TPP 的争端解决章节？

TPP 协定虽然允许劳工章节适用 TPP 的争端解决章节，但也提出了一些前提条件。具体而言，TPP 协定对劳动磋商程序进行了如下规定：

一是应尽最大力量通过合作和磋商的方式来解决问题。对于磋商的范围，其指出是任何产生于劳动章节的问题。对于磋商的程序，是向联系点递交书面请求，请求要包含足够的信息以使对方做出反馈。应诉方收到书面请求后，不晚于 7 天内需做出回复，并将此回复转给其他各方；不晚于 30 天内，各方应开始劳动磋商。在这个过程中，各方可向独立的专家寻求建议和帮助。

二是如果磋商各方未能解决争议，可以书面方式要求劳工事务委员会代表考虑这个问题。劳工事务委员会需在收到请求后 30 天内召开会议，在适当时候可以咨询政府或其他方面的专家或求助于调解或调停等程序。

三是如果各方解决了争议，需形成报告，并使之公开。

四是如果各方未能在 60 天内解决争议，起诉方可依据协定争端解决机制条款要求成立专家组。

五是在寻求依本章的规定解决之前不得求助于协定的争端解决程序。

第 20 章　环境

周　密

 TPP 的环境章节涉及成员国什么层级的国内法?

作为国际协定，TPP 效力的实现需要由成员国的立法机构予以确认，效力和执行方式最终也取决于 TPP 各成员的法律法规。对环境的规定和效果与各成员的法律法规密切相关。按照协定内容，环境章节的"定义"部分主要对法律法规的范围进行确定。TPP 中的环境法指的是缔约方的法律、法规或其中的条款，包括履行该缔约方在多边环境协定项下义务的法律、法规或条款，以保护环境或预防对人类生命或健康造成危险。因此，各成员在 TPP 中涉及哪些法律法规，对于其承诺的范围和协定项下的权利和义务都会有较大的影响。由于各国对环境的要求差异较大，TPP 的环境章节所涉及的法律法规对不同的成员而言并不相同。在谈判中，各方为避免协定文本内容过长，同时考虑到各成员未来环境法律法规的可扩展性，并未在协定中明确列出各国所有涉及环境的条款，而是从总体法律层级的角度予以界定。按照成员国的英文名称，各成员对这一章节涉及的本国法律法规的承诺如下：

（1）对于澳大利亚，指的是可在中央政府层面执行的联邦议会法，或经联邦议会法授权由总督制定的法规；

（2）对于文莱达鲁萨兰国，指的是可由文莱政府执行的、依据文莱宪法颁布的法律、法令或法规；

（3）对于加拿大，指的是可由加拿大中央政府执行的加拿大议会法或依据加拿大议会法制定的法规；

（4）对于智利，指的是依据智利共和国政治宪法制定的国民议会法案或共和国总统法令；

（5）对于日本，指的是可由日本中央政府执行的国会法律、内阁命令、部门条例或依据国会法律制定的其他命令；

（6）对于马来西亚，指的是可由马来西亚联邦政府执行的议会法或依据议会法颁布的法规；

（7）对于墨西哥，指的是可由墨西哥联邦政府执行的国会法或依据国会法颁布的法规；

（8）对于新西兰，指的是可由新西兰中央政府执行的新西兰议会法或由总督依据新西兰议会法制定的法规；

（9）对于秘鲁，指的是可由秘鲁中央政府执行的国会法律，或由中央政府制定的用来实施国会法律的法令或决议；

（10）对于新加坡，指的是可由新加坡政府执行的新加坡议会法案或依据新加坡议会法案颁布的法规；

（11）对于美国，指的是可由美国联邦政府执行的国会法或依据国会法颁布的法规；

（12）对于越南，指的是可由中央政府执行的国会法律、国会常务委员会法令，或中央政府为实施国会法律或国会常务委员会法令所颁布的法规。

由此可见，TPP 所涵盖各成员国的法律法规体系的范畴并不相同。基本上，TPP 中环境涉及的法律法规的层级相对较高。尽管多数国家对于这一章节所涵盖的内容大体一致，都是国家级的法律或法规，但部分成员国对其环境所涉及的法律法规的内容有所差异。除了国会或议会名称不同，以及各个成员国因为政体不同而涵盖中央政府、联邦政府、国会或议会的差异以外，部分国家将更为广泛的机构（如越南的国会常务委员会）所颁布的法令、法规也纳入环境章节，从而使得环境章节所涵盖的各国环境有关法规更为丰富全面。不过，也需要看到，仅涉及国家级的法律法规可以避免成员国更多的

承诺。以美国为例，仅涉及美国联邦政府的法律法规，各州的法律法规并不在其中。同时，TPP 明确提出，环境法不包括与劳工安全或健康直接相关的或首要目的为管理自然资源的生存或土著居民生活的法律、法规或其中的条款。

与 TPP 其他部分相比，环境章节中对法律法规的界定差异性较大，每个成员国都做出了清晰而准确的说明，既说明各方对清晰界定协定管辖的内容有强烈的意愿，力争避免出现界定模糊的情况，客观上又反映出环境问题的复杂性。同为 TPP 重要新增内容的劳工章节，对所涉及法律法规的界定就要宽泛得多。在劳工章节中，尽管对协定所涉及的法律法规的范畴有明确的规定，但是只有澳大利亚、马来西亚、墨西哥和美国四个国家对其范围进行了说明。

 TPP 主要涵盖哪些环境领域问题?

TPP 的环境章节涉及的内容较为广泛。在确认各成员对履行多边环境协定做出承诺的基础上，TPP 明确约定各成员方协同保护臭氧层，保护海洋环境免于船舶污染，协调贸易与生物多样性的关系，应对外来物种入侵，向低排放和适应型经济转变，管理海洋捕捞渔业，保护野生动植物，提供环境产品和服务等。

（1）臭氧层保护。TPP 约定，各方应该以 1987 年 9 月 16 日在蒙特利尔签署的《蒙特利尔破坏臭氧层物质管制议定书》以及未来的修正案规定的物质为对象，公开各方臭氧层保护相关方案和活动，包括合作方案的适当信息。缔约方开展的合作包括但不限于对臭氧层消耗物质的环境友好型替代选择，制冷剂管理实践、政策和方案，平流层臭氧层测量的方法，以及打击臭氧层消耗物质的非法贸易等交换信息和经验。这一过程不仅限于政府，而且需要发挥公众参与的作用。

（2）避免船舶污染海洋环境。TPP 成员方以 1973 年 11 月 2 日在伦敦签署的《国际防止船舶造成污染公约》、1978 年的议定书（简称"MARPOL"）和 1997 年的修正议定书为主要依据，约定需要采取措施防止船舶对海洋环境的污染。成员方需要协同关注的领域包括：船舶造成的偶然性污染、船舶例行操作造成的污染、船舶的故意污染、将船舶废物降至最低程度的技术开发、船舶排放、港口废物接受设施的充足性、在特殊地理区域提高保护，以及执法措施。成员方需要加强应对污染合作方案适当信息的透明性，认识到公众参与的重要性。与臭氧层保护领域的合作相比，船舶污染对成员方的约束相对较小。

（3）协调贸易与生物多样性的关系。TPP 成员认识到生物多样性的重要性，需要根据其法律或政策，促进和鼓励生物多样性的保护和可持续利用。为此，各方认识到尊重、保留和维持土著和本地部落的知识和习惯的重要性。在这一领域，TPP 尤其提到了基因资源，要求缔约方通过国内措施要求获取基因资源应依据国内措施取得事先知情同意，确定彼此同意的条件，包括在使用者与提供者之间分享利用该基因资源所得的利益。缔约方的合作可包括但不限于交流信息和经验的领域包括：生物多样性保护和可持续利用、生态系统的保护和维持及生态系统服务，以及基因资源的获取及利用所得利益的分享等。

（4）应对外来物种入侵。TPP 成员方认识到陆生和水生外来物种入侵会通过贸易方式，从而会对环境、经济活动发展，以及人类健康造成不利影响。因此，各方协同预防、检测、控制和消灭入侵外来物种是应对不利影响的关键策略。为此，各方会根据卫生与植物卫生措施章节的规定交流和分享经验，加强评估和处理力度。

（5）向低排放和适应型经济转变。TPP 成员方意识到集体行动的重要性，合作领域包括但不限于能源效率、低排放技术、可替代清洁能源与可再生能源开发、可持续交通与城市基础设施发展、滥砍滥伐和森林退化问题应对、排放监测、市场和非市场机制、低排放与适应型经济发展等。

（6）海洋捕捞业。TPP 成员方明确此部分内容不适用于水产业。协议管

理的非法、不报告和不管制捕捞（简称"IUU"）与联合国粮农组织（FAO）2001 年在罗马通过的《关于预防，制止和消除非法、不报告和不管制捕捞的国际行动计划》一致。缔约方承认国际社会面临渔业资源稀缺的挑战，而渔业管理不足造成的过度捕捞和产能过剩的渔业补贴以及 IUU 会对贸易、发展和环境造成重大不利影响。为此，各方需要建设一套规范的渔业管理系统，防止过度捕捞和产能过剩，减少对非目标物种和幼苗的兼捕，以及海洋渔场资源的恢复。系统应反映在《联合国海洋法公约》《联合国鱼类种群协定》《负责任渔业行为守则》《促进公海渔船遵守国际养护和管理措施的协定》和《2011 IUU 行动计划》等。协定特别提出对鲨鱼、海龟、海鸟和海洋哺乳动物的长期保护。

（7）环境产品和服务。TPP 成员对环境产品留出开放机制，对相关潜在壁垒进行协商认定。

可见，TPP 涉及的环境领域较为广泛，既强调各方对已有国际协定的遵守，又将相关问题纳入贸易体系，增强了承诺的强制性。

 TPP 处理环境问题的机制是怎样的？

TPP 对于环境问题争端的处置采取了机制性的安排，层次较为清晰。按照协定约定，每个缔约方都需要在协定生效之日起 90 天内，指定联络点并进行通报，以促使缔约方对环境问题进行交流。缔约方需要设立专门委员会——环境委员会，由各方负责环境实施工作的全国性贸易和环境机关的政府高级代表或指定人员组成。专门委员会每两年举行一次会议，所有决定和报告均应以协商一致方式做出并公开，以增加公众参与环境工作和进行评估的能力。对于环境有关问题的解决，TPP 确定了几个层面的机制，主要包括环境磋商、高级代表磋商、部长级磋商和争端解决四个层面。

（1）环境磋商。TPP 约定，各缔约方需要努力对环境相关问题达成一致，并尽最大努力通过对话、磋商、信息交流或合作，处理影响环境章节实施的事项。缔约方可通过向其他缔约方联络点递送书面请求的方式，请求就环境章节下的任何事项进行磋商。但发起方需要提供充分信息，包括涉及事项的内容和法律依据。其他存在实质性利益的相关缔约方也可在 7 天内通过磋商双方的联络点，以书面通知的方式参与磋商，但需要解释其实质性利益的内容和形式。磋商的接收方一般需要在接到请求的 30 天内启动磋商。磋商过程中，参与方均可向其认为适当的人或组织寻求意见或帮助。

（2）高级代表磋商。当 TPP 磋商方未能通过环境磋商解决该事项，则可通过书面请求方式要求磋商方专门委员会代表召开会议来审议该事项。但提出请求的磋商方也需要周知 TPP 所有缔约方。一旦接到请求，磋商方的专门委员会代表应及时召开会议，寻求解决事项的方法，包括在适当情况下从政府或非政府专家处搜集相关科学和技术信息。其他缔约方如果认为涉及其实质性利益，也可派专门委员会代表参加高级代表磋商。

（3）部长级磋商。当 TPP 磋商方未能通过高级代表磋商方式解决问题，可将该事项提交磋商方相应的部长来寻求解决路径。环境磋商、高级代表磋商和部长级磋商均可采取面对面交流方式或任何其他技术手段。当采取面对面磋商方式时，应在回应方的首都举行。部长级磋商应秘密举行，而且不应影响任何缔约方在未来任何程序中的权利。

（4）争端解决。当 TPP 缔约方未能通过环境磋商、高级代表磋商和部长级磋商解决争端，则可以根据 TPP 的争端解决机制来寻求解决，还可以按照 TPP 争端解决机制中的磋商或专家组的方式来寻求解决。如果通过专家组解决环境争端，专家组应积极寻求技术建议或援助来处理特定事项，并向磋商方提供就任何此类技术建议或援助进行评论的机会。同时，专家组应根据初始报告形成调查结果，并在裁定时考虑按照审查阶段获得的技术建议和援助对结果给出解释性指导。对于在环境章节的"一般承诺"部分的争端，要启动争端解决，需要考虑法律的范围和适用性。如果争端的回应方认为请求方的环境法范围与作为争议课题的环境法并非实质相同，则缔约方应在磋商中对该问题进行讨论。

由此可见，TPP 处理环境问题的机制既符合其整体的共性，也有一些较为独特的地方。环境问题中的相当部分内容都由各成员方的国际协定承诺加以约束，客观上已经形成了较为有效的保障。TPP 将环境问题与贸易问题相结合的做法增强了贸易机制对环境问题的响应程度。TPP 的争端解决机制作为环境争端的最后解决手段，既有利于形成统一规范的解决保障，又可以形成兜底，避免因为环境争端影响整个协定的效力。但是，将所有争端都留到争端解决机制显然并非 TPP 的初衷，因为争端处理过于集中既不利于提高解决效率，又可能因为所涉领域广泛而难以找到合适、权威的专家，可能影响最终裁决的效力。因此，TPP 对于环境问题的争端解决，往往要求相关方以较大诚意推动有效解决，并设立了三级环境问题磋商机制来交流信息和看法，减少冲突，尽量在争端解决机制前通过磋商解决矛盾和争端。

 公众如何在 TPP 中参与环境议题？

TPP 协定缔约方对于公众参与环境相关议题的权利给予认可，并在一定程度上将公众纳入环境议题之中。可以看出，TPP 在环境问题的公众参与不仅包含在相关信息发布、环境磋商和高级代表磋商等磋商阶段，以及争端解决机制寻求各方信息和论据等相关过程中，而且还通过专门的规定明确了公众参与环境议题的权利。也就是说，公众对于 TPP 缔约方环境问题的参与不仅局限于提供相关信息，还可以在其认为不当的时候直接提出质疑并要求其他缔约方做出解释或予以书面回应。

根据 TPP 的约定，每一缔约方应规定接收并审议该缔约方的公众就实施环境章节情况提交的书面意见。由于环境章节涉及的许多内容都已经在缔约方承诺的国际协定中有所体现，各方也多通过专门机制承担相关的监督和管理义务，TPP 协定是对现有的机制及其作用的发挥进行整合。如果该缔约方已有相关的制度性机构或机制，可以继续使用该机构或机制。在接收之后，该缔约方应以书面形式并依据国内程序及时答复书面意见，并将意见和答复向公众公开。公开的渠道可以选择适当的公众网站或其他方式，这些意见和答复公众随时都可以通过网站查询得到。事实上，相关信息的查询是透明度的重要要求，通过这种方式，一国对于其他国家公众不仅提供了更好的知情权，而且为其享受国民待遇提供了重要保障，有利于促使各方更好地履行承诺。

TPP 对环境问题中书面意见也有一些约定。意见应以接收该意见的缔约方的一种官方文字书写，需要明确表明提交意见的公众的身份，意见需提供充分信息以便于对意见进行审议，包括该意见可能依据的任何证明文件。书面意见需要解释所提出的问题，以及该问题在何种程度上影响缔约方之间的贸易或投资。书面意见还应包括尚未提出的属于正在进行的司法或行政程序的对象的相关问题。同时，书面意见需要指出是否已经就该事项与该缔约方相关机关进行了书面沟通，如果沟通过，应在书面意见中包含该机关的答复内容。

接受公众意见需要各方有明确的机构，便于进行监督和核查。TPP 明确规定，每一缔约方应在协定生效之日起 180 天内，将负责接收并答复公众书面意见的实体通知其他缔约方。这种规定便于 TPP 缔约方的公众就其他缔约方的环境相关问题提出意见，但在协定中并未明确说明各方对机构进行调整的可能性以及如何处理这种调整。不过，按照国际惯例，各方的相关主管机构的调整应该在恰当的时间内及时通知其他缔约方，以便于信息的有效传导和决策的顺利开展。

除了常规的一次提问与回答过程外，公众对 TPP 缔约方提出的意见还有进一步交流的机制。TPP 规定，如果有意见认为一缔约方未能有效实施环境法律，在该缔约方对该意见做出书面答复后，其他任何缔约方都可要求该缔约方的环境委员会（专门委员会）对该书面意见和答复进行讨论，以深入理解该意见提出的问题，并酌情考虑该问题能否受益于合作活动。在 TPP 缔约方就环境问题举行的首次会议上，专门委员会应制定对其他缔约方提交的意见和答复进行讨论的程序，规定使用专家或现存的制度性机构向专门委员会

提交报告，报告是由基于该问题相关事实的信息组成。

在制度和规章建设的基础上，TPP还对公众参与建立了监督和核查机制，用以督促各方完整及时地履行环境领域的相关承诺。TPP缔约方需要将公众参与情况以公开方式周知其他缔约方和公众。不迟于TPP协定生效之日后3年（如果缔约方有新决定的则以决定为准），专门委员会应就公众参与的实施情况向TPP协定委员会提交一份书面报告，包括每个缔约方在环境领域的公众参与情况及答复情况等基本内容。尽管TPP协定中并未明确规定报告的内容，但应包含自上个报告期后各缔约方接受公众意见并进行答复的情况。公开的信息能够减少信息错报、漏报的可能性，在一定程度上也能够更好地调动公众参与环境领域相关问题的积极性。

 TPP 对海洋渔业捕捞的规定有哪些?

TPP对海洋捕捞业的规定较为详细，与TPP成员与海洋捕捞业较为密切的关系有关。TPP缔约方承认其作为渔业产品主要消费者、生产者和贸易者的角色，承认海洋渔业管理部门的政策和措施的产业发展和包括手工业或小规模渔业在内的捕鱼业生计问题的重要性。缔约方承认海洋捕捞业的命运是国际社会面临的紧迫资源问题，非常需要为渔业保护和可持续管理采取协同措施。

TPP对海洋捕捞业的关注重点在于现有产业的几个关键制约领域，主要包括渔业管理不足、造成过度捕捞和产能过剩的渔业补贴，以及不合法、不报告和不管制（IUU）捕捞等。由于上述三个领域问题的集中出现，贸易、发展和环境问题都可能受到重大不利影响，需要TPP成员方分别或集体采取行动，以避免海洋捕捞业的不可持续发展。

为了有效应对挑战，TPP的每一缔约方应寻求运作一套规范海洋野生鱼类捕捞的渔业管理系统，以防止过度捕捞和产能过剩，并减少对非目标物种和幼苗的兼捕，促进缔约方从事捕捞活动的所有海洋渔场中被过度捕捞资源的恢复。其中，减少兼捕的措施主要包括通过对会造成兼捕的捕捞装置进行规制，以及对容易发生兼捕的区域的捕捞行为进行规制。管理系统的建设应基于可获得的最佳科学证据以及国际公认的渔业管理和保护的最佳实践，以实现海洋物种的可持续利用和保护。

TPP 协定明确规定，每一缔约方应通过保护和管理措施的执行和有效实施，促进对鲨鱼、海龟、海鸟和海洋哺乳类动物的长期保护。应减少搜集鲨鱼的物种特异性数据，减少渔业兼捕，设定捕捉限额，禁止割取鱼鳍。应减少对海龟、海鸟和海洋哺乳类动物的兼捕措施，设定禁止性措施。尽管协定并未明确哺乳类动物的内容，但按照国际惯例应至少包括鲸和海豚等物种。

TPP 缔约方提出，要防止过度捕捞，必须控制、减少和最终消除所有造成过度捕捞和产能过剩的补贴。因此，缔约方不得授权或维持下列专向补贴：向处于过度捕捞状况的鱼类种群造成不利影响的捕捞者提供补贴，或者向渔船旗帜国关于 IUU 捕捞的区域性渔业管理组织或安排依据该组织或安排的规则和程序、依照国际法列入名单的渔船提供的补贴。对于 TPP 缔约国违反上述要求的补贴，需要在不迟于 TPP 协定生效之日起 3 年内进行相应调整。对于未被禁止的补贴，TPP 考虑到一缔约方社会和发展的优先事项，包括粮食安全关注。但是，每一缔约方应尽最大努力避免引入新的补贴或者延长或加强现有的属于 WTO《补贴与反补贴协定》的专向性且导致 IUU 和产能过剩的补贴。

为达到消除 IUU 和产能过剩补贴的目标，缔约方应在专门委员会的例行会议中对纪律进行审议。对于缔约方要保留的专向补贴，应在 TPP 生效之后 1 年内告知其他缔约方，并在此后每两年向其他成员方及时更新相关信息。信息应尽量包括补贴的项目名称、相关主管法定机关、补贴支持的渔场的各个物种的捕捞数据、这些渔场的鱼群种群情况（是否被过度开发等状态）、这些渔场的船队运力、对相关鱼类种群采取的保护和管理措施，以及每一物种的总进口和总出口。除了专向性渔业补贴外，每一缔约方还应尽可能提供其授予或维持的包括燃油补贴在内的其他渔业补贴信息。

为了支持打击 IUU 捕捞行为，并帮助遏制此类行为捕捞到物种的产品贸易，缔约方应与其他缔约方合作确定需求并为此进行能力建设；应支持监控、控制、监视、合规和执行体系，制止悬挂其国旗的船只或其公民参与相关活动，同时制止 IUU 捕捞鱼类的海上转运；执行港口国措施；努力遵守各区域性渔业管理组织的相关保护和管理措施；承诺努力不破坏区域性渔业管理组织或安排，或政府间组织运作的捕捞或贸易单证计划（包括跨界和洄游鱼类种群的管理）。

根据 TPP 的要求，一缔约方应尽量向其他缔约方提供机会，以便其他缔约方对防止 IUU 捕捞获得的渔业产品贸易的措施进行评论。按照这一机制，TPP 缔约方的有利做法可能会被其他成员方借鉴和学习。当然，TPP 并未设立严格的机制约束其成员向更为严格的措施转变。

第21章　合作和能力建设

高　丹

 TPP 合作和能力建设章节的目标是什么？

TPP 协定是美国签署的第一个对于合作和能力建设提出了正式及永久性框架的贸易协定，合作和能力建设章节的目标是为 TPP 协定中的发展中成员提供援助及支持，使得 TPP 条款在发展中国家更加顺利地贯彻实施，为民众带来更大利益。合作和能力建设章节体现出，TPP 协定各缔约方不仅认识到了合作与能力建设的重大意义，也认识到此方面的活动对于加速经济增长和发展的效益，并且愿意在多方参与的情况下，包括私营部门，积极谋求在现有的协议和安排的基础上，对于合作和能力建设的活动给予补充和加强。TPP 协定在很广的范围内做出了一系列承诺，包括减税、贸易便利化、非关税壁垒、劳工标准、知识产权、跨境服务贸易等，这些承诺是否能真正实现，并且切实促进经济增长和提高民众福利，很大程度上取决于 TPP 条款的贯彻落实情况。尤其是 TPP 中的发展中成员如马来西亚、文莱等发展中国家，在 TPP 协定承诺中做出了巨大的妥协，合作和能力建设章节所体现的合作意识和互助精神有助于这些资源相对匮乏的国家更高效地利用能力建设资源。该章节力图通过合作与能力建设联络点、合作与能力建设委员会等多种方式协调沟通，加深各方合作关系，加强合作和能力建设章节在 TPP 范围内有效落实。

 132 TPP 成员开展合作和能力建设的具体领域有哪些?

合作和能力建设章节鼓励各成员在多项领域内展开合作,包括农业、工业、服务部门、教育、文化和性别平等的促进,以及灾难风险管理等方面。合作和能力建设章节体现出各缔约方意愿在 TPP 协定的实施,以及各缔约方在贸易促进和便利化方面展开合作活动,强化合作关系。除此之外,由于技术和创新对于增强一国综合实力、提供经济附加值的作用十分明显,合作与能力建设章节还包括了技术和创新的合作。TPP 认为,增强 TPP 各个缔约方利用 TPP 条款创造更多经济机会的能力十分重要,发达国家应给发展中国家提供必要的支持和援助。在合作活动所开展的模式上,合作与能力建设章节鼓励各缔约方以多样化、多种类、有系统、有计划的方式展开合作活动,方式可以是讲习班、研讨会,也可以是多个缔约方合作进行某些方案和项目。合作与能力建设章节认为,为使合作活动达到立竿见影且影响深远的效果,各方之间的交流至关重要。对话可以是理论层面的,比如技术培训、政策分享,也可以是实践层面的,比如程序及规则的实施等。

 133 合作和能力建设委员会的职责是什么?

合作和能力建设委员会的设立具有重大意义,该委员会的职责是在合作和能力建设活动中起到协调员、监督员的作用,负责活动的筹备、组织以及活动后的反馈等前期及后期工作。TPP 协定规定,合作和能力建设委员会自 TPP 生效之日起的一年之内召开会议。首先,合作和能力建设委员会要提供便利给各缔约方,以便信息的交换和传递;其次,合作和能力建设委员会可适当地发起并参与合作活动,在活动中起到协调及提供便利的作用,如有必要可设立临时工作组,在适当的情况下,可以与 TPP 协定下其他的专门委员会、工作组或其他附属机构进行协调;最后,合作和能力建设委员会要定期讨论并审议与未来合作及能力建设活动相关的问题或建议，审议 TPP 的实施以及运用情况，并且积极参与到各个缔约方计划的其他活动中。

 合作和能力建设章节是否适用 TPP 的争端解决机制章节？

合作和能力建设章节规定本章节不适用 TPP 的争端解决机制章节。

第22章 竞争力和商务便利化

高 丹

 TPP 协定所指的供应链是什么?

TPP 协定中的竞争力和商务便利化章节对供应链做出了具体的定义。TPP 协定中的供应链是一个由企业组成的跨境网络，企业各司其职，职能涉及设计、开发、生产、营销、分销、运输、产品及服务的交付，所有企业作为一个整合的系统运营。

 TPP 协定就加强区域供应链建设提出哪些要求?

TPP 协定是美国首次将促进供应链的发展作为一个单独章节列在贸易协定中。竞争力和商务便利化章节明确指出加强区域供应链的建设是 TPP 协定的目标之一。TPP 认为，区域供应链的发展和加强，能够在自由贸易区内整合生产、便利贸易并降低商业经营成本，竞争力和商务便利化委员会应积极探索展开项目，促进供应链的发展和升级。TPP 协定还提出，区域供应链应将中小企业纳入供应链体系中。

 竞争力和商务便利化委员会的职责是什么?

TPP 协定要求竞争力和商务便利化委员会应于 TPP 协定生效之日起 4 年

内开始进行审议，审议内容包括自贸区供应链发展、强化及运作的情况。竞争力和商务便利化委员会（专门委员会）应定期举行会议，审查 TPP 协定条款的实施情况，审查 TPP 协定条款是否对提高区域竞争力和国家竞争力有促进作用，每 5 年进行一次审议会议。专门委员会是政策提供者，也是合作促进者。作为政策提供者，专门委员会应向自贸协定委员会提供提高 TPP 缔约方竞争力的意见和建议。作为合作促进者，专门委员会负责推动与私营部门和国际捐助组织等方面专家的专题会、研讨会及其他能力建设活动，并在适当的情况下，通过联席会议等方式，与 TPP 协定所设立的其他委员会合作，共同讨论并确定供应链发展和加强的方向；专门委员会要积极开发信息共享的高效途径，努力创造自贸区内促进经济一体化和发展的竞争环境。

 竞争和商务便利化章节是否适用 TPP 的争端解决章节？

竞争和商务便利化章节不适用 TPP 的争端解决章节。

第 23 章　发展

高　丹

 TPP 协定对促进发展提出了哪些方面的建议?

　　TPP 协定是美国首次在自贸协定中加入发展章节, 将促进可持续发展及基础广泛的经济增长。TPP 协定着重强调发展在三个领域展开: 一是基础广泛的经济增长; 二是妇女和经济增长; 三是教育、科技、研究和创新方面的发展。

　　在基础广泛的经济增长方面, 据世界银行的统计, 亚太地区是减少贫困速度最快的地区之一, 从 2002 年至 2011 年, 尽管经济危机席卷全球, 亚太地区生活在绝对贫困之下的民众数量从 5.18 亿降低到 1.61 亿, 下降近 70%。为加速这一进程, TPP 各缔约方意识到应促进贸易投资, 加强区域整合, 激发创新, 保证包容性的、可持续性的、基础广泛的经济增长, 使基础服务得以持续提供, 以加大民众健康、高效的生活的机会。基础广泛的经济增长, 不仅可以提高个人生活水平, 还有助于促进和平和稳定, 吸引投资机会, 从而增强应对区域和全球性挑战的能力。要保证基础广泛的经济增长, 离不开各个缔约方政府的大力持续的支持, 各缔约方政府应通过高效的公共机构向公共基础设施、福利、卫生和教育系统投资, 培养创业精神并提供经济机会。

　　在妇女和经济增长方面, TPP 协定要求各缔约方应考虑开展合作活动, 提高包括工人和企业主在内的妇女全面获得 TPP 所创造的机会并从这些机会中获益。TPP 成员应开展交流提供建议和培训等, 旨在提供给妇女机会参与国内及国际经济活动，培养经济头脑，夯实经济素养，开发妇女领导网络。

在教育、科技、研究和创新方面，TPP 协定鼓励各成员进一步认识到，与教育、科技、研究及创新相关的政策的实效性，要在上述领域设计政策，进而增加贸易和投资的机会。这些政策可以包括与私营部门相关的措施，增加企业将创新转化成有竞争力的产品及创业能力的内容。

 ### 发展委员会的功能是什么？

TPP 协定规定，发展委员会自 TPP 协定生效之日起 1 年之内召开会议，之后在需要时召开会议。发展委员会的功能包括信息交流、建议提出以及效果监督。首先，各缔约方根据 TPP 协定的要求制定了可能使得国家获利的政策及相关实施政策，发展委员会要为这些政策信息的交流提供便利，除此之外，各缔约方为推动 TPP 协定的发展利益最大化进行了一系列的联合发展活动，包括与双边伙伴、私营公司、学术机构和非政府组织联合进行的活动，发展委员会要负责从这些活动中汲取经验教训并对此类信息进行交流。其次，发展委员会要制定建议，探讨未来为支持与贸易和投资相关的发展政策应举办的联合发展活动，并在合适的情况下，邀请国际援助机构、私营部门实体、非政府组织等帮助制定和实施这些活动。最后，发展委员会要审议与 TPP 协定发展章节执行和实施相关的问题，以便该章节的规定更加有效地贯彻落实。

 ### TPP 发展章节的优先级高吗？是否适用 TPP 的争端解决章节？

TPP 协定规定，当发展章节与 TPP 协定其他章节存在不一致的情况时，不一致之处应优先使用其他章节的规定，因此其优先级不高。发展章节也不适用 TPP 的争端解决章节。

第 24 章　中小企业

高　丹

 TPP 中小企业章节对信息共享提出哪些要求?

　　TPP 协定是美国首次在自贸协定中制定一个单独的章节,专门研究涉及中小企业的议题,协定中其他很多章节都凸显了对中小企业的重视和支持。TPP 协定中小企业章节的建立目的是保证中小企业能够快速便捷的获得信息,使得中小企业能完全参与到 TPP 协定中并从其中的条款里获益,提高中小企业在全球贸易中的竞争力。信息科技以及物流业的发展使得中小企业的客户群不断扩大,经营成本持续降低,中小企业的产品及服务也逐步扩散到世界的各个角落。21 世纪是信息时代,考虑到信息共享的重要贡献及作用,TPP 协定各缔约方承诺专门为中小企业建立网站。网站上提供 TPP 协定的基本信息,包括 TPP 协定文本、包含的所有附件、关税减让表、产品特定原产地规则及 TPP 协定的摘要。网站上也要登载专门为中小企业设计的信息,包括 TPP 协定各缔约方认为有助于中小企业从 TPP 协定中获益的信息,以及 TPP 协定中与中小企业有关的说明。除上述内容之外,网站上还要设定连接,提供其他缔约方对等网站的信息,发布本国政府在贸易、投资或营商等方面的活动动态信息。在适当的情况下,各缔约方应尽可能用英文发布关于海关法规和程序、知识产权法规和程序、与进出口相关的技术法规、卫生与植物卫生措施、外国投资法规、工商登记程序、就业法规以及税收等信息。为保证网站内容以及链接的时效性、权威性和准确性,TPP 协定要求各缔约方定期对内容和链接进行审查。

 中小型企业委员会的职责是什么？它是如何运作的？

TPP 协定要求，中小型企业委员会（专门委员会）在 TPP 协定生效之日 1 年内召开会议。专门委员会要利用 TPP 协定给中小企业创造更多的商业机会，在培训项目、贸易教育、贸易融资、建立商业信用等方面给予中小企业支持和援助，并且将上述活动的实践经验进行分享。专门委员会通过组织推广论坛、研讨会等活动，加强中小企业对 TPP 协定的了解，帮助中小企业有效融入全球供应链中。专门委员会也协助各缔约方开发及加强中小企业出口咨询、援助及培训项目。在运作方面，中小企业委员会要对其工作方案进行审议，并与 TPP 协定下的其他专门委员会、工作组等进行协调，展开合作，以提高中小企业把握 TPP 提供的贸易投资机会的能力。除审查自身工作外，还要定期向自贸协定委员会提交活动报告，并在合适的情况下给出建议。

 中小企业章节是否适用 TPP 的争端解决章节？

中小企业章节不适用 TPP 争端解决机制章节。

第 25 章　监管一致性

付　丽

145　TPP 协定设立监管一致性章节的目的是什么?

TPP 协定设立监管一致性章节的目的是为 TPP 缔约方间的贸易活动创造条件，减少贸易成本，同时保证各国有权管理本国经济，促进实现合法的政策目标。其实现的途径是提升监管实践，取消非必要壁垒，缩小区域间不同标准的差异性，提升透明度，更大程度上促进贸易、投资、经济增长和就业。

监管一致性章节中的一些原则都是美国国内监管程序中的核心特点，如透明度、公正性以及政府部门间的沟通，是美国通行的国内政策和发展理念"国际化"拓展的重要一步。TPP 此章节的内容，美国无须修改或调整任何国内法律来适应。通过监管一致性章节，美国试图为美国商业在亚太市场营造一个开放、公平和可预期的监管环境。监管一致性章节属于跨领域贸易议题，它通过监管机构、决策程序等一系列程序性安排及规定的制定，对其他国家的国内监管体制的未来走向产生影响，对各缔约方国内政策的自主权产生一定削弱，从而实现监管的一致性。

146　TPP 协定有哪些章节涉及监管一致性问题?

（1）TPP 协定中专门的监管一致性章节。TPP 监管一致性章节着眼于缔约方制定政策时整体的程序或体系建设，而不是就某个特定的监管问题进行讨论。通过监管一致性程序——政府机构间的协调、基于良好监管实践的实施以及保证利益关系人的参与，从而营造开放、公正和可预期的经营环境，促进贸易和投资的开展。基于上述原因，TPP 设立了独立的章节——监管一致性章节。

（2）TPP 协定中其他涉及章节。TPP 协定中其他不同的章节中也有涉及监管一致性问题，包括卫生和植物卫生措施章节（SPS）、技术性贸易壁垒章节（TBT），SPS 章节中建立卫生与植物卫生措施委员会的条款，TBT 中的技术性贸易壁垒委员会都涉及缔约方政府间的交流和合作内容，同监管一致性章节中的许多问题都有联系，这两个章节中许多条款的运行都涉及监管一致性章节核心原则的使用。另外监管一致性章节中的监管影响评估同投资章节有着比较密切的联系，因为评估涉及的成本利益的分析需要考虑投资国的竞争环境以及赔偿程度。

（3）本章节同其他涉及章节的关系。由于监管一致性章节同其他章节的密切联系，在协议文本中此章节的第 6 条以及第 10 条都论述了同其他章节间的关系。前者明确了监管一致性委员会与其他章节下与监管一致性问题有关的潜在部门倡议和合作活动；后者表明如本章与协定其他章节存在不一致，则不一致之处应优先适用其他章节规定。

（4）WTO 中的相关条款。WTO《服务贸易总协定》（GATS）第 6 条为国内法规，其中有 5 款规定同 TPP 监管一致性存在一些不同。首先 TPP 监管一致性是着眼于缔约国整体政策体系设立，而 WTO 此项条款只限定于成员方承诺的服务贸易领域。WTO 条款多为应其他成员方的申请而采取的适当应对措施，TPP 条款要求缔约方对未来 12 个月内公布的新涵盖监管措施予以公告，并在制定涵盖监管措施时考虑其他缔约方和国际、区域的动向。

（5）我国 FTA 协定中涉及监管一致性的内容。在中国已经签订的 FTA 协定中，没有专门的监管一致性章节，仅在海关程序与贸易便利化、SPS 和 TBT 章节中涉及国内法律协调的内容。

 监管一致性章节的主要内容是什么?

（1）监管一致性章节内容概述。监管一致性章节通过鼓励提高透明度、公正性以及缔约方政府之间的协作，确保在 TPP 缔约方市场中运作的商业享有开放、公开、可预见的监管环境，以实现监管政策的一致性。主要包括通过促进 TPP 缔约方政府对良好监管实践的使用，来发展和实施监管措施。本章节还明确了这些政策在增强 TPP 协定的收益以及促进贸易和投资方面的重要作用，也明确了缔约方有权确定、制定和处理自身认为合适的监管优先事项。

（2）监管一致性章节具体内容。本章共设立 11 条内容：第 1 条为定义，对涵盖监管措施和监管措施两个内容进行定义；第 2 条为总则，明确缔约方在监管一致性章节中所遵循的基本原则以及确认其重要性；第 3 条为涵盖监管措施的范围，明确了确定此范围的最迟期限，即不迟于本协定对此缔约方生效后一年，以及涵盖目标须满足显著覆盖范围的条件；第 4 条为协调和审议程序或机制，明确缔约方设立协调和审议程序或机制需要具备的四项能力，并据此建议设立和维持一个国家或中央级协调机构；第 5 条为核心良好监管实践的实施，主要涉及监管影响评估以及其包括的主要内容和发布需考虑的中小企业影响和公众获得渠道等方面的内容；第 6 条为监管一致性委员会，该委员会将为缔约方、企业、社会提供持续的机会以报告协定实施情况，分享最佳商业惯例以及探讨潜在合作的领域；第 7 条内容为合作，缔约方与其他缔约方及其利害关系人、监管机构间等的信息交流和合作；第 8 条明确了利害关系人的参与；第 9 条为实施通知，主要本着透明度的原则，缔约方需提交的各项实施通知；第 10 条为与其他章节的关系；第 11 条为争端解决的不适用。

 良好监管实践都包括哪些? 可以举些例子吗?

良好监管实践是 TPP 监管一致性章节的核心内容之一，通过良好监管实践的实施，从而营造开放、公正和可预期的经营环境，促进贸易和投资的开展。在本章节第五条列举了核心良好监管实践的措施。

主要包括实施监管影响评估，并确定了监管影响评估应包含的四个主要内容：一是评估一项监管提案的必要性，包括对问题性质和重要性进行说明；二是审查可行的替代措施，包括在可行范围内且符合法律法规的前提下评估其成本和收益；三是说明可选替代措施可有效实现政策目标的理由，可包括相关的成本和收益与风险管理潜力；四是符合条件下可获得的现有信息。监管影响评估还应考虑对中小企业的潜在影响。

良好监管实践还包括监管措施语言表述方面的要求，要求其简明清晰，架构完善且易于理解；以及向公众提供获取相关新涵盖监管措施信息的渠道要求，并推荐可在线获得的方式。

良好监管实践还包括对新涵盖监管措施进行审议，并对未来 12 个月内预期公布的涵盖监管措施做出年度公告，并鼓励规划涵盖监管措施时，应考虑其他缔约方的监管措施以及国际、区域和其他场合的相关动向。

 149　监管一致性章节是 TPP 首创的吗?

（1）监管一致性章节的原型。新西兰、澳大利亚、美国自 20 世纪 80 年代所倡导的撤销管制、放松监管及自我监管的自由贸易，发展至今已取得一定的成果，这次该理念被应用到本章节内容上。

（2）美国主导首次将监管一致性纳入 FTA。TPP 是第一个包括监管一致性条款的自由贸易协定，监管一致性被纳入美国的自由贸易协定反映出美国乃至主要发达国家对于监管一致性问题重要性的日益关注，认为监管一致性问题是未来国际经贸新规则的主要内容之一，对于未来国际贸易和国际投资发展将发挥更加重要的影响。

（3）TTIP 谈判中的监管一致性问题。在美国同欧盟正在谈判的《跨大西洋贸易与投资伙伴协定》（TTIP）中，监管一致性是其中最复杂也是最核心的

议题之一。由于美欧两方经济发展和开放水平较高，双方认为监管一致性议题一旦达成对于两国贸易的自由流动意义更大。因此，双方就此议题谈判时充满了雄心，确立了较 TPP 协定更高的标准。欧美双方希望通过此议题的谈判，避免或减少对贸易、投资构成障碍的不必要的监管措施，并以更具兼容性的监管为未来发展方向。最终目标是美欧间市场一体化，美欧符合一方监管要求的货物和服务，可以进入另一方市场。

 150 **TPP 协定对成员国违反监管一致性章节的内容，是否具有法律约束力？**

（1）提倡性条款。TPP 协定在"监管一致性"章节的最后一条中表明此章节引起的争议不适用 TPP 的争端解决章节，这表明此章节属于提倡性条款，不具有严格的法律约束力。

（2）灵活性原则的体现。尽管监管一致性章节中的条款对于政府监管提出了较高的要求，但纵观本章节内容，协定文本中全部使用建议性的语言。这不仅反映出此章节在应用中比较灵活，符合 TPP 协定中灵活性的特征。而且也可以看出在协定谈判中各缔约方关于此章节内容的博弈，反映出部分缔约方对于履行内容存在较大的疑虑。

（3）前后文本内容的对比分析。关于监管一致性章节的法律约束力问题，最终公布的协定文本同此前公布的美国关于 TPP 监管一致性的提案相比大打折扣。按照美国最初的提案内容，对成员方有两项强制性义务要履行：一是必须告知国际监管委员会其准备实施的监管程序或体制，二是告知国际监管委员会其实施一年后具体情况。原提案的监管一致性章节部分适用于争端解决章节，当新的促进统一协调和审查的程序或机制的监管措施违反了监管一致性条款所规定的义务，并侵害了其他成员方的利益时可以适用争端解决机制。从两个文本内容的对比来看，美国在监管一致性条款上做出了一定的让步。

第 26 章　透明度和反腐败

张久琴

 TPP 协定设立透明度和反腐败章节的主旨是什么?

TPP 协定中设立透明度和反腐败章节的主要目的是提高缔约方在法律、法规和政府决议的制定与执行过程中的透明度,同时解决贿赂和腐败等问题可能带给经济的负面影响,由此将为缔约国的个人和企业在其他缔约国内进行的贸易和投资活动提供更大的透明度和确定性。

 TPP 透明度和反腐败章节包含哪些内容?

透明度和反腐败这一章节共包括定义、透明度、反腐败三节内容和一个附件,即药品和医疗器械的透明度及程序公正。在透明度一节中,TPP 规定每一缔约方要保证及时发布相关的法律、法规、程序和普遍适用的行政裁定,要求在可能的情况下,提前公布拟采取的措施;以及向利害关系人和其他缔约方提供提案评议的机会。同时,为相关行政诉讼提供明确指导,并要求设立司法、准司法或行政裁判庭或程序,以进行决议审查。在反腐败一节中,TPP 协定要求每一缔约方必须加入 2003 年 10 月 31 日订于纽约的《联合国反腐败公约》,此外规定与《联合国跨国组织犯罪公约》《关于打击国际商业交易中行贿外国公职人员行为的公约》和《美洲反腐败公约》中的相关内容一致。同时,除公有部门外,TPP 协定还积极认可公共部门之外的个人和团体,如企业、民间团体、非政府组织和社区等在打击和防止腐败过程中所起的作用。TPP 协定中规定各缔约方应坚持 2007 年 7 月的 APEC 公职人员行为准则，并鼓励遵守 2007 年 9 月的 APEC 商业行为准则：私有部门商业信誉及透明度准则。TPP 还要求各缔约方加强其国内反腐败法和规则的执行。为预防腐败，每一缔约方应就账簿和记录保存、财务报表披露及会计和审计标准，采取或维持与其法律法规一致的必要措施。此外要求各缔约方力争采取措施规范公职人员的行为，明确界定和管理利益冲突，加强对公职人员的培训，鼓励腐败行径的举报，鼓励个人和组织积极参与反腐活动，约束涉及腐败行径的公职人员。

在透明度和反腐败章节中，大部分条款适用于争端解决机制。但在该章节的追加条文中，TPP 各缔约方同意促进医药产品或医疗设备上市或报销的透明度与程序公正。但追加条文中的承诺不属于争端解决程序范畴。

 ## TPP 在透明度方面有哪些具体要求？

在透明度方面，TPP 协定对公布、行政程序、复审和上诉以及信息的提供等进行了详细规定。其中对"公布"条款的规定更为细致，主要目的是为保证每一缔约方及时发布相关的法律、法规、程序及普遍适用的行政裁定，或以其他方式使其他缔约方知晓。主要内容：一是要求在法律法规修改时，应在公众知晓和生效之间保留合理的时间间隔；二是规定法律草案应在接受评议前不少于 60 天或其他足够的时间发布；三是要求对法规草案以及评议后重大修改做出解释。在行政程序方面，TPP 要求各缔约方为相关行政诉讼提供明确指导，并要求设立司法、准司法或行政裁判庭或程序，以进行决议审查。在信息提供方面，TPP 协定规定如果拟议或实际措施可能会实质性影响另一缔约方利益，要求缔约国要向其他缔约方进行通知；同时对于其他缔约方的请求，要迅速做出答复。相比我国，通过《立法法》《行政许可法》《行政处罚法》等要求及时公布法律、法规和行政裁定等，并在起草过程中广泛听取社会公众意见，还专门制定了《政府信息公开条例》，要求行政机关及时、准确地公开政府信息。我国对外签署的 FTA 中也大多包含透明度章节或条款，承诺及时公开相关信息，提供合理的评论机会，与 TPP 的要求基本一致。

 TPP 对于反腐败提出了哪些具体措施？

首先，TPP 对行贿、受贿等行为进行了严格的定义，并确定为犯罪行为，要求对其追究刑事责任。TPP 与《联合国反腐败公约》规定一致，以公职人员履行职务过程中作为或不作为为条件，无论公职人员是为本人还是其他人员直接或间接索取或收受不正当好处均构成受贿罪；同时，无论行贿人谋取的利益是正当利益还是不正当利益，只要直接或间接向公职人员许诺提供或给予不正当好处，使公职人员执行公务时作为或不作为，均构成行贿罪。从贿赂范围看，TPP 也与《联合国反腐败公约》中对贿赂范围的定义一致，即指不正当好处，除有货币价值的财物外，还包括其他非财产性利益，范围更广。同时，还将上述行为中任何人故意实施的帮助或教唆，或共谋行为也定义为犯罪。

其次，为预防腐败，TPP 要求就账簿和记录保存、财务报表披露及会计和审计标准，采取或维持与其法律法规一致的必要措施。禁止以设立账外账户、进行账外或账实不符的交易、虚列支出、登录负债账目时谎报用途、使用虚假单据、故意在法律规定的期限前销毁账簿等形式实施腐败违法行为。

再次，TPP 积极促进公职人员的廉正、诚实和责任心。主要措施：一为公务职位规定适当的选拔和培训程序；二是促进公职行为的透明度；三是通过适当政策和程序确定和管理公职人员可能出现的利益冲突；四是要求公职人员进行活动申报等。

最后，TPP 积极促进私营部门和社会参与腐败行为的预防和打击活动。为促进公共部门之外的个人和团体，如企业、民间团体、非政府组织和社区

组织积极参与反腐活动，并提高关于腐败的存在、原因、严重性以及威胁方面的意识，TPP 建议采取以下措施：一是开展公开信息活动及公众教育项目；二是鼓励专业协会和其他非政府组织开发内部控制、道德和合规项目及对贪腐活动的阻止和侦查措施等；三是鼓励企业在公司年报中做出声明，或公开其内部控制等；四是保护寻找、获取、公开和散播腐败相关信息的自由。

 TPP 对于促进公职人员廉政建设提出了哪些具体措施？

TPP 对于促进公职人员廉政的主要措施：一是为易受腐败侵蚀的公务职位规定适当的选举程序，并对上岗人员进行培训，若适当可进行岗位轮换；二是促进公职人员履行公职行为的透明度；三是通过适当政策和程序确定和管理公职人员可能出现的利益冲突；四是要求公职人员就可能导致与其产生利益冲突的外部活动、雇佣、投资、资产、重要礼物或利益向有关当局进行申报；五是促进公职人员就其履行职能时发现的腐败行为向有关当局报告。同时，TPP 协定还要求每一缔约方要制定公职人员行为准则，并规定当公职人员有腐败犯罪行为发生时应采取的惩罚性措施。我国是《联合国反腐败公约》缔约国，遵守公约有关公职人员行为守则、公共部门等相关内容。十八大以来，中央加大反腐败力度，加强党风廉政建设，坚决落实八项规定，坚持纠正"四风"，践行"三严三实"，符合国际反腐败要求。中纪委和监察部开通举报网站，为举报腐败提供便利，并出台《建立健全惩治和预防腐败体系 2013—2017 年工作规划》，坚决有力惩治腐败。

 TPP 反腐败规则与其他协定的关系是怎样的？是否适用 TPP 争端解决章节？

在反腐规则方面，TPP 与《联合国反腐败公约》、2000 年 11 月 15 日订于纽约的《联合国跨国组织犯罪公约》、1997 年 11 月 21 日订于巴黎的《关于

打击国际商业交易中行贿外国公职人员行为的公约》及其附件和 1996 年 3 月
29 日订于加拉加斯的《美洲反腐败公约》中相关内容一致。TPP 规定本协定
的任何内容不得影响缔约方在上述公约项下的权利和义务。另外，TPP 要求
各缔约方确认反腐的决心，认识到公有和私有部门开展廉政建设的必要性和
其所起的互补责任，并要求各方遵守 2007 年 7 月 APEC 公职人员行为准则，
鼓励遵守 2007 年 9 月的 APEC 商业行为准则：私有部门商业信誉及透明度
准则。

　　本章节内容适用于 TPP 的争端解决章节。只要一缔约方认为另一方在贸
易或投资事项上的做法与其义务不符，或者未执行相关义务，可诉诸争端解
决。此外，本章节下的磋商条款做了改动，以允许除磋商方之外的一缔约方，
在不晚于磋商请求发出后 7 日内，通过书面请求，在得到磋商方同意后，可
参加磋商，并规定磋商缔约方必须邀请相关反腐机关的官员参加。

第 27 章　管理和机构条款

朱思翘

 跨太平洋伙伴关系委员会的职能是什么？与传统 FTA 及 WTO 相比有哪些不同？

跨太平洋伙伴关系委员会（以下简称"委员会"）由部长级或高级别官员组成。委员会负责监督 TPP 协定的实施和运行，具体职能包括：负责与 TPP 协定执行或运作有关的事项；在 TPP 协定生效期的三年内，以及在此之后的至少每五年，对缔约各方间的经济关系及伙伴关系进行审查；考虑修订或修改 TPP 协定的提案；监督在 TPP 协定下设立的所有委员会和工作组的工作；完善和修订仲裁机构制定程序示范规则；增强缔约各方间的贸易和投资关系；每三年对专家组席位人员名册进行审查，并在适当情况下组建新名册；改进委员会下设的组织机构设置；采纳和修改附件 2-D（关税消除）中的时间表、附件 3-D（特定原产地规则）中的原产地规则、第 15 章（政府采购）的附件中实体、涵盖货物、服务和门槛的清单等内容；发布 TPP 协定条款的解释并解决与其相关的分歧或争议；寻求非政府人员或团体的建议；以及经缔约各国同意的其他事项。

与传统 FTA 及 WTO 相比，委员会的职能中有两项内容较为创新：一是委员会每五年审议各缔约方之间的经济关系和伙伴关系，以确保协定与缔约方所面临的贸易和投资挑战相匹配，保证了协定各缔约方目标的一致性以及合作关系的可持续性。二是委员会每三年对第 28.10 条中争端解决机制的专家组主席名单进行审查，提高了争端解决的效能。

 与传统 FTA 及 WTO 相比，跨太平洋伙伴关系委员会在决策机制上有哪些创新？

WTO 决策机制包括协商一致规则、简单多数规则、三分之二多数通过规则、四分之三多数通过规则。WTO 要求各方经协商一致后做出决策，如无法通过协商做出统一决定，则采用简单多数规则。例如，WTO 规定，在部长级会议和总理事会会议上，WTO 每一成员拥有一票，通过一项解释的决定应由成员的四分之三多数做出。在特殊情况下，部长级会议可决定豁免 WTO 协定或任何多边贸易协定要求一成员承担的义务，但是任何此类决定应由成员的四分之三多数做出，除非 WTO 协定另有规定。而跨太平洋伙伴关系委员会在决策机制上对协商一致性的要求更高，委员会及所有 TPP 协定下设立的附属机构的所有决定，必须经过全部缔约方一致同意，如无缔约方在决策会议上提出反对意见，则被视为同意该决定。委员会发布对 TPP 协定条款的解释也要经所有缔约方的一致同意，如果缔约方在委员会考虑此问题时并未表示同意，需在该考虑做出的 5 日内对此种解释提出书面反对意见，否则该决定被视为已达成。由此可见，TPP 的缔约各方对决策都起到决定性作用，一票否决就会延缓决定的做出，此决策机制在保护缔约各方利益的同时，也降低了决策效率。

 跨太平洋伙伴关系委员会的议事规则是什么？

跨太平洋伙伴关系委员会的具体议事规则是：第一，在协议生效一年内召开会议，并根据缔约各方的决定，在委员会履行其职能时召开会议；第二，担任委员会主席的缔约方应在会议期间给予必要的行政支持，及时向缔约各方通知委员会的决定；第三，委员会及其附属机构应通过电子邮件、视频会议等方式保证工作的顺利开展；第四，委员会及其附属机构可为其工作的开

展制定议事规则。

 跨太平洋伙伴关系委员会对处于特定义务过渡期的缔约方有何
特殊要求?

　　跨太平洋伙伴关系委员会规定,对于任何处于特殊义务过渡期的缔约方,要定期向委员会报告其履行义务的方案和义务进展情况,并将方案和进展汇总成书面报告,提交委员会审查。对处于不同过渡期的缔约方,在其提交书面报告的时间节点上有不同的要求,对于处于三年及三年以下过渡期的缔约方,要求在过渡期满的六个月前提供书面报告;对于处于三年以上过渡期的缔约方,要求在 TPP 协定对其生效之日起的每个周年日当天提供年度书面报告,并在过渡期满的六个月前再次提供书面报告。缔约方可向报告缔约方询问进展情况以外的信息,报告缔约方应及时予以回应。报告缔约方应在过渡期满前向其他缔约方提供书面通知,说明其为履行过渡期义务而采取的措施执行情况。如果报告缔约方未能提供此通知,则该事项列入下次定期会议议程,或者任一缔约方可要求委员会迅速召开会议讨论该事项。与 WTO 和传统FTA 相比,TPP 对处于过渡期的缔约方建立了定期汇报机制,并要求其将履行义务的具体方案和进展情况汇总为书面材料,该机制将更有效地监督和管理特殊过渡期缔约方义务的履行和落实。

 TPP 协定对争端解决机制程序是如何进行管理的?

　　TPP 协定规定,当缔约方为争端解决程序中的一方时,应指定一个办公室,办公室向第二十八章"争端解决"中的仲裁庭和相关方提供行政支持,以及执行委员会指示的其他相关功能。缔约方应将指定办公室的位置告知其他缔约方,并负责办公室的运行和成本。

第 28 章　争端解决

徐　曼

 TPP 争端解决的适用范围是什么？

WTO 争端解决机制是在 GATT 争端解决机制的基础上产生和发展的，其中乌拉圭回合谈判的最重要的成果之一就是《关于争端解决的规则和程序的谅解协定》（DSU）。WTO 的争端解决机制制定了适用于货物贸易、服务贸易及知识产权等所有领域统一的争端处理程序，范围非常广泛。这种统一的机制对于提高争端解决的效力和加强各争端解决程序之间的协调，具有非常积极的意义。此外，WTO 还根据 DSU 建立了统一专门的争端解决机构（DSB），负责管理规则与程序以及各有关协议中协商与解决争端的条款。

TPP 中争端解决章节规定了 TPP 相关的一般性的争端解决程序，基本沿袭了 WTO 争端解决机制，但也有所不同。TPP 争端解决适用范围，即争端解决机制的适用对象，包括除特别规定例外的所有事项。TPP 明确规定缔约方不得将第 16 章（竞争政策）、第 21 章（合作和能力建设）、第 22 章（竞争力和商务便利化）、第 23 章（发展）、第 24 章（中小企业）、第 25 章（监管一致性）下产生的任何事项诉诸争端解决。

特别需要注意的是，TPP 第 9 章（投资）并不在特别规定例外范围中，即投资者—国家争端解决与本章的一般性争端解决互不排斥，投资者可择其一适用。

此外，与 WTO 不同，劳工和环境这两个议题也被纳入 TPP 条款，且并未被纳入争端解决例外事项中。因此，TPP争端解决也涵盖了第19章（劳工）和第20章（环境）条款。鉴于这两个议题的特殊性和敏感性，TPP在劳工条款中特别规定缔约方需先通过磋商（第19.15条）方式寻求解决，磋商无果才能诉诸TPP争端解决机制。TPP环境条款也在最后特别规定了磋商和争端解决程序，TPP缔约方如有争端，需经过环境磋商（第20.19条）、高级代表磋商（第20.21条）、部长级磋商（第20.22条）三个层级的磋商机制，磋商无果方可诉诸TPP争端解决机制。另外，出于技术上的考虑，环境章节中的争端解决，还特别规定设立的专家组应向实体寻求技术建议和支持，以帮助更好地解决环境争端。

可见，TPP在将劳工和环境议题纳入一般性争端解决机制，比WTO更进一步扩大了争端解决范围的同时，也为其设置了多重磋商机制，希望尽量以非争端方式解决劳工、环境相关问题，这在一定程度上也体现了TPP对待这两个敏感问题的谨慎态度。

163 TPP争端解决对设立专家组有何新规定?

TPP争端解决对设立专家组做出了一些新规定，与WTO以及中国对外签署的FTA（以中韩FTA为例）相比，有以下几点不同。

（1）TPP争端解决时间表比WTO缩短

TPP争端解决规定如果争议无法通过磋商解决，起诉方可要求成立专家组。专家组应由三名国际贸易或相关专业领域的专家组成，专家组将于收到磋商请求之日起60日内（或收到与易腐货物相关的磋商请求之日起30日内）成立，这与WTO和中韩FTA相关规定时间相同；TPP要求自请求设立专家组20日内，争端方应指定专家组成员，而WTO争端解决要求时间是30天内组成专家组，（如当事方20天内不能就专家组成员协商一致，由总干事在10天内指定），中韩FTA中则将时间要求缩短至15日内；TPP争端解决规定专家组将在最后一名成员确定后的150日内或在紧急情况下

（例如易腐货物）120 日内向争端方提交初步报告，初步报告将是保密的，供缔约方进行评论。WTO 争端解决规定专家组成立和职权范围确定后一周内，与当事方共同协商专家组工作程序的时间表，专家组审理案件过程一般不超过 6 个月，紧急情况下不超过 3 个月，而中韩 FTA 中要求提交中期报告时间为 120 日内；TPP 要求最终报告须在初步报告提交后 30 日内提交，且必须在 15 日内公开，报告中的保密信息将受到保护。而 WTO 争端解决专家组中期报告分送 DSB 各方传阅时间不应超过 9 个月，如无上诉，DSB 应在 60 天内通过专家组报告，而中韩 FTA 要求提交专家组报告的时间为中期报告提交后的 45 日内。

可见，WTO 争端解决机制中，一般情况下可在 1 年左右时间完成争端解决程序，而作为自由贸易协定的 TPP 和中韩 FTA 中的争端解决机制更要求时效性，要求完成争端解决程序的时间大为缩短。（见下表）

表　TPP、WTO 与中韩 FTA 争端解决设立专家组时间节点比较

时间节点	TPP 规定	WTO 规定	中韩 FTA 规定
请求设立专家组	提出磋商请求 60 日内	提出磋商请求 60 日内	提出磋商请求 60 日内
指定专家组成员	设立专家组 20 日内	设立专家组 30 日内	设立专家组 15 日内
提交初步报告（WTO 和中韩 FTA 为中期报告）	最后一名成员确定后的 150 日内	一般不超过 6 个月，紧急情况下不超过 3 个月	最后一名成员确定的 120 日内
提交最终报告（WTO 和中韩 FTA 为专家组报告）	初步报告提交后 30 日内	分送 DSB 各方传阅，不应超过 9 个月	中期报告提交后 45 日内
公开最终报告	提交最终报告 15 日内	如无上诉，DSB 60 日内通过专家组报告	

资料来源：《跨太平洋伙伴关系协定》、WTO《附件 2　关于争端解决规则与程序的谅解》、《中华人民共和国与大韩民国政府自由贸易协定》。

（2）TPP 中首次提出建立专家组主席名册

TPP 争端解决机制规定，争端方应在专家组 3 位成员中任命 1 位专家组主

席，专家组主席人选从根据第 28.10 条第 3 款设立的专家组主席名册中任命。
TPP 规定在协议生效 120 日内，各缔约方应建立专家组主席名册，如果无法在
规定时间内建立名册，则应由委员会在协议生效 180 日内，推荐并建立专家
组主席名单。候选名单至少包括 15 人，各缔约国最多提名 2 名（最多有一名
来自每一缔约国国民）。专家组主席名册一旦确立则至少三年有效，直至各缔
约国对更新名册达成共识。WTO 和中韩 FTA 的争端解决机制中，专家组成员
一般也由 3 人组成，WTO 争端解决专家组成员可从秘书处置备的专家名单中
遴选，具体人员组成多由 WTO 总干事在个案基础上与有关方面磋商后决定，
无论是 WTO 还是中韩 FTA 争端解决中都未提及设立专家组主席名册。

（3）取消对发展中国家的特别规定

WTO 争端解决规定，当争端发生在发展中国家成员与发达国家成员之间
时，如发展中国家成员提出请求，专家组应至少有 1 名成员来自发展中国家
成员。而在 TPP 争端解决的专家组组成中取消了相关规定。

 164 TPP 争端解决程序与 WTO 的差别？

无论是 TPP 还是 WTO 的争端解决机制，从专家组程序开始，争端解决程
序就进入了裁判阶段。TPP 争端解决专家组的具体职责范围以争端方的诉讼
请求为限。专家组的职能是对提交其审议的事项从事实及法律方面做出客观
评估和审查，形成裁决，从而履行其做出认定、决定和提出建议以解决争议
的职责。

TPP 专家组的具体裁判过程大致包括以下几个步骤：

（1）听证取证

包括听证会、提交书面陈述及其他调查取证活动。TPP 争端解决专家组
提供争端方至少一次听证会机会并在保护保密信息条件下对公众公开，各
争端方可口头陈述观点，提交书面陈述，向专家组进行口头陈述或辩论。
除此而外，专家组还有权从其认为合适的个人或机构获取相关信息或技术

建议。

（2）第三方参与

TPP 规定非争端方的一缔约方认为其对专家组审议的事项具有利益的，在向争端各方送达书面通知后，应有资格参加所有听证会，提交书面陈述，向专家组做口头陈述，并接收争端各方的书面陈述。TPP 中第三方可以是争端事项毫无利益关系的第三方，与 WTO 中有实质利益的第三方不同，且第三方可获得 TPP 争端解决中提交的意见、专家组的最终报告，参加听证会等，相对而言信息公开程度更高。中韩 FTA 争端解决中未涉及"第三方"相关条款，在听证会上也仅限缔约双方代表和顾问可以向专家组发言。

（3）程序中止与终止

与 WTO 争端解决相似，TPP 争端解决专家组应起诉方请求，可以在任何时候暂停工作，时限不得连续超过 12 个月，否则专家组的设立职权将由此消失。如争端各方共同要求中止，则专家组应随时中止程序。如发生暂停，相关时间表应相应顺延。如果争端各方共同要求专家组终止，专家组应终止程序。

（4）提交报告

TPP 争端解决提出了初始报告和最终报告的程序要求，专家组应基于相关条款和争议各方陈述及辩论，完成调查，并提交初步报告，初步包括应包含事实认定和专家组相关决定，以及相关认定和决定的理由。如争端方有不同意见，可在规定的期限内书面提出。专家组可修改初步包括或进行进一步审查，并在提交初始报告起 30 天内提交最终报告。而 WTO 和中韩 FTA 的争端解决则是中期报告和专家组报告的程序。WTO 争端解决中专家组在审议争端各方的陈述和辩论意见并完成调查之后，先将其报告草案中的事实描述性部分发给争端方，后者应在专家组指定的期限内提交书面意见。期满后专家组再发布完整的中期报告，如争端方有不同意见，可在规定的期限内书面提出，请求专家组复议或与各方再次开会讨论。如争端方未再提出意见，中期报告即视为最终报告，向全体成员公开发布。

 TPP 争端解决机制透明度与 WTO 相比有何改进?

　　WTO 的争端解决机制因透明度问题而饱受诟病, 这往往是由于 WTO 争端解决机制在遵循透明度原则的同时, 还要兼顾保密原则, 而在实际的执行中, 两者往往难以协调, 造成冲突。WTO 为了提高争端解决机制的开放性和透明性, 采取了向公众公开专家组和上诉机构的报告全文; 争端方可以披露其参与争端解决案件自身立场的陈述; 专家组可以向其认为合适的个人或组织寻求信息和建议等措施。但是, 由于 WTO 争端解决专家组审议会议并不开放; 提交专家组和上诉机构的书面陈述被列为机密文件; 专家组的审议情况不能公开; 专家组在报告中发表的个人意见也是匿名的, 这就造成了从公众所获得信息角度而言, WTO 争端解决程序中依然存在大量封闭会议、保密信息和匿名意见。当前, 透明度问题已成为 WTO 争端解决机制改革的重要议题, WTO 正通过有限度的公开审理案件等方式提高其透明度。

　　TPP 争端解决机制在提高透明度方面, 与 WTO 相比采取了一些改进措施。TPP 争端解决机制明确规定, 公众可以跟踪整个争端解决进程, 获得争端解决中各方提交的书面意见与口头陈述, 并且允许非争端缔约方的参与。

　　(1) 公开听证会

　　TPP 争端解决在专家组的程序规定, 提出了至少举行一次听证会的强制要求, 并且, 在遵守保密信息保护规定的前提下, 除非争端方另有协议, 否则所有专家听证会都应向公众公开。WTO 争端解决没有公开听证会的要求, 中韩 FTA 对于公开听证会也没有强制要求。

　　(2) 公开书面文本

　　TPP 争端解决在专家组的程序规定, 除非涉及机密信息部分, 争端方向专家组提交的书面陈述、口头陈述及答复的书面文本也应公开, 并在专家组最终报告公布前发布。WTO 争端解决中没有这方面的规定。

（3）非政府组织参与

在 TPP 争端解决进程中，设立于任一争端方境内的非政府组织可要求向专家组提交与争端相关的陈述和论据的书面意见，专家组将予以考虑，以协助专家组评估。WTO 争端解决中没有这方面的规定。

（4）公开最终报告

TPP 争端解决在专家组的程序规定，在保护保密信息的前提下，各争端方应在专家组提交最终报告的 15 天内，将最终报告向公众公开。

 与 WTO 相比，TPP 争端解决对专家组裁定执行规则有何细化改进？

为了确保缔约方尽可能遵守协定，TPP 争端解决机制规定，如果某一缔约方未履行义务，且持续不履行义务，争端解决机制允许其他缔约方寻求补偿或中止优惠待遇等贸易报复手段。在 WTO 和中韩 FTA 中也有相关规定，在时间上 TPP 起诉方发起中止减让或其他义务的时间是 15 日，较 WTO 和中韩 FTA 争端解决相关不执行条款时间要求更短。

执行监督程序主要包括以下几个方面：

（1）自动执行

包括自动立即执行和在合理期限内执行。WTO 争端解决机制中，按 DSU 的规定，专家组或上诉机构报告通过后 30 天之内，败诉方须向 DSB 通报其执行意向。若立即执行有困难，各争议方应在 DBS 批准的合理期内执行。如未获 DBS 批准，则争议方需在 DBS 通过裁决之日起 45 天内就合理期限达成一致。如争议方未能达成一致，败诉方应在通过仲裁方式确定的合理期限内执行（仲裁确定的合理期限一般不超过 15 个月）。

TPP 的争端解决机制规定的执行时间限制与 WTO 差别不大，争端败诉方应立即执行专家组的最终报告裁决，如不能立即执行，除非争端方另有规定，否则争端方需在专家组提交最终报告 45 天内就合理期限内执行达成一致。如

未达成一致，则任一争端方可在专家组提交最终报告 60 天内，将该事项提交专家组主席以通过仲裁方式确定合理期限（除特殊情况外，仲裁确定的合理期限一般不超过 15 个月）。专家组主席应在仲裁要求被提交 90 天内确定合理期限。

（2）不执行——补偿

WTO 争端解决机制规定，败诉方未能在合理期限内执行 DSB 的建议和裁决的，应在合理期限期满前，与其他相关胜诉方谈判以达成彼此满意的补偿方案。

与 WTO 类似，TPP 争端解决机制规定，败诉方告知相关胜诉方，拟不执行专家组最终报告裁决的，或在合理期限届期满后，相关胜诉方就败诉方是否有效执行专家组最终报告裁决有所分歧的，相关胜诉方可发起补偿请求，败诉方应在收到请求的 15 天内，与相关胜诉方进行谈判，以期达成双方都能接受的补偿方案。

（3）不执行——中止减让或报复

WTO 争端解决机制规定，若争端方在合理期限期满后 20 天内仍未达成补偿方案，则胜诉方可请求 DSB 授权报复（即授权其中止对败诉方适用相关减让义务），此时同样适用反向一致规则，DSB 应自动授权报复。但若败诉方对报复水平与报复方利益受损水平的相当性持有异议，则应先行提交仲裁，只有在仲裁机构对报复水平的相当性做出肯定性裁决之后才能请求授权报复。

TPP 争端解决机制同样规定，如果相关争端方在启动补偿谈判后 30 日内，未就补偿达成一致的，或达成协议但胜诉方认为败诉方未遵守协议条款的，胜诉方可随时书面通知败诉方，对败诉方中止减让或其他义务。胜诉方应当在中止减让或其他义务前 30 日通知败诉方，通知应当表明中止减让或其他义务的水平和范围。如果败诉方认为胜诉方提议的中止减让或其他义务的水平明显过度，或败诉方已履行专家组裁定的义务，败诉方可在胜诉方提交中止减让书面通知的 30 天内，请求重新召开专家组审议该事项。专家组应重新召集，并在败诉方提出召集申请请求的 90～120 天内，向各争端方提交审议决定。如果专家组认定胜诉方提出的中止减让或其他义务利益水平明显过度，则专家组应提出具有相同影响的利益水平。

（4）持续执行监督

WTO 争端解决机制规定，DSB 对执行情况实施持续监督。根据相关规定，执行问题自合理期限确定之日起 6 个月后仍未解决的，包括已提供补偿或已中止减让义务但未按 DSB 的建议使被诉措施与涵盖协定相符的，则须一直列入 DSB 会议议程，且每次会议前败诉方均应提前提交其执行进展状况报告。

TPP 争端解决机制规定了执行审查，在不影响第 28.19 条中程序（补偿与中止减让）的情况下，如果被诉方认为已经消除专家组裁定的不符之处或者利益丧失或减损，被诉方可以通过向有关起诉方发出书面通知的方式将该事项提交给专家组。专家组应在被诉方发出通知后 90 天内就该事项签发报告。如果专家组认定被诉方已经消除不符之处或者利益丧失或减损，有关起诉方应尽快恢复依照第 28.19 条所中止的利益。

与 WTO 规定相比，TPP 争端解决条款最大的不同是什么？

TPP 的争端解决与 WTO 规定的最大不同是，WTO 争端解决机制中规定了上诉审议条款，即争端各方可对专家组报告进行上诉，而 TPP 本质上作为一个自由贸易协议，更为注重能够便捷、快速地解决争端，因此并没有设立上诉审议的条款。

上诉机制是 WTO 争端解决的重要内容，也是一大创新，大大增加了 WTO 争端解决的司法性。WTO 争端解决的实践告诉我们，上诉机制在解决国际贸易争端方面起到了十分重要的作用。鉴于 WTO 专家组报告一经通过即具有法律效力，但专家组毕竟是临时性机构，在解释和适用 WTO 法律规则时也有可能出现偏差，因此，WTO 设立了上诉审议程序，根据 DSU 第 17 条第 6 款和第 13 款的规定，争端各方可以经 DSB 设立的受理上诉常设机构对专家组报告

进行上诉，经过审查，上诉机构对专家组的法律结论可分情形予以维持、修改或撤销。上诉机构报告为终结裁决，经 DSB 自动通过后争端各方即应无条件接受。

WTO 争端解决中的上诉审查通过对专家组评审工作的再评审，保证对有关协议规则的正确适用，有助于有效维护当事方权益。更为重要的是，由于上诉机构审查的是当事方上诉涉及的专家组报告中的有关法律问题和法律解释，因此上诉机构在适用有关法律规则时所做的解释，可以使有关规则内容更为明确，增加 WTO 相关法律实施的可预见性。

TPP 争端解决机制中未设立上诉审查程序，主要是为了缩短争端解决的周期，提高效率。但是 WTO 争端解决的实践也证明，争端方通过上诉机制修改或推翻专家组报告的案件大量存在，而上诉机构对有关 WTO 法律规则的解释，可以确立其规范性和统一性，对后续争端解决起着重要的影响和指导作用。因此，不设立上诉审查机制对 TPP 争端解决来说是否利大于弊，还有待观察。

第29章 例外和总则

田伊霖

 TPP 协定成员可以采取哪些临时保障措施？

TPP 协定例外和总则章节的第 29.3 条是有关 TPP 协定成员可采取的临时保障措施的规定。本条共分 7 款对这一问题进行阐释。首先，本条协定的第 1 款和第 2 款阐明了缔约国在两种情况下可采取的两种临时保障措施，即：首先，当缔约国发生严重收支平衡和对外财政困难时，可以采取对经常账户交易支付或转移采取或维持限制性措施等临时保障措施。其次，当缔约国在发生严重收支平衡和对外财政困难或威胁时，或在例外情况下，与资金流动相关的支付或转移对宏观经济管理造成严重困难或威胁时，可以采取对与资金流动相关的支付或转移采取或维持限制性措施的临时保障措施。

与此同时，本条条款还对上述两种临时保障措施进行了系统的规定。第一，采取或维持上述两种临时保障措施，应不违反 TPP 协定特定的条款内容①②；第

---

① 这些条款包括：第 9.4 条（国民待遇）、第 9.5 条（最惠国待遇）、第 10.3 条（国民待遇）、第 10.4 条（最惠国待遇）、第 11.3 条（国民待遇）以及第 11.4 条（最惠国待遇）。

② 在不影响对第 9.4 条（国民待遇）、第 9.5 条（最惠国待遇）、第 10.3 条（国民待遇）、第 10.4 条（最惠国待遇）、第 11.3 条（国民待遇）以及第 11.4 条（最惠国待遇）的一般性解释的前提下，依据第 1 款或第 2 款采取或维持的措施基于住所对投资者进行区分这一事实，不一定意味该措施违反第 9.4 条（国民待遇）、第 9.5 条（最惠国待遇）、第 10.3 条（国民待遇）、第 10.4 条（最惠国待遇）、第 11.3 条（国民待遇）以及第 11.4 条（最惠国待遇）。

二，采取或维持临时保障措施应当与《国际货币基金组织协定》的条款相一致；第三，应避免对其他任何缔约方的商业、经济和金融利益造成不必要的损害；第四，不应超过必要的限度；第五，临时保障措施属于临时性质，应随特殊状况的改善而逐步取消，且持续期限最长不得超过 18 个月。但在例外情况下，缔约方可以将临时保障措施持续时间延长至 1 年，但应在延期后 30 天内以书面形式通知其他各缔约方。但同时，如果在收到书面通知后 30 天内，有超过半数的缔约方集体磋商并以书面方式表示不认同该项延长措施的执行，在这样的情况下，采取临时保障措施的缔约方应考虑其他缔约方的反对意见；自收到超过半数缔约方的书面反对意见后，应对其正在执行的临时保障措施进行调整或取消。第五，采取临时保障措施不应违反 TPP 协定第 9.7 条（征收与补偿）的规定；第六，当临时保障措施是在对资本流出采取限制的情况下，该措施应不干预投资者在采取限制的缔约方领土内从任何受限制的资产①中获得市场回报率的能力；第七，临时保障措施不应被用于规避必要的宏观经济调整。另外，本条第 4 款还规定，上述两种临时保障措施不适用于与外商直接投资有关的支付或转移。②

此外，TPP 协定规定：采取或维持两种临时保障措施，应当以价格为基础。如果该类临时保障措施不以价格为基础，则采取临时保障措施的缔约方应在将其使用的措施通知其他缔约方的同时，对其使用数量限制的理由做出说明。

货物贸易领域的临时保障措施采用了经过必要修改的《1994 年关税与贸易总协定》第 12 条及《关于 1994 年关税与贸易总协定国际收支条款的谅

---

① 此处"受限制资产"一词仅指一缔约方的投资者在限制缔约方领土内投资的资产，该投资被限制转移出实施限制的缔约方领土。

② 就本条而言，"外商直接投资"指一缔约方投资者在另一缔约方领土内的一种投资类型，该投资者以此行使对企业或其他直接投资的所有权或控制权，或对其管理形成重大影响，且有意以建立长期关系为目的。如拥有一企业投票权至少 10% 的份额且时间超过至少 12 个月即通常视为属外商直接投资。

解》。同时规定，各缔约国在采取或维持此种临时性保障措施的时候，不得损害 TPP 协定授予其他缔约方与非缔约方待遇相比较而言的相对利益。

最后，本条详细规定了采取临时保障措施时，缔约方应尽的义务，即：第一，缔约方在采取临时保障措施后 30 天内，须将实施的措施以书面形式通知其他缔约方，通知内容应同时包括做出的任何更改及其采取措施的理由。第二，采取临时保障措施的缔约方应尽快向其他缔约方提供取消该措施所需的时间表和条件。第三，对采取的临时保障措施及时公布。第四，采取临时保障措施的缔约方应及时开始与其他缔约方进行磋商，以对其采取或维持的临时保障措施进行审议。

 TPP 协定在税收措施方面的例外条款有哪些值得注意的问题？

有关税收措施的规定是传统 FTA 协定中例外章节一般都会涉及的内容，也是例外章节中非常重要的内容之一。总体来说，TPP 协定的税收措施规定与传统 FTA 在这方面的规定基本一致。在 TPP 协定中，在章节的第 29.4 条是关于税收措施的内容，共包含 9 款。其中第 1 款对各缔约国的指定机关具体指本国的哪个机构以及规定中的税收公约具体所指进行了具体说明。值得注意的是，TPP 协定在此款中还特别说明："税收或税收措施包括消费税，但不包括 TPP 协定第 1 章第 1.3 条（一般定义）中所定义的'关税'或该定义中的（b）项和（c）项列出的措施。[①]"第 1.3 条关税定义中的（b）项是与进口相关的与所提供服务成本相当的税费或其他费用，（c）项则指反倾销与反补贴税。

---

① 根据 TPP 协定第 1.3 条的规定：关税包括对货物进口征收的或与货物进口有关而征收的任何种类的税费，以及与该进口相关的任何附加税或附加费，但不包含下列各项：（a）以 GATT 1994 第 3 条第 2 款相一致的方式征收的国内税；（b）与进口相关且与所提供服务成本相当的规费或其他费用；以及（c）反倾销税或反补贴税。

　　本条第 2 款明确了"除非本条另有规定，否则本协定的任何规定不得适用于税收措施。"以及第 3 款规定 TPP 协定的任何规定不得影响任何缔约方在任何税收公约下的权利和义务。如 TPP 协定的规定与任何缔约方参与的税收公约之间存在不一致，该税收公约应在不一致的范围内优先适用。但需要注意的是，对两个或两个以上 TPP 协定缔约方之间的税收公约而言，如果缔约方对 TPP 协定与该税收公约之间是否存在不一致的问题存在疑问，则缔约方应向有关缔约方的指定机关提出该问题。而上述缔约方的指定机关应在问题提出之日起 6 个月内就是否存在任何不一致之处及其程度做出裁定。如上述指定机关同意，该期限可延长至问题提出之日起 12 个月。同时，在 6 个月期限或指定机关同意的其他任何期限期满前，各缔约方不可以根据第 28 章（争端解决）或第 9.18 条（对仲裁提出的申请）就导致该问题的措施发起任何程序。

　　须注意到，尽管根据第 3 款的规定，TPP 协定的任何规定不得影响任何缔约方在任何税收公约下的权利和义务。如 TPP 协定的规定与任何缔约方参与的税收公约之间存在不一致，该税收公约应在不一致的范围内优先适用。但 TPP 协定第 2.3 条（国民待遇）及 TPP 协定中对使该条生效所必要的其他规定，应在与《1994 年关税与贸易总协定》第 3 条相同的范围内适用于税收措施，同时协定第 2.16 条（出口关税、税收或其他费用）适用于税收措施。

　　在遵守第 3 款规定的前提下，第 10.3 条（国民待遇）和第 11.6 条第 1 款（跨境贸易）适用于对收入、资本收益、企业应税资本或投资或财产价值（但不包括该投资或财产的转移）的与特定服务的购买或消费相关的措施，但这一项的任何规定不得阻止一缔约方对接受或继续接受与特定服务的购买或消费相关的利益所设定在其领土内提供服务的要求；第 9.4 条（国民待遇）、第 9.5 条（最惠国待遇）、第 10.3 条（国民待遇）、第 10.4 条（最惠国待遇）、第 11.3 条（国民待遇）、第 11.4 条（最惠国待遇）、第 11.6 条第 1 款（跨境贸易）以及第 14.4 条（对数码产品的非歧视待遇）适用于所有税收措施，但关于收入、资本收益、企业应税资本或投资或财产价值的措施（但不包括该投资或财产的转移）或对遗产、继承、赠与和隔代转移的税收除外；第 14.4 条（对数码产品的非歧视待遇）适用于对收入、资本收益、企业应税资本或投资或财产价值（但不包括该投资或财产的转移）的与特定数码产品的购买和消费相关的税收措施，但这一项的任何规定不得阻止一缔约方对接受或继续接受与特定数码产品的购买或消费相关的利益所设定在其领土内提供数码产品的要求。

本条第 8 款规定 TPP 协定第 9.7 条（征收与补偿）适用于税收措施。但如依据本款决定该措施不属于征收，则投资者不得援引第 9.7 条（征收与补偿）作为诉请依据。如一投资者需要就一税收措施援引第 9.7 条（征收与补偿），则须首先在其依据第 9.18 条（向仲裁提出的申请）发出意向通知时，向投资者所属缔约方及被诉缔约方的指定机关提出税收措施是否不属于征收的问题。如指定机关不同意考虑此问题，或虽同意考虑，但在提出问题之日起 6 个月内未认同该措施不属于征收，则该投资者可依据第 9.18 条（向仲裁庭提出申请）向仲裁庭提交仲裁申请。

最后，本条第 9 款特别规定，TPP 协定的任何规定不得阻止新加坡采取不超出必要限度的贸易限制性税收措施，以实现新加坡因其特别空间限制而形成的公共政策目标。

 与 WTO 和传统 FTA 相比，TPP 协定在例外章节提出了哪些新内容？

TPP 协定第 29 章例外和总则共包含 8 条规定，除一般例外、安全、信息披露、税收、保障措施等传统 FTA 都会涉及的内容外，TPP 协定还新增了烟草控制措施①，《怀唐伊条约》，传统知识、传统文化表达和遗传资源等新内

---

① 烟草控制措施指一缔约方关于烟草制品（包括由烟草制造或从中提取的产品）的生产或消费，其分销、标签、包装、广告、营销、推广、销售、购买或使用的措施，以及实施措施，如检验、记录及报告要求。为进一步明确，一项关于不由烟草产品制造商掌控，或不属于烟草制品一部分的关于烟叶的措施不属于烟草控制措施。

容。这些内容的增加除体现了 TPP 协定缔约国的特点外，也反映出 TPP 协定较传统 FTA 更开阔的视野和更深远的考量。其中特别值得注意的是本章最后一条，关于"传统知识、传统文化表达和遗传资源"的内容。由于 TPP 协定各成员国都有自己的历史文化，传统知识丰富，积淀深厚，在 TPP 协定中特别加入对传统文化、传统知识资源的保护，丰富了 TPP 协定的内容，更将TPP 协定的目标从经济领域提升到人文领域。

表　TPP、美韩 FTA、中澳 FTA 例外章节内容归纳表

	TPP 协定	美韩 FTA	中澳 FTA
包含内容	第29.1条 总则 第29.2条 安全例外 第29.3条 临时保障措施 第29.4条 税收措施 第29.5条 烟草控制措施 第29.6条《怀唐伊条约》 第29.7条 信息披露 第29.8条 传统知识、传统文化表达和遗传资源	第23.1条 一般例外 第23.2条 基本安全 第23.3条 税收措施 第23.4条 信息披露	第一条 信息披露与保密 第二条 一般例外 第三条 安全例外 第四条 税收 第五条 协定审议 第六条 保障国际收支平衡的措施 第七条 竞争合作 第八条 政府采购

资料来源：TPP 协定文本、美韩 FTA 协定文本、中澳 FTA 协定文本。

 什么是《怀唐伊条约》？

TPP 协定第 29 章第 29.6 条是关于《怀唐伊条约》的规定。《怀唐伊条约》（Treaty of Waitangi），又译《威坦哲条约》，是 1840 年时英国王室与毛利人之间签署的一项协议。该条约的签订促使新西兰建立了英国法律体系，同时也确认了毛利人对其土地和文化的拥有权。该条约被公认为新西兰的建国文献，该条约目前仍为现行文件。

《怀唐伊条约》的主要内容包括：第一，毛利人各酋长让出其领土主权，凡岛上出生者，均受英国法律管辖。第二，保证新西兰各部落酋长的土地、

森林、渔场及其他财产不受侵犯；如出售土地，应优先出售给英国女王。第三，许诺毛利人可得到英国女王的保护，并可享有"英国国民所享有的一切权利和特权"。① 新西兰是 TPP 协定的首批缔约国之一。在 TPP 协定的规定中，明确了如果协定不存在不合理歧视或对货物贸易、服务贸易和投资的变相限制，则 TPP 协定给予毛利人更优惠待遇的措施，包括其对《怀唐伊条约》义务的履行；同时《怀唐伊条约》的解释及其项下权利和义务的性质不得诉诸 TPP 协定的争端解决机制。

---

① 资料来源：百度百科《怀唐伊条约》词条 http：//baike. baidu. com/link？url = xS36eC3moZiCFnv2fv23sPvh － efIKNibz1pgOY8wY4FBgUGtLD2 － 8vDhfG6ozstylapyh7 lrHKfgG-HOc9hHaDa

第30章 最终条款

田伊霖

TPP 协定条款可以被修正吗？修正程序是怎样的？

　　有关 TPP 协定的修正在协定第 30 章最终条款的第 2 条有明确规定。首先，TPP 协定承认各缔约方可以通过书面的形式对 TPP 协定文本进行修正。但是修正内容须经所有缔约方同意并经各缔约方按适用法律程序予以批准。之后，各缔约方应以书面形式向保管方通知其已经依据各自适用法律程序批准该项修正。完成以上步骤之后，对经各缔约方法律程序批准的对 TPP 协定文本的修正将于法律程序批准之日起 60 日后或缔约方同意的其他日期生效。

　　TPP 协定的修正规定较其他传统 FTA 的修正规定有相似之处也有不同之处。例如，关于协定的修正，NAFTA 的规定为"缔约方完成适用性法律程序后，所有成员国必须一致同意接受对协定的修正。""完成适用性法律程序"和"所有成员国一致接受"这两点与 TPP 协定的规定完全一致。但 TPP 协定同时要求各缔约方在此之后以书面形式向保管方通知其已经依据各自适用法律程序批准该项修正。在这一点上，TPP 协定的修订程序比 NAFTA 规定得更详细。此外，WTO 的修正程序与 TPP 协定差异较大。在修正的程序上，WTO 的规定是，"所有成员国均可提出修正案，一致通过后可由部长级会议提交各成员国。若不能一致通过，则由部长级会议投票，以成员的三分之二多数决定是否将修正案提交各国。"可见在修正的程序上，WTO 的规定更细致，对各成员国无法达成一致的情况做了规定。

哪些国家或关税区有资格加入 TPP? 如何申请加入 TPP?

TPP 协定第 30 章最终条款的第 4 条是关于 TPP 的加入的内容。该条款明确有资格加入 TPP 的国家或关税区分为两种,一种是 APEC 成员中的国家或单独关税区,一种是非 APEC 成员中的国家或单独关税区,对于后者,需经 TPP 各缔约方同意才可加入。具体程序如下:

第一,这些国家或关税区已同意遵守 TPP 协定的各项规定,同意遵守其与各缔约方之间商定的条款和条件,且这些已商定的条款和条件已经经由各缔约方和加入国或关税区根据各自适用法律程序予以批准。

第二,一国家或单独关税区可通过向保管方提交书面申请的方式要求加入 TPP 协定。

第三,在收到此类国家或单独关税区的加入申请后,TPP 协定委员会应设立工作组就与申请加入方就加入的条款和条件进行谈判。同时,所有有兴趣参与谈判的缔约国都有资格参加这个工作组。工作组在完成其工作后,应向 TPP 协定委员会提交正式的书面报告。如果工作组已与加入候选方就拟议的加入条款和条件达成一致,则这份报告应将上述条款和条件、提交自贸协定委员会予以批准的建议逐一列明并提出关于邀请该申请加入方成为本协定缔约方的委员会决议案。

第四,如果委员会做出决定,批准这些加入条款和条件并邀请申请加入方成为缔约方,则 TPP 协定委员会应对候选方可交存表明其接受加入条款和条件的加入书的期限做出规定。在经各缔约方同意的情况下,该期限可延长。加入候选方在依照 TPP 协定委员会决定中所批准的条款和条件向保管方提交表明其接受加入条款和条件的加入书之日起 60 日后或所有缔约方均已通知保管方已履行各自适用法律程序之日(以两者较晚者为期限)加入 TPP 协定。

 缔约方是否可以单方面退出 TPP 协定?

TPP 协定第 30 章最终条款的第 6 条对 TPP 协定的退出机制做了详细规定。首先，TPP 协定明确了任何缔约方都可以自由退出协定，退出的方式是向保管方提交书面退出通知。此外，退出的缔约方应同时通过联络点将其退出一事通知其他缔约方。

其次，有关退出的生效时间，TPP 协定规定如果各缔约方没有商定不同期限，退出的生效时间应为请求退出的缔约方向保管方提交书面通知后 6 个月起生效。在退出生效时间的比较上，TPP 协定与 WTO、NAFTA 的规定完全一致。

最后，TPP 协定还明确规定"如一缔约方退出，本协定仍对余下的缔约方有效。"所以，缔约国按照规定履行手续后，是可以单方面退出 TPP 协定的，且缔约国的退出不会影响 TPP 协定的继续生效。

 TPP 协定的生效程序是怎样的?

首先，总体来说，TPP 协定应自所有创始签署方以书面形式通知保管方其已完成各自适用法律程序之日起 60 天后生效。

第二，如果在协定签署之日起两年内，创始签署方仍未全部以书面形式通知保管方已完成各自适用法律程序，则在两年期限期满后，如已至少有 6 个创始签署方已提交完成各自适用法律程序的书面通知，则自这些创始签署方提交书面通知之日起 60 天后，TPP 协定将正式生效。此外，上述 6 个创始签署方 2013 年的国内生产总值合计还应至少占全部创始签署方国内生产总值的 85%，符合这一条件的 6 个创始签署方递交的书面通知才足以令 TPP 协定生效。由于 2013 年日本、美国分别占 TPP 全部创始签署方国内生产总值的 17.6% 和 60.5%，因此，如果日、美不能完成国内生效程序，那么 TPP 协定将无法生效。

第三，假如在上述两种情况下 TPP 协定仍未能生效，则协定应在国内生产总值合计占创始签署方 2013 年全部国内生产总值至少 85% 的至少 6 个创始签署方书面通知保管方已完成各自适用法律程序之日起 60 日后生效。

TPP 协定根据第二或第三种情况生效后，其生效的创始签署方应将各自已完成适用法律程序的情况和成为本协定缔约方的意向通知其他各缔约方。TPP 协定委员会应在该创始签署方做出通知之日起 30 日内就本协定是否对做出通知的该创始签署方生效做出决定。

最后，除非 TPP 协定委员会与做出通知的创始签署方另行商定，TPP 协定应在协定委员会做出肯定性决定之日起 30 日后对上述做出通知的该创始签署方生效。

如果《WTO 协定》的修正对 TPP 协定的规定形成修正，各缔约方应如何处理？

TPP 协定第 30 章最终条款第 3 条对这一问题进行了详细的规定。TPP 协定中，对于《WTO 协定》的任何修正，如果对各缔约方已经纳入 TPP 协定的条款形成修正，除非 TPP 协定另有规定，否则各缔约方应就是否修正 TPP 协定进行磋商。因此，根据 TPP 协定的规定，遇到《WTO 协定》的修正对 TPP 协定的规定形成修正的情况，处理方式应为各缔约方举行磋商，共同解决。对于同样的情况，中澳 FTA、中韩 FTA 的解决方式均为举行磋商，由缔约各方共同决定。